"十四五"职业培训规划教材

职业技能等级认定培训教材

互联网营销师

（基础知识）

潘文明　主编

中国劳动社会保障出版社

图书在版编目（CIP）数据

互联网营销师：基础知识 / 潘文明主编． -- 北京：中国劳动社会保障出版社，2024． --（职业技能等级认定培训教材）． -- ISBN 978-7-5167-6449-7

Ⅰ．F713.365.2

中国国家版本馆 CIP 数据核字第 202400SH60 号

中国劳动社会保障出版社出版发行

（北京市惠新东街 1 号　邮政编码：100029）

*

保定市中画美凯印刷有限公司印刷装订　　新华书店经销
787 毫米 ×1092 毫米　16 开本　17.5 印张　287 千字
2024 年 11 月第 1 版　　2024 年 11 月第 1 次印刷
定价：**57.00 元**

营销中心电话：400-606-6496
出版社网址：https://www.class.com.cn

版权专有　　侵权必究

如有印装差错，请与本社联系调换：（010）81211666
我社将与版权执法机关配合，大力打击盗印、销售和使用盗版图书活动，敬请广大读者协助举报，经查实将给予举报者奖励。
举报电话：（010）64954652

编审委员会

主　任　董红祥
副主任　蔡呈祥　姚　歆　郝金亭
委　员　袁　筝　吴雪慧　冯程程　何颖丽　夏　敏　张晓静　杜淑琳
　　　　　王扬宇　闻姝清　史诚瑛　赵　红

本书编审人员

总主编　董红祥
主　编　潘文明
副主编　崔景茂　王红艳　姚　艳
编　者　许雷川　鲍　玮　孙　伟　武　迪　李志芹　程燕婉　鲁晨琪
　　　　　梅金龙　王云龙
主　审　何颖丽
审　稿　袁　筝　冯程程　汪刘芳　彭　源　董正汉

前　言

　　为加快建立劳动者终身职业技能培训制度，全面推行职业技能等级制度，推进技能人才评价制度改革，进一步规范培训管理，提高培训质量，有关专家根据《互联网营销师国家职业标准（2021年版）》（以下简称《标准》）和职业培训包课程规范编写了互联网营销师职业技能等级认定培训系列教材（以下简称等级教材）。

　　互联网营销师等级教材紧贴《标准》和职业培训包课程规范要求编写，内容上突出职业能力优先的编写原则，结构上按照职业功能模块分级别编写。该等级教材共包括《互联网营销师（基础知识）》《互联网营销师（选品员）（初级 中级 高级）》《互联网营销师（选品员）（技师 高级技师）》《互联网营销师（直播销售员）（初级 中级 高级）》《互联网营销师（直播销售员）（技师 高级技师）》《互联网营销师（视频创推员）（初级 中级 高级）》《互联网营销师（视频创推员）（技师 高级技师）》《互联网营销师（平台管理员）（初级 中级 高级）》8本。《互联网营销师（基础知识）》是各级别互联网营销师均需掌握的基础知识，其他各级别教材内容分别包括各级别互联网营销师应掌握的理论知识和操作技能。

　　本书是互联网营销师等级教材中的一本，是职业技能等级认定推荐教材，也是职业技能等级认定题库开发的重要依据，已纳入职业培训包教材资源，适用于职业技能等级认定培训和中短期职业技能培训。

　　本书在编写过程中得到安徽省竞争力企业管理咨询有限公司、安徽工业经济职业技术学院、浙江商业职业技术学院、德宏职业学院、安徽智训机器人技术有限公司、杭州萧山技师学院、合肥学堂信息技术有限公司、合肥市中航职业培训学校等单位的大力支持与协助，同时也得到浙江商业职业技术学院陈君老师、浙江银泰商业集团有限公司殷志平先生等有关专家的精心指导，在此一并表示衷心感谢。

目 录 CONTENTS

培训模块一　职业认知与职业道德 …………………………………………… 1
　培训项目1　职业认知 …………………………………………………………… 3
　培训项目2　职业道德 …………………………………………………………… 10

培训模块二　计算机及网络应用知识 ………………………………………… 17
　培训项目1　计算机及移动设备 ………………………………………………… 19
　培训项目2　计算机网络 ………………………………………………………… 36

培训模块三　营销基础知识 …………………………………………………… 51
　培训项目1　营销学基础知识 …………………………………………………… 53
　培训项目2　互联网营销概述 …………………………………………………… 60
　培训项目3　互联网营销策略和主要方法 ……………………………………… 72

培训模块四　多媒体内容制作基础知识 ……………………………………… 101
　培训项目1　多媒体技术基础 …………………………………………………… 103
　培训项目2　摄影、摄像基础知识 ……………………………………………… 108
　培训项目3　图片、视频编辑制作基础知识 …………………………………… 138

培训模块五　新媒体应用知识 ………………………………………………… 149
　培训项目1　视听语言表达基础知识 …………………………………………… 151
　培训项目2　新媒体应用基础知识 ……………………………………………… 165

培训模块六　产品基础知识 …………………………………………………… 187
　培训项目1　产品质量 …………………………………………………………… 189
　培训项目2　产品管理 …………………………………………………………… 196

培训模块七　安全基础知识 209
　培训项目1　网络信息安全 211
　培训项目2　设备及环境安全 230

培训模块八　相关法律、法规知识 241
　培训项目1　法律法规基本知识 243
　培训项目2　互联网营销师相关的法律法规 259

培训模块 一
职业认知与职业道德

培训项目 1

职业认知

培训单元　互联网营销师职业认知

1. 互联网营销师的主要工作任务。
2. 互联网营销师的职业方向。

一、互联网营销师的职业定义

随着社会分工的细化,职业的种类越来越多,特别是互联网的发展和5G、大数据、人工智能等新技术的广泛应用,与其相关的新职业雨后春笋般成长壮大,互联网营销就是其中之一。互联网营销(最具代表性的就是直播销售)在拓展消费需求的同时,也加快了产品销售。互联网营销不但方便了大众,促进了劳动者就业创业,而且解决了企业产品的滞销问题。在此背景下,2020年6月,互联网营销师作为新职业发布。2021年12月,互联网营销师国家职业技能标准的发布进一步规范了互联网营销师应掌握的理论知识和操作技能。

互联网营销师是指在数字化信息平台上,运用网络的交互性与传播公信力,对企业产品进行营销推广的人员。

数字化信息平台是指以文字、图形、图像、声音、动画和视频影像等形式储存在一定的载体上，并可供利用的信息平台。互联网营销师借助数字化信息平台，利用互联网不受空间、时间限制的特点，把承接的产品跨越空间和时间销售至全国甚至全球。其营销的形式多样，可以是线上导购、短视频营销和直播销售（带货）等，也可以是它们的组合。

二、互联网营销师的工种及主要工作任务

1. 互联网营销师的工种及等级

按照互联网营销师国家职业技能标准的规定，互联网营销师分为4个工种5个等级。4个工种为选品员、直播销售员、视频创推员、平台管理员。5个等级为五级/初级工、四级/中级工、三级/高级工、二级/技师、一级/高级技师。互联网营销师的工种和对应的等级及主要工作内容见表1-1。

表1-1 互联网营销师的工种、等级及主要工作内容

工种＼等级	五级/初级工	四级/中级工	三级/高级工	二级/技师	一级/高级技师	主要工作内容
选品员	√	√	√	√	√	产品选择、产品卖点提炼、商务谈判、产品的质量及风险识别
直播销售员	√	√	√	√	√	通过策划、录制、用户互动等方式销售产品，直接面对用户
视频创推员	√	√	√	√	√	视频创作、文案制作、策划、推广等
平台管理员	√	√	√	×	×	平台运营、后台管理、数据监控、直播氛围引导，通过数据分析，提升流量和转化率，指导直播销售员按正确方式营销

2. 互联网营销师的主要工作任务

（1）研究数字化信息平台的用户定位和运营方式。
（2）接受企业委托，对企业资质和产品质量等信息进行审核。
（3）选定产品，设计策划营销方案，制定佣金结算方式。
（4）搭建数字化营销场景，通过直播或短视频等形式对产品进行多平台营销推广。
（5）提升自身传播的影响力，提高用户群的活跃度，提升产品的转化率。
（6）签订销售订单，结算销售货款。
（7）提供售后服务。
（8）采集分析销售数据，对企业或产品提出建议。

三、互联网营销师培训参考学时

五级/初级工不少于120标准学时，四级/中级工不少于104标准学时，三级/高级工不少于88标准学时，二级/技师、一级/高级技师不少于72标准学时。基础部分作为理论知识的一部分，其培训权重在各级别有所不同，具体见表1-2。

表1-2 培训参考学时及基础部分权重表

等级	培训参考学时	基础部分权重表（占理论知识）	
		职业道德（%）（培训模块一）	基础知识（%）（培训模块二～培训模块八）
五级/初级工	不少于120标准学时	5	25
四级/中级工	不少于104标准学时	5	15
三级/高级工	不少于88标准学时	5	15
二级/技师	不少于72标准学时	5	5
一级/高级技师	不少于72标准学时	5	5

四、互联网营销师的职业方向

互联网营销师的职业方向除了直播销售员，还可以衍生到直播运营、选品、内容运营、用户运营等多种类型。从业人员既要掌握一定的计算机技术、网络技术和信息技术，也要具有商务运营能力，善于与用户沟通，调动现场气氛，懂得随机应变，还要具有商务信息分析处理、用户识别、产品识别、平台维护、直播方案策划及视频制作等多项综合能力。

 **相关链接**

国内主流的互联网直播（短视频）营销平台

1. 抖音

抖音是字节跳动孵化的一款音乐创意短视频社交软件，于2016年9月上线，是一个面向各年龄的短视频社区平台。抖音致力于成为用户发现并获得优价好物的平台。众多抖音创作者通过短视频、直播等丰富的内容形式，给用户提供个性化的、高效的消费体验。

2. 快手

快手是北京快手科技有限公司旗下的产品，于2011年3月上线。快手电商是超过1亿人边看边买的消费类直播平台，通过直播+短视频多渠道销售变现，以沉浸式体验带给用户不一样的购物感受。快手小店是快手推出的电商服务工具，旨在为用户提供更好的交易服务。

3. 淘宝直播/点淘

淘宝直播是阿里巴巴于2016年推出的消费类直播平台，是国内领先的直播电商消费专业平台，为直播销售达人提供产品选择，为商家提供新型电商消费模式，提供集多行业、多平台、智能化、安全性为一体的直播解决方案。2021年，手机版淘宝直播升级为点淘App，点淘采取短视频+直播的双核模式，让内容成为连接用户与服务的纽带。

4. 小红书

小红书是行吟信息科技（上海）有限公司旗下产品，创办于2013年，是颇受年轻人欢迎的生活分享社交平台。小红书用户可以通过短视频、图文等形式记录生活点滴，分享生活方式，并基于兴趣形成互动，记录当代年轻人的正能量和美好生活，成为连接中国消费者和优秀品牌的纽带。目前小红书的内容覆盖美妆、母婴、读书、运动、旅游、家居、美食等领域。

5. 京东直播

京东直播是京东旗下的直播平台。京东直播主推电商泛娱乐营销模式，通过生态建设、基建赋能、内容品质化，引领直播电商赛道升级。

6. 西瓜视频

西瓜视频是字节跳动旗下的中视频平台，以"点亮对生活的好奇心"为广告语。西瓜视频通过人工智能帮助每个用户发现自己喜欢的视频，并帮助用户轻松地向全世界分享视频作品。

7. 多多直播

多多直播是上海寻梦信息技术有限公司旗下的产品，由拼多多于2020年推出，是拼多多开放给有销售能力或潜力的合作方的营销工具，以增强合作方的用户黏性和提升流量转化率。

8. 视频号

视频号即微信视频号，于2020年1月22日正式开启内测。视频号不同于订阅号、服务号，它是一个全新的内容记录与创作的平台，也是一个了解他人、了解世界的窗口。视频号的位置在微信的发现页、朋友圈入口的下方。视频号支持点赞、评论进行互动，也可以转发到朋友圈、聊天场景，与好友分享。方便快捷的分享和巨大的流量基数是视频号的特点。

五、互联网营销师的职业前景

1. 市场规模

2020年，中国直播电商市场规模超1.2万亿元。2021年，直播电商走上了快车道，以"双十一"直播电商活动为例，天猫成交额5 403亿元，京东成交额3 491亿元。根据天猫的数据，2020年成交额超过百万元的411个中小品牌，2021年成交额突破千万元；2020年成交额超过千万元的40个品牌，2021年成交额突破1亿元。2023年"双十一"成交额达到1.14万亿元。

截至 2023 年 6 月，我国网民数量达到 10.79 亿人，其中三分之二（66.7%）、约 7.2 亿人会观看直播，其中又有三分之二也就是约 4.8 亿人会观看直播；在直播销售的 4.8 亿人中，还有约三分之二的人会产生购买行为。这种流量效应为互联网营销带来了源源不断的销售利润和庞大的市场规模。

2. 人才需求

毕马威联合阿里研究院发布的《迈向万亿市场的直播电商》报告显示，直播已经成为各企业、平台、机构的营销标配。目前，互联网营销人才需求约为 1 500 万人，人才缺口约为 1 000 万人。预计到 2025 年，人才需求将达到 4 500 万人左右。

3. 政府引导、行业逐步规范

互联网营销师的出现是行业发展的必然结果，具有推动经济发展的作用，国家也大力推广、扶持直播市场等数字经济的发展。互联网营销师职业的发布，有利于健全从业人员的素质教育和行业规范化的建设。因此，各地政府纷纷出台相关政策，将互联网营销师作为重要的人才，并给予各种优惠政策。

直播行业正逐步从野蛮无序发展，进入规范化、专业化、管理化、制度化发展的新阶段。2022 年 6 月，国家广播电视总局、文化和旅游部联合发布了《网络主播行为规范》，从网络主播的政治方向、职业道德、言行举止、知识产权保护，维护网络生态等多方面进行了规范。随着这些政策的出台，互联网营销行业将越来越规范，且必将走上良性健康发展的轨道。互联网营销师的职业前景将更加广阔。

 **相关链接**

部分与互联网营销师相关的名词术语

1. 主播

主播是指在直播中出镜与用户直接互动交流，进行展示、表演、营销等活动的人员，如才艺主播、聊天主播、网红主播、游戏主播、带货主播、舞蹈主播、乐器主播等。

2. 虚拟主播

虚拟主播是指以原创的虚拟人格设定、形象，在视频网站、社交平台上进行活动的主播，多以 2D 或 3D 模型出现，并以真人配音。

3. 直播

直播是指广播电视节目的后期合成、播出同时进行的播出方式。直播按播出场合可以分为现场直播、播音室或演播室直播等形式。现在的直播多指网络直播,是一种新型的互联网信息传播方式,通过互联网,结合数据流量算法,以一种高时效、强互动的形式,促使传统2D的电商展现模式转变为3D的视频展现模式。

培训项目 2 职业道德

培训单元 1　职业道德基本知识

1. 职业道德的特点。
2. 职业道德的作用。

一、职业道德概述

职业道德的概念有广义和狭义之分。广义的职业道德是指从业人员在职业活动范围内应遵循的行为准则,涵盖了从业人员与服务对象、职业与职工、职业与职业之间的关系。狭义的职业道德是指在一定职业活动中应遵循的、体现一定职业特征的、调整一定职业关系的职业行为准则和规范。不同职业的从业人员在特定的职业活动中形成了特殊的职业关系,包括职业主体与职业服务对象之间的关系、职业团体之间的关系、同一职业团体内部人与人之间的关系,以及从业人员、职业团体与国家之间的关系等。

二、职业道德的基本要素

1. 职业理想

职业理想是指对职业活动目标的追求和向往,是实现职业目标的精神动力。职业理想包含3个层次:维持生活、发展个性、承担社会义务和责任。

2. 职业态度

职业态度是指劳动态度,是从业人员在个人心理特点、社会影响和价值观等多种因素综合作用下形成的,其中价值观对劳动态度有特殊影响。

3. 职业责任

职业责任是指从业人员对集体和社会必须承担的、特定的职责和义务,是外在于从业人员的他律要求。

4. 职业技能

职业技能是指从业人员胜任职业活动的具体业务能力。它是职业道德的载体和表现形式。

5. 职业纪律

职业纪律是指以规章、制度、条例等形式来维持职业活动的正常秩序,调节职业活动各种现实关系的行为准则。它要求从业人员在劳动过程中遵守秩序、执行命令和履行自己的职业责任。

6. 职业良心

职业良心是指对职业责任的自觉意识,是从业人员在职业实践中形成的内心尺度。

7. 职业荣誉

职业荣誉是指从业人员对职业行为的社会价值所做出的、公认的客观评价和正确的主观认识,是职业责任和职业良心的价值尺度。

8. 职业作风

职业作风是指从业人员在其职业实践和职业生活中所表现的一贯态度,是职业道德在从业人员实际行动中的习惯性表现。

三、职业道德的特点

1. 稳定性和连续性

职业道德的特点,在于每种职业都有其道德的特殊内容。职业道德的内容往往表现为某一职业所特有的道德传统和道德准则。职业的相对稳定性和连续性决定了与职业特征相适应的职业道德也具有相对稳定性和连续性。只要职业存在，与这一职业相适应的职业道德就会延续并存在。例如，医生的职业道德是救死扶伤，军人的职业道德是服从命令，商人的职业道德是诚信无欺，教师的职业道德是为人师表等，这些已成为社会共识。互联网营销师作为商务活动的一部分，理应恪守诚信为本、服务至上的职业道德。

2. 行业性和有限性

道德是调节人与人之间关系的价值体系。职业道德所规范的是每一种行业从业人员的职业行为，只适用于本行业，不具有全社会的普遍适用性。鉴于各行业的特点，职业道德调节的范围主要限于本职业的从业人员，而对于从事其他职业的从业人员就不一定适用。这就是说，职业道德在某一特定的行业和具体的职业上，必须有与该行业和该职业相适应的具体职业道德规范，调节的是内部关系和与其服务对象之间的关系。

3. 多样性和可操作性

由于职业道德是依据本职业的业务内容、活动条件、交往范围以及从业人员的承受能力而制定的行为规范和道德准则，所以职业道德是多种多样的，有多少种职业就有多少种职业道德。各行业为了使职业道德在实践操作层面上更具有针对性和实效性，根据自己的行业特点，归纳整理适应本行业的行业公约、规章制度、员工守则、行为须知、岗位职责等，使职业道德具体、多样、可操作，以便从业人员记忆、接受和执行，并逐渐形成习惯。

另外，职业道德还具有社会公共性和示范性的特点，并呈现时代的特征。

四、职业道德的作用

职业道德是社会道德体系的重要组成部分，一方面具有社会道德的一般作用，另一方面又具有自身的特殊作用，具体表现在以下方面。

1. 调节职业活动中从业人员内部以及从业人员与服务对象之间的关系

职业道德一方面可以调节从业人员内部的关系，即运用职业道德规范约束从业人员的行为，促进从业人员内部的团结与合作。例如，职业道德要求各行业的从业人员，都要团结、互助、爱岗、敬业、齐心协力地为发展本行业、本职业服务。另一方面，职业道德可以调节从业人员和服务对象之间的关系。例如，职业道德规定了营销人员怎样对消费者负责，制造产品的工人怎样对用户负责，医生怎样对病人负责，教师怎样对学生负责等。

2. 有助于维护和提高企业的信誉和促进行业发展

一个企业的信誉，也就是它们的形象、信用和声誉，是指企业及其产品与服务在社会公众中的信任程度。维护和提高企业的信誉主要靠产品质量和服务质量，而从业人员的职业道德水平高是产品质量和服务质量的有效保证。职业道德水平高的从业人员其责任心是极强的，因此，职业道德有助于促进行业发展。

3. 有助于提高全社会的道德水平

职业道德一方面涉及每一个从业人员如何对待职业，如何对待工作，是一个从业人员生活态度、价值观念的表现；另一方面，如果每一个从业人员都具备优良的职业道德，有助于提高全社会的道德水平。

职业道德能促进社会良好风尚的形成，推动社会的发展；职业道德能促进职业活动健康进行，促进个体的进步与发展，对社会道德风尚产生积极影响；职业道德是企业文化的主要组成部分，是增强企业凝聚力的手段，可以增强企业的竞争力；职业道德是个人事业成功的重要条件和保证。

培训单元 2　互联网营销师职业守则

互联网营销师职业守则。

随着网络技术的发展以及移动终端的普及，互联网营销以其方便、快捷、高效、信息量大、市场规模大、交易成本低等特点迅速成为主要的市场营销方式之一，与传统营销平分秋色，并且市场前景广阔，潜力巨大。由于这种新型的营销方式出现时间短，从业人员的素质良莠不齐，鱼龙混杂，因此亟须规范。加之互联网营销涉及计算机、移动终端、互联网、市场营销、新媒体传播、产品、安全、法律等多方面的知识与技术，对从业人员的职业道德也提出相应的要求。互联

营销师应紧跟时代步伐，不断加强学习，提高自身的业务水平和职业素养，以适应社会发展的需要。

在这种形势下，《网络主播行为规范》的发布，为互联网营销行业特别是直播销售的规范发展指明了方向，相应的规定理应成为互联网营销师职业守则的题中之义。

一、遵纪守法，诚实守信

互联网营销作为一种新生的事物，由于其发展迅速，没有以立法的形式予以明确规范。虽然没有法律的明文规定，但并不代表这一领域就是法外之地。近年来，国家有关部门陆续出台了相关的规范互联网营销的法规、制度、政策，这些法规、制度、政策构成了法律的一部分。《中华人民共和国网络安全法》《中华人民共和国民法典》对规范互联网营销做出了基本的规定。互联网营销师应自觉遵守纪律和法律，尤其是遵守职业纪律和与职业活动相关的法律法规，自觉维护法律法规的权威性。

诚实守信就是诚信，诚信是商务活动中最基本的道德要求，人无信不立，业无信不兴。作为《中华人民共和国民法典》的基本原则，诚实守信也是商务活动正常有序开展的前提。无论是商家还是互联网营销师，在商务活动的各个环节都要恪守信用，有诺必守，自觉维护公平公正的市场环境，营造风清气正的互联网营销生态，同时也树立良好的企业声誉和个人信誉。近年来，直播销售明星偷漏税的案件给直播行业敲响了警钟，一旦被查处，个人和企业声誉扫地，甚至就此退出直播行业。

遵纪守法、诚实守信是企业立于不败之地的基石，也是个人立身扬名的保证。

二、恪尽职守，勇于创新

恪尽职守、热爱本职工作是职业道德的基本规范。作为互联网营销师，恪尽职守就是要尽心尽责，自觉履行各项职责，积极工作，忠于职守，开拓进取。

同时，作为复合型人才的互联网营销师更应具有强烈的创新意识和创新精神。要勇于创新，不空谈、重实干，在思想上是先行者，在实践上是实干家，不断提出新问题，研究新方法，走出新路子。

三、钻研业务，团结协作

互联网营销师工作涉及面广，要求其具有广博的知识，做个"通才"和"杂家"。现代社会科学技术突飞猛进，知识更新速度加快，因此，互联网营销师应该勤奋学习、刻苦钻研，努力提高自身的思想素质和业务水平，以适应工作的需要。从发展的角度看，互联网营销师必须了解和熟悉与自身职业有直接或间接关系领域中取得的新成果，从而更好地掌握互联网营销的各项技能。互联网营销师要根据分工的不同和形势发展的需要，刻苦钻研，掌握互联网营销的技能，如计算机技能、网络技能、营销技能、电子支付技能等，并在实践中深化和提高，以适应社会和自身发展的需要。

互联网营销是一项综合性的业务，需要团队合作才能完成。直播销售员作为出镜者，是最后的宣讲者、推销者，前期有团队的成果凝聚其中。不能只看到直播销售员光鲜亮丽的表面，而忽视了团队的汗水和付出。互联网营销涉及方案的策划、脚本的制作、产品的选择、视频图片的拍摄制作、平台的布局、营销卖点的提炼、热场促销的安排等一系列环节，需要团队协作才能完成。因此，一个成功的互联网营销案例一定离不开团队成员的共同努力和通力合作。

四、严控质量，服务热情

目前，互联网营销覆盖用户8亿人以上，互联网营销从业人员数量快速增长，直接带来的成交额达千亿元。同时，互联网营销也滋生了虚假宣传、数据造假和假冒伪劣产品等一些乱象。互联网营销存在看得见、摸不着，听得见、闻不到的不足。产品质量问题应由互联网营销师先行把关，履行产品质量第一责任人的义务，本着为用户服务的宗旨，认真检查，仔细核实，不能敷衍塞责，不负责任，更不能知假售假，知法犯法。

服务热情作为互联网营销师的基本素质，是整个营销生态良性发展的催化剂。互联网营销师不但要在直播过程中服务好用户，在整个产品使用期内都要及时、热心地为用户解决问题，这样才能赢得用户的心。

培训模块 二
计算机及网络
应用知识

培训项目 1

计算机及移动设备

培训单元 1　计算机及移动设备基础知识

1. 硬件系统及软件系统相关知识。
2. 移动设备相关知识。

一、计算机概述

互联网营销是指借助信息通信技术、互联网和数字交互式媒体来实现营销目标的一种营销方式。近几年如火如荼的互联网营销,不仅深刻影响了企业,对从事这一领域工作的广告公司及网络公司也带来了更多的机遇和挑战。

1. 计算机的分类

按照工作原理,将计算机分为模拟计算机、数字计算机和混合计算机;按照应用,将计算机分为通用计算机和专用计算机;按照规模,将计算机分为巨型计算机、大型计算机、小型计算机、微型计算机、工作站、服务器。下面主要介绍按照规模分类的计算机。

(1) 巨型计算机。巨型计算机的占地面积大,价格昂贵,运算速度快,主要用于战略性武器的研究、航空航天技术的研究等领域,是衡量一个国家经济实力和科技水平的重要标志。

（2）大型计算机。大型计算机具有很强的数据处理能力和管理能力，运算速度相对较快，目前主要用于高等院校、银行和科研院所等。

（3）小型计算机。小型计算机的结构简单，价格较低，可以满足一般用户的需要。

（4）微型计算机。微型计算机也称个人计算机（personal computer，PC），价格便宜，功能齐全，设计先进，运算速度快，广泛应用于个人用户。

（5）工作站。工作站是较高档的微型计算机，功能强，运算速度快，能够进行较多专业化的工作，具有较强的联网能力。

（6）服务器。服务器比普通计算机运行更快，负载更高，价格更贵。服务器（见图2-1）在网络中为其他客户端（如PC、智能手机、ATM等终端设备，甚至火车系统等大型设备）提供计算或者应用服务。服务器具有较高的CPU运算速度，长时间运行的可靠性，强大的I/O（输入/输出）吞吐能力以及更好的扩展性。

图2-1　服务器

2. 计算机的特点

（1）运算能力。计算机由半导体集成电路组成，其运算速度快，能在程序控制下自动连续运算。随着微处理器二进制位数的不断增加和程序设计的不断进步，数据表示也更加精确。

（2）逻辑判断能力。计算机把处理信息的过程表示为由许多指令按一定次序组成的程序。计算机具备预先存储程序，并按存储的程序自动执行，同时做出逻辑判断，而不需要人工干预的能力。这使计算机能进行如资料分类、情报检索等具有逻辑加工性质的工作。逻辑判断能力是计算机进行逻辑推理的前提。

（3）存储能力。存储器使计算机具有"记忆"的功能，能够存储大量的信息。目前的计算机都配备了大容量的内存和外存，如市面上的微型计算机内存已达到8GB甚至更高，硬盘容量已达到2TB以上。大容量的内存有利于提高计算机的性能，大容量的硬盘有利于存放大量的数据和程序。

（4）自动功能。计算机与以前所有计算工具的本质区别在于它能够摆脱人的干预，自动、高速、连续地进行各种操作。计算机从输入操作开始，到输出操作结束，整个过程都是在程序控制下自动进行的。

（5）网络与通信功能。数据通信是计算机网络最基本的功能，用来快速传送计算机与终端、计算机与计算机之间的各种信息。

3. 计算机的应用领域

计算机应用分为数值计算和非数值应用两大领域。非数值应用包括信息处理、知识处理，如信息系统、工厂自动化、办公自动化、家庭自动化、专家系统、模式识别、机器翻译等领域，主要用于科学计算、信息处理、过程控制、计算机辅助工程、人工智能、家庭生活和现代教育等。

信息处理是最广泛的计算机应用领域。信息处理是指利用计算机来加工、管理与操作任何形式的数据资料，如企业管理、物资管理、报表统计、账目计算、信息情报检索等。国内许多机构纷纷建设自己的管理信息系统（management information system，MIS）；商业流通领域则逐步使用电子数据交换（electronic data interchange，EDI），即无纸贸易。基于这一应用，计算机在互联网营销中发挥着非常重要的作用。

4. 计算机的新技术新应用

（1）新技术

1）嵌入式系统。嵌入式系统是以应用为中心、计算机技术为基础，并且软硬件可裁剪，适用于对功能、可靠性、成本、体积、功耗有严格要求的专用计算机系统。

2）网格计算。网格计算是一种支持全球化资源共享与协作的关键技术，本质上是指独立的用户组在高速网络上动态地共享计算机资源，以满足不断变化的计算需求。它实现了计算资源、存储资源、数据资源、信息资源、知识资源、专家资源的全面共享。

3）中间件。中间件是介于应用系统和系统软件之间的一类软件，是独立的系统级软件，连接操作系统层和应用程序层，将不同操作系统提供应用的接口标准化，协议统一化，屏蔽具体操作的细节。中间件一般提供3种功能：通信支持、应用支持、公共服务。

（2）新应用

1）云计算（cloud computing）。云计算是分布式计算的一种，是指通过网络"云"将巨大的数据计算处理程序分解成无数个小程序，然后通过多台服务器组成的系统进行处理和分析，将得到的结果返回用户。云计算是分布式计算、效用计算、负载均衡、并行计算、网络存储、热备份冗余和虚拟化等计算机技术混合演进并跃升的结果。

2）大数据（big data）。大数据是指涉及的数据量规模巨大到无法通过主流的软件工具，在合理时间内达到获取、管理、处理并整理成帮助企业经营决策目的的数据集。

3）物联网（internet of things，IoT）。物联网是指通过各种信息传感器、射频识别技术、全球定位系统、红外感应器、激光扫描器等装置与技术，实时采集任何需要监控、连接、互动的物体或过程，采集其声学、光学、热学、电学、力学、化学、生物、位置等各种需要的信息，通过各类可能的网络接入，实现物与物、物与人的泛在连接，实现对物品和过程的智能化感知、识别和管理。

4）人工智能（artificial intelligence，AI）。人工智能是计算机科学的一个分支，它企图了解智能的实质，并生产出一种新的、能以与人类智能相似的方式做出反应的智能机器。该领域的研究包括机器人、语言识别、图像识别、自然语言处理和专家系统等。

5）三维打印（three-dimensional printing，3DP）。三维打印即快速成型技术的一种，又称增材制造。它是一种以数字模型文件为基础，运用粉末状金属或塑料等可黏合材料，通过逐层打印的方式来构造物体的技术。它的内部装有金属、砂、塑料、陶瓷等不同的"打印材料"，通过计算机控制把"打印材料"一层层叠加起来，最终把计算机上的蓝图变成实物。

6）区块链（blockchain）。区块链是由一个个区块组成的链条，在每一个区块中保存了一定的信息，按照各自产生的时间顺序连接成链条。这个链条被保存在所有的服务器中，只要在整个系统中有一台服务器可以工作，整条区块链就是安全的。相比于传统的网络，区块链具有两大核心特点：一是数据难以篡改，二是去中心化。这使区块链所记录的信息更加真实可靠,可以帮助解决人们互不信任的问题。

7)虚拟现实(virtual reality,VR)。虚拟现实是 20 世纪发展起来的一项全新的实用技术。虚拟现实包括计算机技术、信息技术、仿真技术,其基本实现方式是用计算机模拟虚拟环境,从而给人以环境沉浸感。随着社会生产力和科学技术的不断发展,各行各业对虚拟现实的需求日益旺盛。虚拟现实也取得了巨大的进步,并逐步成为一个新的科学技术领域。虚拟现实示意图如图 2-2 所示。

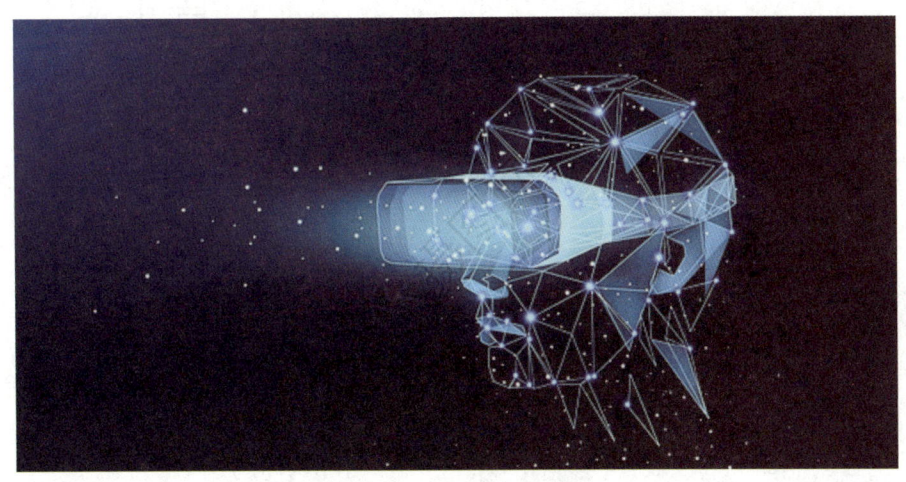

图 2-2　虚拟现实示意图

二、计算机系统及移动设备

1. 计算机系统的组成概述

计算机系统是指由各种硬件设备和软件模块构成,可独立执行计算任务的完整系统。冯·诺依曼体系结构指明了计算机的工作原理、基本组成及信息表示方法,可以概括为以下内容。

(1)计算机自动执行通过输入设备输入的指令。

(2)计算机的硬件系统由运算器、控制器、存储器、输入设备、输出设备组成。

(3)计算机内部的信息用二进制表示。

根据冯·诺依曼的设计思想,计算机系统由硬件系统和软件系统两部分组成,如图 2-3 所示。

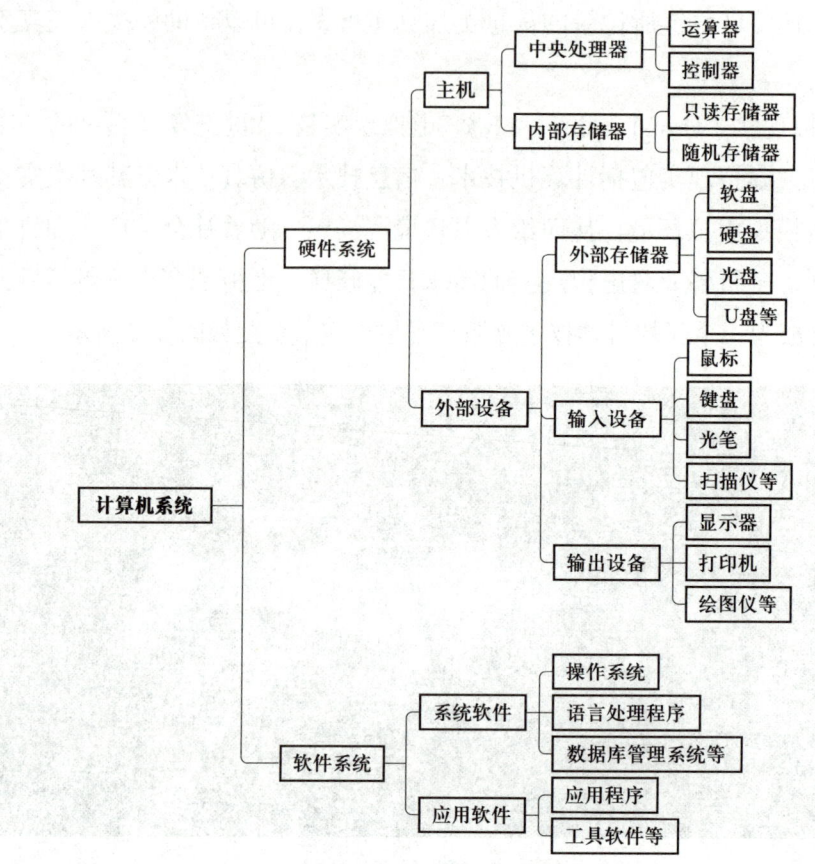

图 2-3　计算机系统结构图

2. 计算机的基本工作原理

计算机的基本工作原理主要分为存储程序和程序控制。

（1）存储程序。存储程序是指将解题的步骤编成程序（通常由若干指令组成），并把程序存放在存储器中。

（2）程序控制。程序控制是指从存储器中读出指令并送到控制器中，控制器根据当前指令的功能，控制计算机执行指令规定的操作，完成指令的功能。重复这一操作，直到程序中的指令执行完毕。

3. 硬件系统

硬件系统（见图 2-4）主要由中央处理器、存储器、输入设备和输出设备组成。中央处理器由运算器和控制器组成，是对信息进行高速运算处理的主要部件，其处理速度可达每秒几亿次。存储器用于存储程序、数据，由快速的内存储器和慢速海量的外存储器组成。各种输入设备、输出设备是人机间的信息转换器，由输入输出控制系统管理外部设备与主存储器之间的信息交换。

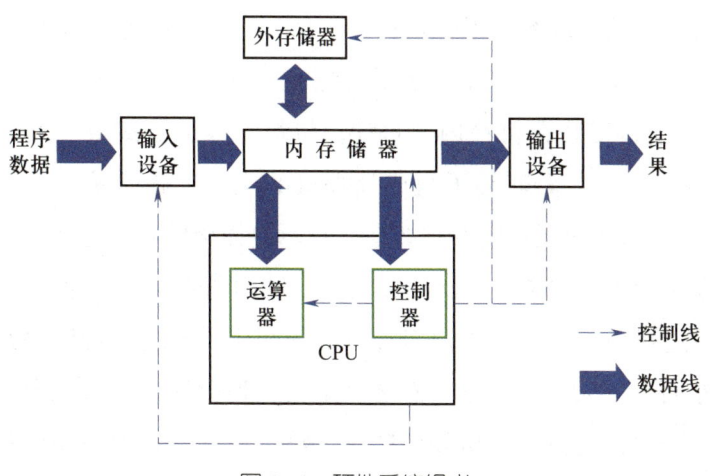

图 2-4 硬件系统组成

为更加直观地了解计算机，从主机和外部设备具体介绍计算机的硬件系统。

（1）主机。主机是指计算机除外部存储器、输入设备和输出设备以外的主要机体部分，也是用于放置主板及其他主要部件的控制箱体，包括中央处理器、内部存储器、主板、总线等。

1）中央处理器（central processing unit，CPU）。中央处理器意为中央处理单元。CPU 由控制器、运算器组成，通常集中在一块芯片上，是计算机系统的核心部分。计算机以 CPU 为中心，输入设备和输出设备与存储器之间的数据传输和处理都通过 CPU 来控制执行。微型计算机的中央处理器又称微处理器。

①控制器。控制器是对输入的指令进行分析，并统一控制计算机的各个部件完成一定任务的部件。它一般由指令寄存器、状态寄存器、指令译码器、时序电路和控制电路组成。计算机的工作方式是执行程序，程序就是为完成某一任务所编制的特定指令序列。各种指令操作按一定的时间关系有序安排，控制器产生各种最基本的、不可再分的、微操作的命令信号，即微命令，以指挥整个计算机有条不紊地工作。

②运算器。运算器又称算术逻辑部件（arithmetic logic unit，ALU）。运算器的主要任务是执行各种算术运算和逻辑运算。算术运算是指各种数值运算，如加、减、乘、除等。

2）内部存储器。内部存储器简称内存或主存。计算机把要执行的程序和数据存入内部存储器，内部存储器一般由半导体器件构成。内部存储器分为三大类：随机存储器（random access memory，RAM）、只读存储器（read-only memory，ROM）、特殊存储器。随机存储器的特点是可以读写，存取任意单元所需的时间相同。通电时，存储的内容可以保持；断电后，存储的内容立即消失。RAM 分为动态（dynamic）和静态（static）两大类。

3）主板。主板安装在机箱内，是计算机最基本也是最重要的部件。主板一般为矩形电路板，在上面安装了组成计算机的主要电路系统，包括 BIOS 芯片、I/O 控制芯片、键盘和面板控制开关接口、指示灯插接件、扩充槽等。主板采用开放式结构。在主板上大都有 6~15 个扩充槽，供计算机外部设备的控制卡（适配器）插接。通过更换扩充槽，可以对计算机的相应子系统进行局部升级，使用户在配置机型方面有更大的灵活性。总之，主板在整个计算机系统中扮演着举足轻重的角色。可以说，主板的类型和档次决定整个计算机系统的类型和档次，主板的性能影响整个计算机系统的性能。

4）总线。总线是一组为计算机系统部件之间传输数据的公用信号线，具有汇集与分配数据信号、选择发送信号的部件与接收信号的部件、总线控制权的建立与转移等功能。典型的计算机系统多采用单总线结构，一般按信号类型将总线分为 3 组：AB（address bus）为地址总线；DB（data bus）为数据总线；CB（control bus）为控制总线。

（2）外部设备。外部设备主要为外部存储器、输入设备和输出设备。外部存储器（简称外存或辅存）一般也可作为输入设备和输出设备。输入设备用于接收用户输入的原始数据和程序，并将它们转变为计算机能识别的二进制形式存入内存。常用的输入设备有键盘、鼠标、扫描仪、光笔等。输出设备用于将存入内存的、由计算机处理的结果转变为用户能接受的形式输出。常用的输出设备有显示器、打印机、绘图仪等。

 **相关链接**

常见直播设备

1. 计算机

尽量采用当下流行的计算机配置，在直播时会很流畅，不卡顿。建议采用台式计算机，同样的配置下台式计算机的性能较高，性价比较高。台式计算机使用内置声卡更加稳定。

2. 摄像头

摄像头分为数字摄像头和模拟摄像头两大类。数字摄像头可以将视频采集设备产生的模拟信号转换成数字信号，进而将其储存在计算机中。模拟摄像头捕捉到的视频必须通过特定的视频采集卡，将模拟信号转换成数字信号，并将其压缩后才可以在计算机上运用。数字摄像头直接捕捉影像，然后通过串口、并口或USB接口传入计算机。直播的首要因素是直播销售员的形象。一款性能良好的摄像头能提升直播销售员的形象。

3. 电容传声器

电容传声器是利用电容的变化，将声音信号转换为电信号。电容传声器最为普遍，常见的录音机内置传声器就属于电容传声器。电容传声器的种类繁多，价格从100元到几万元的电容传声器都有。直播销售员选择电容传声器需参考预算和直播类型。有的电容传声器需要另外接电源，有的电容传声器即插即用。

4. 声卡

声卡分为内置声卡和外置声卡。内置声卡只能用在台式计算机上，且计算机主板上必须有空置的PCI扩充槽；外置声卡主要用在笔记本计算机上，也可以用在台式计算机上，通过USB接口接入。总体来说，内置声卡的效果比外置声卡好。为了增强直播效果，需要调试声卡。有的声卡是内置和外置通用、手机和计算机通用的，或者使用转接线。

随着手机直播逐渐成为主流，专门的手机直播设备也应运而生。手机专用声卡比较方便，可以随身携带。

5. 宽带

尽量选用10 Mb以上的光纤宽带，光纤宽带可以实现上行接入速率与下行接入速率相等。

6. 灯光

灯光的种类较多，最好选用摄影灯。这种灯光打在直播销售员的脸上最柔和，效果最好。可以配备2个摄影灯箱+2个灯泡。

7. 摄像机＋推流器

为了增强直播效果，需要使用高清摄像机或专业摄像机，通过推流器将视频流传输到直播平台。高清摄像机是指可以拍摄高质量的、高清晰度的影像，拍摄的画面可以达到720线逐行扫描方式、分辨率为1 280×720，或达到1 080线隔行扫描方式、分辨率为1 920×1 080的数字摄像机。

8. 其他物品

其他物品包括支架、背景布、贴纸、毛绒玩具等，可以根据直播内容进行搭配。

4. 软件系统

计算机硬件系统能否实现应有的功能，取决于配置的软件系统是否完善、丰富。因此，在使用计算机系统时，必须熟悉与硬件系统配套的软件系统。

从计算机系统的角度划分，计算机软件分为系统软件、支撑软件和应用软件。系统软件由操作系统、实用程序、编译程序等组成。操作系统实施对各种软硬件资源的管理控制。实用程序是为方便用户所设的，如文本编辑等。编译程序的功能是把用汇编语言或某种高级语言所编写的程序，翻译成机器可执行的程序。支撑软件包括接口软件、工具软件、环境数据库等，能支持用机的环境，提供软件研制工具。支撑软件也可以被认为是系统软件的一部分。应用软件是为了满足用户特定需求而开发的软件，专门为某一应用目的而编制，借助系统软件和支撑软件来运行，是软件系统的最外层。

（1）系统软件。系统软件是指控制和协调计算机及外部设备，支持应用软件开发和运行的系统，是无须用户干预的各种程序的集合，主要功能是调度、监控和维护计算机系统，负责管理计算机系统中各种独立的硬件，使它们可以协调工作。系统软件使计算机用户和其他软件将计算机当作一个整体，而不需要顾及底层的每个硬件是如何工作的。常用的系统软件有操作系统、数据库管理系统、语言处理程序等。

1）操作系统。操作系统（operating system，OS）是计算机系统必不可少的组成部分，是用户和计算机之间的接口。它是最底层的系统软件，是对硬件系统的首次扩充。通常它的主要任务是管理计算机的全部资源，使用户能充分、有效地利用资源。

2）数据库管理系统。数据库管理系统提供了对大量的数据进行有组织的、动态的、高效的管理手段，为信息管理系统的开发提供强有力的支持。用户利用它可以对数据进行存储、分析、综合、排序、检索等操作，也可以根据需要编制程序。常用的数据库管理系统有 FoxBASE、FoxPro、Access、Sybase、SQL、Oracle 等。

3）语言处理程序。语言处理程序是将用程序设计语言编写的源程序转换成机器语言的形式，以便计算机能够运行。这一转换是由翻译程序完成的。翻译程序除了要完成语言的转换，还要进行语法、语义等方面的检查。翻译程序统称为语言处理程序，包括汇编程序、编译程序和解释程序。

（2）应用软件（application）。应用软件是和系统软件相对应的，是用户可以使用的各种程序设计语言，以及用各种程序设计语言编制的应用程序的集合，分为应用软件包和用户程序。应用软件包是利用计算机解决某类问题而设计的程序的集合，多供用户使用。

应用软件是满足用户不同领域、不同问题的应用需求的软件。它可以拓宽计算机系统的应用领域，放大硬件的功能。常见的应用软件有办公软件、娱乐休闲软件、杀毒软件等。下面主要介绍办公软件。

办公软件包括文字处理软件、电子表格软件、幻灯片演示软件等。目前应用最广泛的办公软件是 Microsoft 365 和 WPS Office（以下介绍以 Microsoft 365 为例）。

1）Word。Word 是 Microsoft 365 中的一个重要组件，也是 Microsoft 365 中最有特色的软件。它提供了录入文字、符号，绘制和处理图形、表格，编辑、排版和打印文档，信息共享等功能。

2）Excel。Excel 是一个优秀的电子表格软件。直观的界面、出色的计算功能和图表工具，再加上成功的市场营销，使 Excel 成为最常用的个人计算机数据处理软件。

3）PowerPoint。PowerPoint 是一款幻灯片演示软件，是文稿演示和幻灯片制作工具，可以制作集文字、图形、图像、声音及视频剪辑等多媒体元素于一体的、丰富多彩的演示文稿，是制作产品介绍、学术演讲、公司简介、计划、教学课件等电子演示文稿的办公软件。

5. 移动设备的分类

移动设备也称为行动设备（mobile device）、流动设备、手持设备（handheld device）等，是一种体积小巧的便携式设备，通常有一个显示屏幕，触控输入或是用小型的键盘输入。通过它可以随时随地访问和获得各种信息、处理办公等事务，因此很受商务人士和年轻人的喜爱。移动设备包括笔记本计算机、平板计算机、智能手机、掌上游戏机等。本节主要介绍笔记本计算机、平板计算机及智能手机。

（1）笔记本计算机。笔记本计算机（见图2-5）又称便携式计算机、手提计算机、掌上计算机或膝上计算机。笔记本计算机的特点是机身小巧，比台式计算机携带方便，是一种小型的、便于携带的个人计算机，通常重1~3 kg。

图2-5　笔记本计算机

当前，笔记本计算机的发展趋势是体积越来越小，质量越来越轻，功能越来越强。为了减小体积，笔记本计算机采用液晶显示器（liquid crystal display，LCD）。除键盘外，还有触压板或触控点作为点击设备。笔记本计算机和台式计算机的区别在于便携性，对主板、CPU、内存、显卡、硬盘的容量等有不同的要求。笔记本计算机根据用途呈现不同的趋势。上网本趋于日常办公以及娱乐；商务本趋于稳定、低功耗、更长久的续航时间；家用本拥有不错的性能和很高的性价比；游戏本则是专门为了迎合少数人群外出游戏使用的，发烧级配置，娱乐体验效果好，当然价格不低，续航时间也不理想。

（2）平板计算机（见图2-6）。平板计算机常称为平板电脑，是一种小型的、方便携带的个人计算机，以触摸屏作为基本的输入设备。触摸屏（也称为数位板技术）不是用传统的键盘或鼠标，用户可以通过内建的手写识别、屏幕上的软键盘、语音识别或者键盘（如果该机型配备）实现输入。

平板计算机按结构设计大致分为2种类型，即集成键盘的可变式平板计算机和可外接键盘的纯平板计算机。平板计算机内置了一些应用软件，用户只要在屏幕上书写，即可将文字或图形输入。平板计算机的触摸屏以电容式触摸屏为主。平板计算机通过内置的Wi-Fi信号模块、蜂窝网络信号模块实现打电话功能。

图 2-6　平板计算机

（3）智能手机。智能手机是具有独立的操作系统，用户可以自行安装软件、游戏等第三方服务商提供的程序，对手机功能进行扩充，实现无线网络接入的手机的总称。智能手机一般具有以下特点。

1）无线接入互联网的能力。

2）掌上计算机的功能。包括个人信息管理、日程记事、任务安排、多媒体应用、浏览网页。

3）开放性的操作系统。拥有独立的核心处理器和内存，可以安装更多的应用程序，使智能手机的功能得到扩充。

4）人性化。可以根据个人需要，实时扩充内置功能以及升级软件，智能识别软件的兼容性，实现了与软件市场同步的人性化功能。

5）功能强大。可扩充性强，支持第三方软件多。

6）运行速度快。随着半导体行业的发展，核心处理器发展迅速，使智能手机运行越来越快速。

6. 移动设备的特点及使用

移动设备具有便携性、实用性、移动性、灵活性等特点。从台式计算机到笔记本计算机，再从笔记本计算机到平板计算机，移动设备变得越来越便携，人们的工作、生活和学习方式正在发生改变。平板计算机和轻薄笔记本计算机仅重几百克到一千多克（含电池），合上后相当于 A4 纸大小，解决传统笔记本计算机笨重的问题。对旅行、出差的商务人士来说，平板计算机和轻薄笔记本计算机可以随身携带，成为必不可少的工具。

从传统手机到智能手机，在功能上也有了很大的变化。新一代的智能手机除了具有基础的通话功能，还具有拍照摄影、无线上网、下载使用各种 App、移动支付等功能，将移动设备的特点展现得淋漓尽致。

相关链接

5G

第五代移动通信技术（5th generation of mobile communications technology, 5G）是具有高速率、低时延和大连接等特点的新一代宽带移动通信技术。5G通信设施是实现人机物互联的网络基础设施。5G不仅解决人与人的通信问题，为用户提供增强现实、虚拟现实、超高清视频等身临其境的业务体验，还解决人与物、物与物的通信问题，满足移动医疗、车联网、智能家居、工业控制、环境监测等物联网的应用需求。

培训单元2　计算机及移动设备应用

1. 计算机常用软件下载安装。
2. 智能手机系统及App下载安装。

一、计算机常用软件的下载及安装

在使用计算机过程中，会用到一些软件，以微信为例，介绍软件的下载及安装过程。

首先，打开计算机中的浏览器，进入搜索页面，输入需要下载的软件名称"微信"，进入微信官网下载。然后选择适合的版本，在弹出的对话框中，选择保存文件的路径。最后，单击"下载"按钮。下载完成后，双击下载的安装包，勾选"我已阅读并同意服务协议",单击"安装"按钮。等软件安装完成,单击"开始使用"按钮,就能打开软件了。

二、互联网营销软件

1. 互联网营销软件的前景

虽然互联网营销软件的出现只有短短几年时间,但其发展的速度极快。企业的互联网营销工作主要以网站为载体。如果网站不为人知,就毫无价值。因此网站的宣传推广极为重要,是互联网营销成败的关键。互联网营销软件恰恰解决了这一难题,可以将企业的信息瞬间发布到成千上万个网站中,达到很好的宣传效果。互联网营销软件越来越趋于多元化、智能化、立体化,功能不仅覆盖传统的博客营销、论坛营销、电子邮件营销等,也包括新生力量,如微信营销、视频营销、空间营销、群营销、在线智能客服自动成交营销等,因此,互联网营销软件的前景被普遍看好。

2. 互联网营销软件简介

互联网营销软件具有较强的实践性,根据互联网营销的一般方法和规律,以软件的形式进行互联网营销。

(1)互联网营销软件的特点

1)降低成本。因为互联网营销减少了分销环节,扩大了销售范围,降低了广告等促销成本,减少了库存甚至实现零库存。

2)精确了解用户的需求。互联网营销软件可以帮助企业快速找到用户,实现轻松沟通,甚至可以使用户直接参与产品的设计、开发、生产,从而获得用户真正喜爱的、符合用户个性的产品和服务,使提供个性化的产品和服务成为可能。

3)高性价比。互联网营销软件的价格大多不贵,但可以为企业或个人带来巨大的经济效益,并形成良性循环。

(2)互联网营销软件的核心功能

1)黄页登录。在短时间内将企业信息添加到网站的信息库中,使潜在用户更方便地通过网络找到企业的相关信息。

2)产品推广。用户可以将设定好的各类产品信息,包括产品样本图片,快速发布到B2B平台的产品库中,进行产品推广。

3)商情发布。将不同的企业商情快速发布到对应行业类别的B2B平台和行业网站上,协助用户进行宣传。

如今，互联网已经改变了人们的生活方式，越来越多的企业或个人开始通过网络宣传产品和服务。互联网营销软件的出现在很大程度上减少了宣传人员的重复性劳动，提升了工作效率，以较小的成本获取更大的收益。从这个角度来看，一款互联网营销软件的价值并不以它的功能多少来衡量，实用才是互联网营销软件的核心竞争力。

3. 互联网营销软件的操作技巧

（1）贴近关键词。营销关键词有主副 2 种，主关键词一般是比较热门的，只有一两个，因此要贴近主关键词，才有助于互联网营销。

（2）妙搭关键词。注册时在企业名称中填写一个关键词，对提高排名会有一定的作用，因为搜索引擎对新的信息更感兴趣。

（3）巧设标题。标题一定要含有关键词和企业名称，还可以添加电话号码。类似于黄页注册，搜索引擎最重视"黄金位置"，未来将直接显示在搜索结果的第一条。所以标题包含企业名称和电话号码的信息，能达到互联网营销的目的。

（4）灵活机动。要经常调整标题和内容，如增加一个字、减少一个字、添加一些特殊符号。

（5）经常更新。搜索引擎会收录最新的网站，所以每个月都要登录注册黄页 1 次。

（6）善用行业。不一定只发布所处行业的信息，可以发布很多相关行业的信息，既可以扩大受众面，又能够让 B2B 平台接受互联网营销软件发布的信息，而不被删除。

三、移动设备及其应用

随着信息技术和通信技术的进一步融合，随之带来的是移动设备市场的空前繁荣，基于各类操作系统的移动设备的功能日益强大。移动互联网产业得到了迅猛发展，正逐渐渗透人们生活、工作的各个领域。目前，智能手机的普及面非常广，手机进行网络购物也变得非常流行。

1. 操作系统

（1）iOS。iOS 是苹果公司为 iPhone 和 iPad 开发的操作系统。原本这个系统名为 iPhone OS，直到 2010 年 6 月 7 日，在苹果全球开发者大会上宣布改名为 iOS。iOS 的系统架构分为 4 个层次：核心操作系统、核心服务层、媒体层、Cocoa 触摸框架层。

（2）安卓系统。安卓系统是谷歌公司于 2007 年 11 月 5 日发布的、基于 Linux 平台的手机操作系统，由操作系统、中间件、用户界面和应用软件组成。Android 一词的本义是"机器人"。同时，安卓系统也和其他操作系统一样，采用了分层架构。安卓系统分为 4 层，从高到低分别是应用程序层、应用程序框架层、系统运行库层和 Linux 内核层。

（3）鸿蒙系统。鸿蒙系统是华为公司开发的一款基于微内核，面向 5G 物联网和全场景的分布式操作系统。鸿蒙系统的英文名是 HarmonyOS，意为和谐。鸿蒙系统将手机、计算机、电视、工业自动化控制、无人驾驶、车机设备、智能穿戴统一在一个操作系统中。

2. 智能手机的用途

智能手机是一个由有关软件掌控，集社交、支付、购物、拍照、娱乐于一体的综合性手持终端设备。智能手机主要有以下用途。

（1）通话。手机最基础的功能就在于可以远距离通话，了解彼此的情况，诉说各自的心情等。

（2）娱乐。智能手机作为人们的休闲工具，有各式各样的娱乐软件。

（3）拍照。智能手机的拍照功能可以让人们记录生活，留下美好的瞬间。

（4）支付。在各个消费场所都可以见到微信、支付宝的收款码。智能手机的普及让支付变得简便快捷。

（5）办公。线上会议让人们不用到办公室，就可以完成工作任务。

（6）社交。各种即时通信软件满足了人们的不同需求，智能手机拉近了陌生人之间的距离。

（7）学习。直播可以帮助人们学习感兴趣的内容。直播内容的种类繁多，人们可以选择适合自己的内容学习。

（8）购物。网络购物平台日渐增多，人们的购物方式随着智能手机的普及从线下逐渐转到线上。

3. App 的下载及安装

以安卓系统的智能手机为例，介绍手机购物平台淘宝 App 下载及安装的步骤。

打开智能手机，进入安卓系统界面，找到应用商店并点击进入；在搜索栏输入"淘宝"，点击"搜索"按钮；找到淘宝 App，点击"安装"按钮；安装完成，即可点击"打开"按钮，打开淘宝 App。注册完账号后，就可以使用手机购物了。

培训项目 2 计算机网络

培训单元1　计算机网络基础知识

1. 计算机网络的主要功能。
2. 计算机网络的组成。

一、计算机网络的概念

计算机网络是指将地理位置不同的、具有独立功能的多台计算机及其外部设备，通过通信线路连接起来，在网络操作系统、网络管理软件及网络通信协议的管理和协调下，实现资源共享和信息传递的计算机系统。

计算机网络主要由一些通用的、可编程的硬件互连而成，而这些硬件并非专门用来实现某一特定目标（如传输数据或视频信号）。这些可编程的硬件能够用来传输多种不同类型的数据，并支持广泛的和日益增长的应用。

二、计算机网络的主要功能

1. 数据通信

数据通信是计算机网络最主要的功能。数据通信是指依照一定的通信协议，利用数据传输技术在 2 个终端之间传递信息的一种通信方式和通信业务。它可以实现计算机和计算机、计算机和终端，以及终端和终端之间的信息传递，是继电报、电话业务之后的第三种最大的通信业务。数据通信中传递的信息均以二进制形式表现。数据通信总是与远程信息处理相联系，是包括科学计算、过程控制、信息检索等内容的广义的信息处理工具。

2. 资源共享

资源共享是指在计算机网络中，多台计算机或同一台计算机中的多个用户，同时使用硬件和软件资源。通常多个用户同时需要资源的数量总是超过系统实际资源的数量，采用逻辑（或虚拟）资源分配的方式实现资源共享，可以较好地解决这个问题，从而提高计算机的使用效率。必须由操作系统进行协调管理，才能避免混乱。方法主要有 2 种：由操作系统统一管理分配，适用于同一计算机系统中的多个用户；用户互相通信，适用于计算机网络。

资源共享通常分为以下 3 类。

（1）数据和应用程序共享

1）在局域网内，建立一台打印服务器，可以为局域网内的所有用户提供打印服务。

2）电子邮件服务器可以为企业的所有员工提供基于用户名的电子邮件转发、分发、抄送等服务，并且可以在电子邮件服务器上完成管理、备份、删除、收回、恢复等工作。

3）网络聊天最常用微信、QQ 等应用程序，可以实时、快速地实现位于不同物理位置用户之间的语音、视频交流，并可以实现在局域网、互联网内的信息传递。

4）数据库服务器是企业局域网内部重要的组成部分，可以实现数据共享、减少冗余度、集中存储和管理、提高可维护性和安全性等功能。

（2）文件共享。网络存储常见的是文件共享，采用 FTP 和 TFTP 服务，使用户在工作组计算机上方便而安全地访问共享服务器上的资源，而且 FTP 资源大多是免费的。

（3）资源备份。随着网络攻击和计算机病毒的发展，资源备份也成为资源共享不可或缺的部分。现代企业大都采用实时高效的资源备份方式，以便在网络崩溃的时候能够最大限度地保护企业信息，以及在数据恢复的时候发挥作用。

3. 提高系统可靠性

系统可靠性一般是指在规定的时间内和规定的工况下，系统完成规定功能的能力／概率。由于科学技术的进步，系统的组成越来越复杂，随之产生的系统可靠性问题也日益突出。系统越复杂，意味着其承载的信息量越大，重要性越高、功能越强，适用范围也就越广，一旦失效所造成的损失也是巨大的，甚至是灾难性的。如何快速、有效、准确地对系统可靠性进行评估与分析，正确估计系统的实际性能，降低系统风险具有极其重要的现实意义。

4. 均衡负载、分布处理

网络负载均衡是指多台服务器以对称结构组成一个服务器集合，每台服务器都具有等价的地位，都可以单独对外提供服务，而无须其他服务器的辅助。通过某种负载分担技术，将外部发送来的请求均匀分配到对称结构中的某一台服务器上，而接收到请求的服务器独立地回应用户的请求。均衡负载能够将用户的请求均匀分配到服务器列阵，借此快速获取重要数据，解决大量并发访问服务问题。

三、计算机网络的发展历程

1. 单机系统阶段

计算机网络是计算机技术和信息技术相结合的产物。在 20 世纪 50 年代以前，因为主机相当昂贵，而通信线路和通信设备相对便宜，为了共享主机的资源和进行信息的综合处理，形成了第一代的以单主机为中心的联机终端系统。

在第一代计算机网络中，所有的终端均共享主机的资源，终端到主机都单独占据一条线路，所以线路的利用率低。主机既要负责通信又要负责数据处理，因此主机的利用率低。这种网络组织形式是集中控制形式，可靠性较低。如果主机出现问题，所有的终端都将被迫停止工作。改进方法是在远程终端聚集的地方设置一个终端集中器，把所有的终端都聚集到终端集中器上，而且终端到终端集中器之间是低速线路，终端到主机是高速线路，主机只负责数据处理而不负责通信，大大提高了主机的利用率。

2. 多机通信阶段

随着网络技术的发展，到 20 世纪 60 年代中期，计算机网络不再局限于单主机网络，许多单主机网络相互连接形成了有多个单主机系统的计算机网络。计算机网络有 2 个特点：多个终端联机系统互连，形成了多主机互连网络；网络体系结构由主机到终端变为主机到主机。

计算机网络体系逐渐向2种形式演变。第一种是把主机的通信任务从主机中分离出来，由专门的通信控制处理机（communication control processor，CCP）来完成。CCP组成了一个单独的网络体系，称为通信子网。在通信子网基础上连接起来的主机和终端形成资源子网，出现2层网络体系结构。第二种是通信子网规模逐渐扩大，成为社会公用的计算机网络，原来的CCP成为公用数据网。

3. 网络体系结构标准化阶段

随着网络技术的飞速发展，计算机网络的逐渐普及，将各种计算机网络连接起来变得相当复杂，需要形成一个统一的标准，使之更好地连接，因此网络体系结构标准化就显得相当重要。

网络体系结构标准化的目的有2个：一是提高不同设备之间的兼容性和互操作性；二是更好地实现网络资源共享。

四、计算机网络的分类

1. 按网络覆盖的地理范围分类

按网络覆盖的地理范围，计算机网络可以分为局域网、城域网和广域网。

（1）局域网（local area network，LAN）。局域网是指微型计算机通过高速通信线路相连，地理位置局限在较小的范围（1 km左右）内。

（2）城域网（metropolitan area network，MAN）。城域网是介于局域网与广域网之间的一种网络，是在一个城市范围内建立的网络，或者在物理上使用城市基础电信设施（如地下电缆系统）的网络。

（3）广域网（wide area network，WAN）。广域网是指地理位置相距遥远的用户相互连接，需要通过公共电信设施及高速数据交换来实现通信。

2. 按网络的拓扑结构分类

计算机网络拓扑是指通信子网节点之间连接结构的拓扑构型，通过网中节点与通信线路间的几何关系表示网络结构，反映网络中各实体的结构关系。按网络的拓扑结构，计算机网络可以分为总线型、星型、树型、环型、网状型和混合型6种。在点到点链路配置中，半双工操作只需使用简单的机制，便可确保两端用户轮流工作。在一点到多点方式中，对线路的访问依靠探询控制端来确定。在LAN环境中，所有数据站都是平等的，不能采用一点到多点方式，而应采用带冲突检测的载波监听多路访问。

3. 按通信传输介质分类

按通信传输介质，计算机网络可以分为有线网络、光纤网和无线网络。

（1）有线网络。有线网络是指采用有线介质传输数据的计算机网络。

（2）光纤网。光纤网是指采用光导纤维传输数据的计算机网络。

（3）无线网络。无线网络是指采用无线介质传输数据的计算机网络。

五、计算机网络的常用硬件设备

1. 网络接口卡

网络接口卡（network interface card，NIC），又称网卡，将其插入主机扩充槽，可与计算机相连。它是主机和网络的接口，用于协调主机与网络间数据、指令或信息的发送与接收。

2. 中继器

中继器（repeater）是工作在物理层上的连接设备。适用于完全相同的2个网络的互连，主要功能是通过重新发送或者转发信号，扩大网络传输的距离。中继器是对信号进行再生和还原的网络设备。

中继器是局域网上所有节点的中心，只是起扩展传输距离的作用，对高层协议是透明的。实际上，通过中继器连接起来的网络相当于同一条电线组成的、更大的网络。中继器也能把不同传输介质的网络连在一起，多用在数据链路层以上相同的局域网的互连中。

中继器设计的目的是推动网络信号，使它们传输得更远。由于传输线路噪声的影响，承载信息的数字信号或模拟信号只能传输有限的距离。例如，以太网常常利用中继器扩展总线的电缆长度，标准细缆以太网的每段长度最大为 185 m，最多有 5 段，增加中继器后，最大网络电缆长度可以达到 925 m。一般来说，中继器两端的网络部分是网段，而不是子网。

3. 集线器

集线器（hub）是指将多条以太网双绞线或光纤集合连接在同一段物理介质下的设备。集线器工作在物理层。它可以视作多端口的中继器，若侦测到碰撞，会提交阻塞信号。集线器通常会带 BNC、AUI 转接头，连接传统 10base2 或 10base5 网络。由于集线器会把收到的任何数字信号，经过再生或放大，再从集线器的所有端口提交，极有可能造成信号碰撞或被监听，这代表所有连到集线器的设备都属于同一个碰撞域名以及广播域名，因此大部分集线器已被交换机取代。

4. 网桥

网桥（bridge）是根据物理地址过滤和转发数据包的连接设备，工作在数据链路层。网桥监听所连接的每个网段，建立一个表反映物理地址位于哪个网段。

5. 交换机

交换机（switch）意为"开关"，是一种用于电（光）信号转发的网络设备。它可以为接入交换机的任意2个网络节点提供独享的电信号通路。

从广义上，交换机分为2种：广域网交换机和局域网交换机。广域网交换机主要应用于电信领域，提供通信用的基础平台。局域网交换机应用于局域网，用于连接终端设备，如计算机、网络打印机等。从传输介质和传输速度上，可以分为以太网交换机、快速以太网交换机、千兆以太网交换机、FDDI交换机、ATM交换机和令牌环交换机等。从规模应用上，可以分为企业级交换机、部门级交换机和工作组交换机等。各交换机厂商划分的标准不完全一致，一般来讲，企业级交换机都是机架式的，部门级交换机可以是机架式的（扩充槽数较少），也可以是固定配置式的，工作组级交换机为固定配置式的（功能较为简单）。另外，从应用的规模上，作为骨干交换机时，支持500个信息点以上大型企业应用的交换机为企业级交换机，支持300个信息点以下中型企业应用的交换机为部门级交换机，而支持100个信息点以下的交换机为工作组级交换机。

6. 路由器

路由器（router）是连接2个或多个网络的硬件设备，在网络间起网关的作用，是读取每一个数据包中的地址，然后决定如何传送的、专用的、智能型的网络设备。路由器能够理解不同的协议。例如，某个局域网使用以太网协议，互联网使用TCP/IP协议。路由器可以分析各种不同类型网络传来的数据包目的地址，把非TCP/IP网络地址转换成TCP/IP网络地址，或者反之。再根据选定的路由算法，把各数据包按最佳路线传送到指定位置。所以路由器可以把非TCP/IP网络连接到互联网。

7. 网关

网关（gateway）又称网间连接器、协议转换器。网关在网络层以上实现网络互连，是复杂的网络互连设备，仅用于2个通信协议不同的网络互连。网关既可以用于广域网互连，也可以用于局域网互连。网关是一种充当转换重任的计算机系统或设备。网关是一个翻译器，使用在不同的通信协议、数据格式或语言，甚至体系结构完全不同的2种系统之间。与网桥只是简单地传递信息不同，网关对收到的信息要重新打包，以适应目的系统的需求。

培训单元 2　互联网及其应用

1. 搜索引擎的应用。
2. 无线路由器的设置。

一、互联网

1. 互联网的发展历史

互联网是网络与网络之间串连成的庞大网络，这些网络以一组通用的协议相连，形成逻辑上的、单一的、巨大的国际网络。互联网以相互交流信息资源为目的，基于一些共同的协议，并由许多路由器和公共互联网连接而成，是一个信息资源共享的集合。

20 世纪 50 年代末，为了保证计算机网络在受到袭击时，即使部分被摧毁，其余部分仍能保持通信联系，美国国防部高级研究计划署（ARPA）建设了一个军用网，称为阿帕网。阿帕网于 1969 年正式启用，当时仅连接了 4 台计算机，用于计算机联网实验，这就是互联网的前身。

今天的互联网已不是计算机专业人员和军事部门进行科学研究的领域，而是一个开发和使用信息资源的、覆盖全球的信息海洋。在互联网上，按从事的业务，分为广告、航空、农业、艺术、导航、化工、通信、计算机、咨询、娱乐、财贸、旅游等 100 多类，覆盖社会生活的方方面面，构成信息社会的缩影。

2. 互联网在中国的发展

1986 年 8 月 25 日，日内瓦时间 4 点 11 分，北京时间 11 点 11 分，由当时任中国科学院高能物理研究所 ALEPH 组（ALEPH 是在欧洲核子研究中心高能电子对撞机 LEP 上进行高能物理实验的一个国际合作组，中国科学院高能物理研究所是该国际合作组的成员单位）组长的吴为民，从北京发出中国的第一封电子邮件。

1989年，中国开始建设互联网，提出5年目标：国家级四大主干网络联网。

1994年，中国第一个全国性TCP/IP互联网——CERNET示范网工程建成。

2003年，中国下一代互联网示范工程（CNGI）开始实施。

2024年3月22日，中国互联网络信息中心发布的第53次《中国互联网络发展状况统计报告》显示，截至2023年12月，中国网民规模达10.92亿人，较2022年12月增长2 480万人，互联网普及率达77.5%。

3. 互联网的相关概念

（1）TCP/IP协议。TCP/IP协议即传输控制协议/互联网协议（transmission control protocol/internet protocol）。TCP/IP协议最早用于UNIX操作系统中，是互联网的基础协议。它针对不同网络进行设置，每个节点至少需要一个IP地址（IP address）、一个子网掩码、一个默认网关和一个主机名。在局域网中，微软为了简化TCP/IP协议的配置，采用动态主机配置协议（DHCP），可以为客户端自动分配一个IP地址，以避免出现差错。

（2）IP协议。IP协议是为计算机网络相互连接、进行通信而设计的协议。在互联网上，它是使连接到网上的所有计算机网络实现相互通信的一套规则，规定了计算机在互联网上进行通信时应当遵守的规则。IP地址被用来给互联网上的计算机编号（见图2-7）。每台联网的计算机上都必须有IP地址才能正常通信。如果把计算机看作一部电话，那么IP地址就相当于电话号码，互联网上的路由器就相当于电信局的程控交换机。

（3）域名地址。域名地址是指以主机（host）、子域（subdomain）和域（domain）的形式表示的互联网地址（address），与以数字表示的IP地址相对。

在互联网上辨别一台计算机的方法是利用IP地址。IP地址是一组数字，很不容易记忆，因此要为互联网上的服务器取一个有意义又容易记住的名字，这个名字就是域名。用户输入域名后，浏览器先去有域名和IP地址对应的数据库的主机中，查询域名对应的IP地址，被查询的主机称为域名服务器。

（4）互联网的接入方式

1）拨号接入。拨号接入即Modem拨号接入，是指将已有的电话线路，通过安装在计算机上的调制解调器（Modem，俗称"猫"），拨号连接到互联网服务提供商（internet service provider，ISP）的一种接入方式。

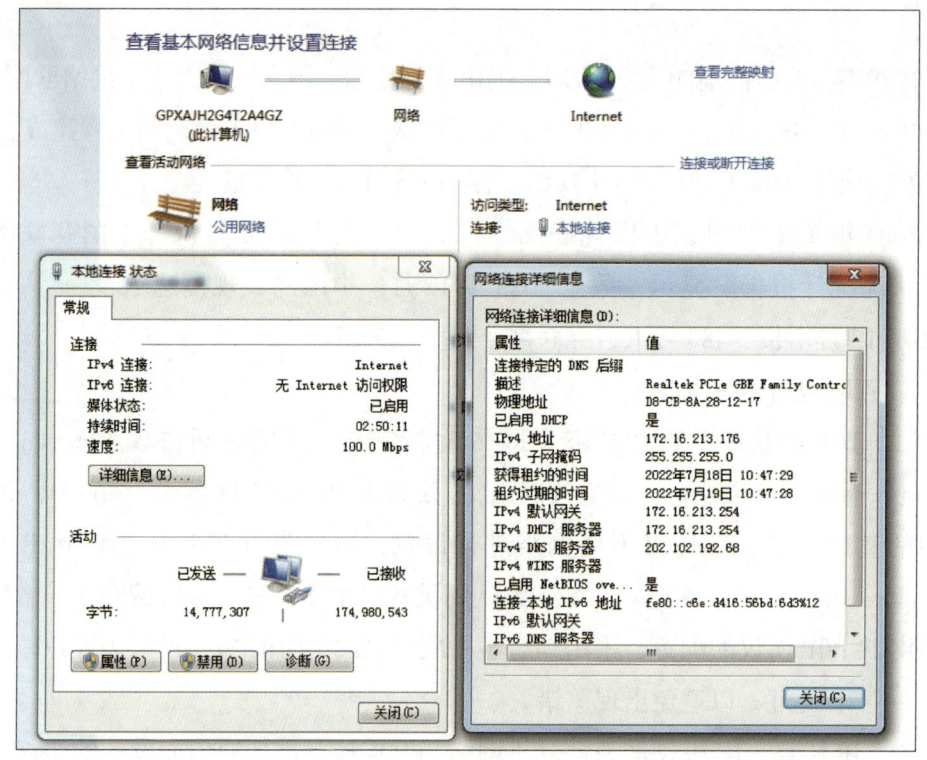

图 2-7　IP 地址

2）局域网（LAN）接入。局域网接入是指用户所在的局域网使用路由器，通过数据通信网与 ISP 连接，再通过 ISP 接入互联网。数据通信网有多种类型，如数字数据网（DDN）、综合业务数字网（ISDN）、X.25 分组交换数据网、帧中继网和异步转移模式网等，均由电信部门营运与管理。用户端通常是有一定规模的局域网，如企业网和校园网。局域网示意图如图 2-8 所示。

局域网的覆盖范围一般在方圆 1 km 之内，因其安装便捷、降低成本、扩展方便等特点，在各类办公室应用广泛。局域网可以实现文件管理、应用软件共享、打印机共享等功能。

局域网是指在局部地区形成的一个区域网络，其特点是连接范围有限，可大可小，大到一栋建筑与相邻建筑之间的连接，小到办公室之间的连接。局域网相对于其他网络传输速度更快、性能更稳定、框架简单，并且是封闭的，这也是很多企业选择局域网的原因。局域网由计算机设备、网络连接设备、网络传输介质三大部分构成。计算机设备包括服务器与工作站；网络连接设备包括网卡、集线器、交换机；网络传输介质简单来说就是网线，由同轴电缆、双绞线及光缆构成。

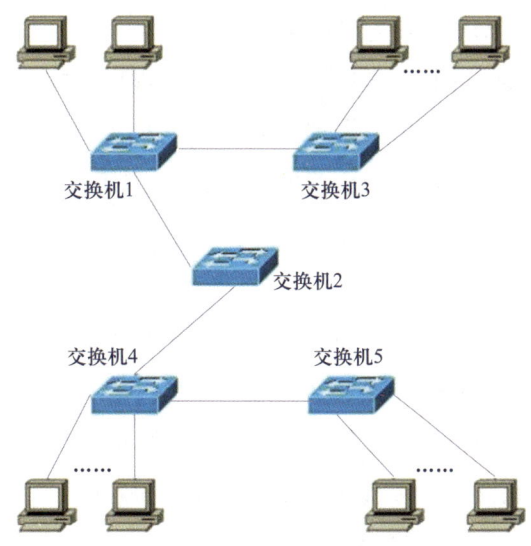

图 2-8　局域网示意图

3）ADSL 接入。非对称数字用户线（asymmetric digital subscriber line，ADSL）是指直接利用现有的电话线路，通过 ADSL modem 后，进行数字信息传递。其特点是速率稳定、带宽独享、语音数据不干扰等。适用于家庭、个人等用户的大多数网络应用需求，满足一些宽带业务的需求，包括 IPTV、视频点播（VOD）、远程教学、可视电话、多媒体检索、LAN 互联、互联网接入等。

4）ISDN 接入。ISDN 接入是指采用数字传输和数字交换技术，将电话、传真、数据、图像等多种业务综合在一个统一的数字网络中进行传输和处理。用户利用一条 ISDN 线路，可以在上网的同时拨打电话、收发传真，就像 2 条电话线一样。ISDN 接入主要适合普通家庭用户使用。

5）HFC 接入。HFC 接入是一种基于有线电视网铜线资源的接入方式，具有专线接入互联网的特点，允许用户通过有线电视网实现高速接入互联网。适用于拥有有线电视网的家庭、个人或中小团体。其特点是速率较高、接入方式方便（通过有线电缆传输数据，不需要布线）、可以实现各类视频服务、高速下载等。缺点是基于有线电视网的架构属于网络资源分享型，当用户激增时，速率就会下降且不稳定，扩展性不足。

6）光纤接入。光纤接入是通过光纤接入小区节点或楼道，再由网线连接到各个共享点（一般不超过 100 m），提供一定区域的高速互联网接入方式。其特点是速率高，抗干扰能力强，适用于家庭、个人或各类企事业单位，可以实现各类互联网应用（视频服务、高速数据传输、远程交互等），缺点是一次性布线成本较高。

7）无线接入。无线接入是一种有线接入的延伸技术，使用无线射频（RF）技术越空收发数据，减少使用有线连接，因此采用无线接入既可以达到构建计算机网络的目的，又可以自由安排和移动设备。在公共开放的场所或者企业内部，无线网络一般会作为有线网络的补充，使装有无线网卡的计算机通过无线接入方式方便地接入互联网。

（5）互联网服务

1）万维网。万维网（world wide web），也称为 Web、WWW 等。万维网是基于客户端/服务器方式的信息发现技术和超文本技术的综合。万维网服务器通过超文本标记语言（HTML）把信息组织成为图文并茂的超文本，利用链接从一个网站跳到另一个网站，彻底摆脱了以前查询工具只能按特定路径一步一步地查找信息的限制。

2）电子邮件（E-mail）。电子邮件是指通过网络传送信件、单据、资料等电子信息的通信方法，是根据传统的邮政服务建立的。电子邮件是最常见的、应用最广泛的一种互联网服务。通过电子邮件，可以与互联网上的任何人交换信息。电子邮件与传统邮件相比，有传输速度快、内容和形式多样、使用方便、费用低、安全性高等特点。具体表现在发送速度快、信息多样化、收发方便、成本低廉。

3）远程登录（telnet）。远程登录是最早的互联网服务，很多人现在仍在使用。telnet 是互联网远程登录服务的一个协议，该协议定义了远程登录用户与服务器交互的方式。telnet 允许用户在一台联网的计算机上登录到一个远程分时系统中，然后像使用自己的计算机一样使用该系统。

4）网络信息服务（NIS）。网络信息服务是指以提供信息内容为主要手段的互联网服务。网络信息服务以网络信息查询为基础，网络信息查询的特异性在于网络环境引起的资源分布化和数字技术带来的信息资源多媒体化。

5）新闻组（usenet）。新闻组简单地说就是一个基于网络的计算机组合，这些计算机称为新闻服务器。不同的用户通过一些软件可以连接到新闻服务器上，阅读其他人的消息并参与讨论。新闻组是一个完全交互式的超级电子论坛，是网络用户相互交流的工具。

二、网络的连接及应用

1. 网络的连接

（1）将运营商的线路接到调制解调器上，再用一根网线连接调制解调器和计算机。

（2）单击计算机桌面左下角的"开始"按钮（见图2-9）。

（3）选择"控制面板"选项（见图2-10）。

（4）选择"网络和共享中心"选项（见图2-11）。

（5）选择"设置新的连接或网络"选项（见图2-12）。

图2-9 "开始"按钮

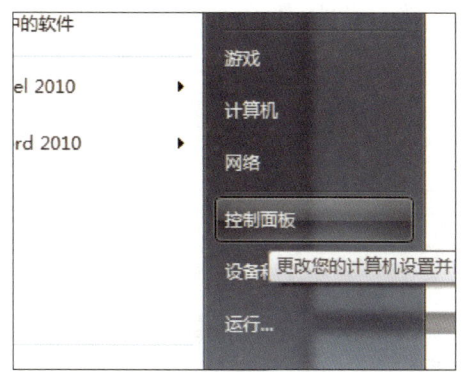

图2-10 "控制面板"选项

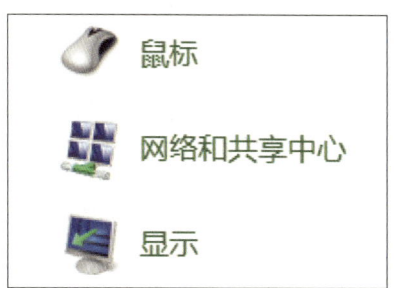

图2-11 "网络和共享中心"选项

图2-12 "设置新的连接或网络"选项

（6）选择"设置新网络"选项（见图2-13）。

（7）选择"宽带（PPPoE）（R）"选项（见图2-14）。

（8）输入运营商提供的用户名和密码（见图2-15），单击"连接"按钮即可上网。

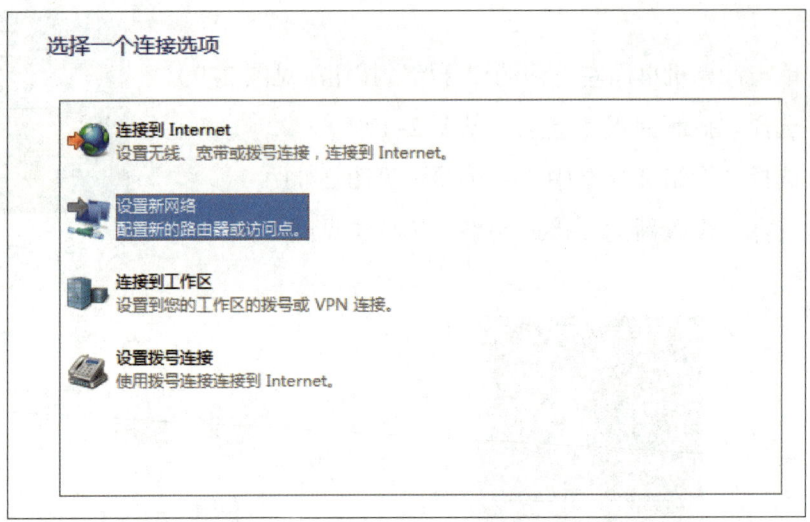

图 2-13 "设置新网络"选项

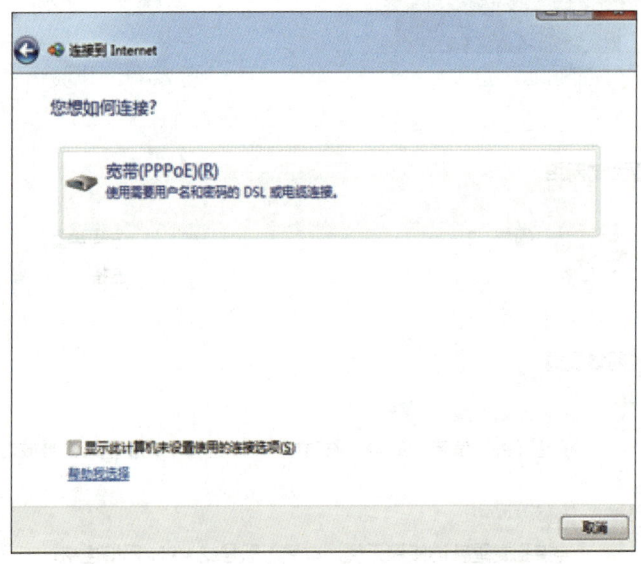

图 2-14 "宽带（PPPoE）(R)"选项

2. 浏览器及搜索引擎的应用

（1）基本概念。浏览器是用来检索、展示以及传递 Web 信息资源的应用程序。Web 信息资源由统一资源标识符（uniform resource identifier，URI）标记，可以是一个网页、一张图片、一段视频或者任何在 Web 上呈现的内容。用户借助超链接（hyperlink），通过浏览器浏览相互关联的信息。

（2）常用浏览器。目前，常用的浏览器包括 Microsoft Edge、360 安全浏览器、火狐浏览器等。

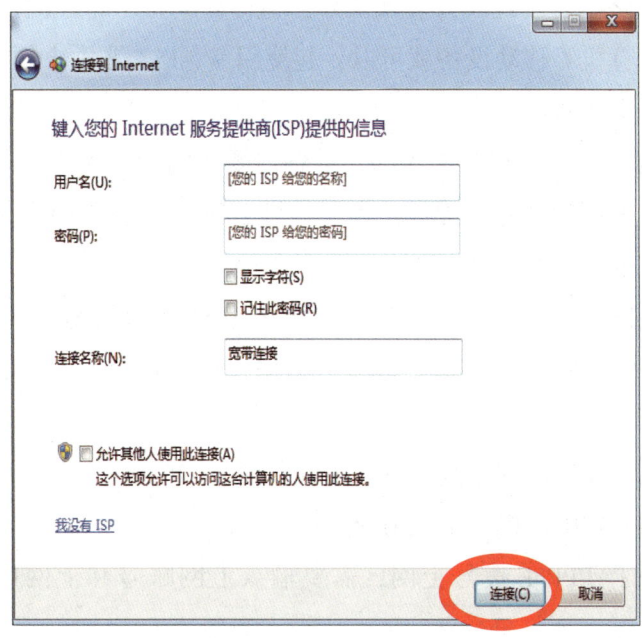

图 2-15 用户名和密码输入

（3）搜索引擎。搜索引擎是指根据用户的需求与一定的算法，运用特定的策略，在互联网上检索指定的信息，反馈给用户的一项检索技术。搜索引擎依托于多种技术，如万维网爬行器技术、检索排序技术、网页处理技术、大数据处理技术、自然语言处理技术等，为用户提供快速的、高相关性的信息服务。搜索引擎技术的核心模块一般包括万维网爬行器、索引、检索和排序等，同时可以添加其他一系列辅助模块，为用户创造更好的网络应用环境。

3. 无线路由器的设置

路由器（router）是一种计算机网络设备，能将数据包通过网络传送至目的地（选择数据的传输路径），这个过程称为路由。路由器就是连接 2 个及以上各级别网络的设备，路由器工作在网络层。

路由器是连接互联网上各局域网、广域网的设备，根据信道的情况自动选择和设定路由，以最佳路径，按前后顺序发送数据。路由器是互联网的枢纽。目前，路由器已经广泛应用于各行各业，各种不同档次的产品已经成为实现各种主干网内部连接、主干网间连接和主干网与互联网互联互通业务的主力军。路由器和交换机之间的主要区别是交换机工作在数据链路层，路由器工作在网络层。这决定了路由器和交换机在传输数据的过程中需使用不同的控制信息，所以两者实现各自功能的方式是不同的。

目前，无线路由器已经成为居家及办公不可缺少的一部分，有了无线路由器，手机和笔记本计算机等移动设备就可以一起使用 Wi-Fi，非常方便。无线路由器的设置主要分为以下步骤。

（1）确定网络是可以正常使用的，准备需要用的无线路由器及网线，其中一根网线用来连接调制解调器和无线路由器，另一根用来连接无线路由器和计算机。在连接时，接入的插口要正确。

（2）打开浏览器。在搜索框输入无线路由器背面的地址（一般情况下是192.168.1.1），然后单击 Enter 键。进入对话框，输入相应的用户名和密码，并单击"登录"。

（3）登录后，在界面的左侧单击"设置向导"，再单击"下一步"。

（4）在上网方式中，根据个人情况选择，单击"下一步"。

（5）如果选择 PPPoE 拨号上网，需要输入上网账号和上网口令，然后单击"下一步"。

（6）进入无线参数设置，可以选择无线状态（设为开启）、信道（设为自动）、模式（通常选 11 bgn mixed）、无线安全选项（选 WPA-PSK/WPA2-PSK）、SSID，设置无线网络密码。根据向导提示，单击"完成"。

4. 移动设备连接无线网络

设置无线路由器后，可以使用智能手机、笔记本计算机连接无线网络。以智能手机为例，连接无线网络的常见步骤如下。

（1）打开手机，进入主界面。

（2）点击"设置"。

（3）在设置页面中，点击"WLAN（或无线局域网）"。

（4）点击 WLAN（或无线局域网）设置页面右上角的"关闭/打开"，打开 WLAN（或无线局域网）。

（5）点击"打开"后，在 WLAN（或无线局域网）设置页面上出现很多无线网络的名称，找到正确的无线网络，点击进入。

（6）输入设置的无线网络的密码，即可连接无线网络。

培训模块 三
营销基础知识

培训项目 1 营销学基础知识

培训单元　市场营销的概念

1. 市场营销的含义。
2. 市场营销的相关知识。

一、市场的一般概念

1. 日常生活中市场的概念

在日常生活中，人们习惯将市场看作产品交换的场所，如集市、商场、批发市场等。我国古代有"日中为市，致天下之民，聚天下之货，交易而退，各得其所"的记载（《易·系辞下》），就是对在一定时间和地点进行产品交换的市场的描述。

2. 经济角度市场的概念

经济学家从揭示经济实质角度提出市场的概念。他们认为，市场是一个商品经济的范畴，是产品内在矛盾的表现，是供求关系，是产品交换关系的总和，是买卖双方就某一特定产品和品类（如房地产市场和粮食市场）进行交易的集合。

二、市场营销中的市场

1. 市场与行业的关系（简单的市场营销系统）

在市场营销中，市场往往等同于"需求"。站在营销人员的角度，常常将卖方称为行业，将买方称为市场。它们之间的关系如图 3-1 所示。

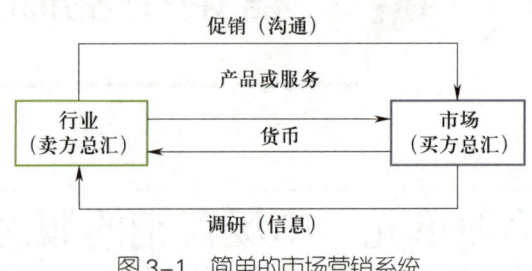

图 3-1　简单的市场营销系统

2. 市场的组成

从市场营销的角度，市场是指由人口、购买力和购买欲望有机组成的总和。

$$市场 = 人口 + 购买力 + 购买欲望$$

（1）人口。人口是组成市场最基本的要素。凡是有人居住的地方，就有各种各样的物质和精神方面的需求，就有可能组成市场。

（2）购买力。购买力是指消费者支付货币、购买产品或服务的能力。消费者的购买力由消费者的个人收入决定。有购买力的市场才是有意义的市场。

（3）购买欲望。购买欲望是指消费者购买产品的动机、愿望或要求，是消费者把潜在的购买力变成现实购买力的重要条件，因而是决定市场容量最权威的要素。

组成市场的三要素缺一不可，只有同时具备这三要素，才能使潜在的市场变成现实的市场，才能决定市场的规模和容量。

三、市场营销的含义

近几十年来，学者从不同的角度对市场营销做出了许多不同的定义，归纳起来可以分为 3 类：一是将市场营销看作一种为消费者服务的理论；二是强调市场营销是对社会现象的一种认识；三是认为市场营销是通过营销渠道把企业同市场联系起来的过程。

综上所述，市场营销是个人和集体通过创造产品和价值，并与别人自由交换，以获得其所需所欲之物的一种社会和管理过程。

四、市场营销与推销的区别

1. 出发点不同

推销的出发点是企业，专注于企业的需要。市场营销的出发点是消费者，根据消费者的需要制定销售方向。

2. 目的不同

推销的目的是眼前利益，在工作上是短期行为。市场营销的目的是长远利益，在工作上是长期行为，要与消费者建立长期的互利关系，不强调一次的得失，而追求长期的利益最大化。

3. 过程不同

市场营销是一个完整的、循环往复的工作过程，推销仅仅是市场营销过程中的一个环节。

五、市场营销的相关概念

1. 需要、欲望和需求

（1）需要。需要是指人们与生俱来的基本要求。例如，为了生存与发展，人们会有吃、穿、住、安全、归属、受人尊重、学习知识和自我实现等需要。这些需要存在于人类的生理和社会需要之中。

（2）欲望。欲望是指想得到上述需要的具体产品的愿望，是个人受不同文化及社会环境影响表现出来的对需要的特定追求。例如，为满足"解渴"的生理需要，人们可能选择（追求）喝白开水、茶水、汽水、果汁或者矿泉水。

（3）需求。需求是指人们有支付能力并愿意购买某个具体产品的欲望。在营销人员看来，需求就是对某种特定产品或服务的市场需求。

2. 产品和服务

在营销学中，产品特指能够满足人的需要和欲望的任何事物，其价值在于它满足人的欲望。人们购买轿车不是为了得到一种机械，而是要得到它所提供的交通服务。产品实际上只是获得服务的载体，可以是有形的产品，也可以是不可触摸的、无形的服务，如人员、地点、活动、组织和观念。

3. 效用、费用和满足

（1）效用。效用是指消费者对产品满足其需要的整体能力的评价。消费者通常根据对产品价值的主观评价和支付的费用做出购买决定，选择购买能使每一元花费带来最大效用的产品。

（2）费用。费用是指消费者购买某种产品或服务付出的代价。消费者的购买决策是建立在效用与费用双重满足的基础上的，其原则是以最小的费用换取最大的效用。

（3）满足。满足是指消费者主观上的一种心理状态，即对某种欲望、需要或要求的实现感到满意的程度。

4. 交换、交易和关系

（1）交换。交换是指从他人处取得所需之物，并以自己的某种东西作为回报的行为。交换是市场营销的核心概念。

（2）交易。交易是交换的基本组成单位，是交换双方之间的价值交换。交换是一个过程，在这个过程中，如果双方达成一项协议，就称为发生了交易。

（3）关系。关系是针对交易的长期发展而提出的，是指企业把市场营销看成与消费者、中间商、竞争对手等其他公众发生相互作用的过程，其核心是建立和发展与这些公众的长期互利互惠、相互信任的良好关系，以及树立良好的企业形象。关系营销是营销人员与有价值的消费者、分销商、零售商、供应商以及广告代理商、科研机构等，建立、保持并加强长期的合作关系，通过互利交换及共同履行诺言，使各方实现各自目的的营销方式。

六、市场营销观念

1. 市场营销观念的含义

（1）市场营销观念，又称市场营销哲学，是指企业进行营销的基本指导思想，是企业如何看待消费者和社会的利益，即如何处理企业、消费者和社会三者利益之间关系的态度、思想和观念。

（2）市场营销观念的变化趋势。随着社会和经济的发展、市场环境的变迁，以及企业经营经验的积累，市场营销观念发生了深刻的变化。这种变化的基本趋势是由企业利益导向逐渐转变为消费者利益导向，再发展到社会利益导向。

2. 市场营销观念的沿革

市场营销观念从古老的生产观念到当代的社会市场营销观念，是随着生产力的发展、产品和营销方式的不断变化而逐步发展起来的。

（1）生产观念。生产观念是最古老的市场营销观念。生产观念认为，消费者总是接受任何他能买到的价格低廉的产品。因此，企业应当致力于提高生产效率，实现低成本和大众分销。在生产观念指导下的企业的典型口号是"我们生产什么，就卖什么"。生产观念是一种重生产轻市场的观念。在生产观念指导下的企业在物资紧缺的年代也许能"创造辉煌"，随着生产的发展、供求形势的变化，这种观念必然使企业陷入困境。

（2）产品观念。产品观念认为，消费者喜欢高质量的、高性能的和具有某些特色的产品。因此，企业管理的核心是致力于生产优质产品，并不断精益求精。

产品观念和生产观念几乎在同一时期流行。与生产观念一样，产品观念也是典型的"以产定销"观念。在产品观念指导下的企业过分重视产品而忽视消费者的需求，最终导致"营销近视症"。企业在市场营销管理中缺乏远见，只看到自己的产品质量好，看不到市场需求在变化，致使经营陷入困境。

（3）推销观念。在推销观念（或销售观念）指导下的企业认为，消费者通常有一种购买惰性或抗衡心理，若听其自然，他们就不会大量购买本企业的产品，因而企业管理的中心是推销，其口号是"我们卖什么，就让人们买什么"。与前2种观念一样，推销观念仍然是一种以企业为中心的市场营销观念。在推销观念指导下的企业虽然开始关注消费者，并寻找潜在的消费者，同时采用有吸引力的方法和手段说服消费者，以促进销售，但是其市场营销过程仍然是先生产后销售的"以产定销"模式，而不是建立在满足消费者真正需求的基础上，从而有可能产生销售障碍。

（4）市场营销观念。市场营销观念是以消费者为中心的观念。这种观念认为，企业的一切计划与策略均应以消费者为中心。在市场营销观念指导下的企业，称为市场导向企业，其口号是"消费者需要什么，我们就生产供应什么"。市场营销观念要求企业遵循"消费者至上"的原则，以消费者的需求为出发点。

（5）社会市场营销观念。社会市场营销观念认为，企业的任务是确定各个目标市场的需要、欲望和利益，比竞争对手更有效地向目标市场提供所需的产品或服务，同时维护和提高社会福利。社会市场营销观念要求营销人员在制定市场营销策略时，统筹兼顾三方面的利益：企业利润、消费者利益和社会利益。

3. 现代市场营销观念与传统市场营销观念的区别

通常将生产观念、产品观念、推销观念称为传统市场营销观念，而将市场营销观念、社会市场营销观念称为现代市场营销观念。现代市场营销观念的产生，改变了传统市场营销观念的思维方式，也改变了在传统市场营销观念指导下的企业经营策略和方法。

现代市场营销观念与传统市场营销观念的不同体现在以下方面。

（1）经营的出发点不同。传统市场营销观念以企业为出发点，在传统市场营销观念指导下的企业只决定生产什么、生产多少以及产品价格；现代市场营销观念以目标市场为出发点，在现代市场营销观念指导下的企业注重研究消费者的需求和欲望，然后才决定生产什么、生产多少以及产品价格。

（2）经营的中心不同。在传统市场营销观念指导下的企业关注的重点是企业自身，以产品为中心；在现代市场营销观念指导下的企业关注的重点是企业外部，以消费者需求为中心。以消费者需求为中心是现代市场营销观念的本质特征。

（3）经营的方法不同。在传统市场营销观念指导下的企业采用单一经营的方法，着眼于每次交易。例如，在生产观念指导下的企业注重的是生产，在产品观念指导下的企业注重的是产品，在推销观念指导下的企业注重的是推销和促销。现代市场营销观念采用整体经营的方法，综合运用产品、价格、分销和促销等各种营销组合策略。

（4）经营的目标不同。在传统市场营销观念指导下的企业通过增加生产或扩大销售额增加利润；在现代市场营销观念指导下的企业通过满足消费者需求获得长远利益。

 **相关链接**

4R 理论

4R 理论是以关系营销为核心，注重企业和消费者关系的长期互动，重在建立消费者忠诚的一种理论。它既从企业的利益出发又兼顾消费者的需求，是一个更为实际的、有效的营销制胜术。4R 理论包括以下四要素。

1. 关联（relevance）

关联即认为企业与消费者是一个命运共同体，建立并发展与消费者之间的长期关系是企业经营的核心理念和最重要的内容。

2. 反应（reaction）

在相互影响的市场中，对经营者来说最难解决的问题不是如何控制、制订和实施计划，而是如何站在消费者的角度，及时地倾听，从推测性商业模式转变为高度回应需求的商业模式。

3. 关系（relationship）

在企业与消费者的关系发生本质变化的市场环境中，抢占市场的关键已转变为与消费者建立长期而稳固的关系。

4. 报酬（reward）

任何交易与合作关系的巩固和发展，都是经济利益问题。因此，一定的合理报酬既是正确处理营销中各种矛盾的出发点，也是营销的落脚点。

4R 理论的最大特点是以竞争为导向，在新的层次上构建了营销的新框架。根据市场不断成熟和竞争日趋激烈的形势，着眼于企业与消费者的互动与双赢，不仅积极地满足消费者的需求，而且主动地创造需求，运用优化和系统的思想去整合营销，通过关联、反应、关系、报酬等要素与消费者形成独特的关系，把企业与消费者联系在一起，形成竞争优势。

培训项目 2　互联网营销概述

培训单元1　互联网营销的概念

1. 互联网营销的发展趋势。
2. 互联网营销与传统营销的区别。

一、互联网营销的起源及发展

1. 互联网营销的起源

互联网营销不是凭空产生的，它是在一定的环境下演变而成的。互联网的产生为互联网营销提供了技术基础，激烈的市场竞争推动了互联网营销的发展，经济全球化趋势为互联网营销奠定了现实基础，消费观念的改变推动了互联网营销的发展。

实际上，部分互联网营销模式于1994年才陆续出现，在2000年之前，互联网营销的内容都很简单。进入21世纪以来，互联网营销才进入爆发性发展阶段。

电子邮件早在1971年就问世了，但在互联网应用普及之前，电子邮件并没有被应用于营销领域。1993年，出现了基于互联网的搜索引擎。1994年10月最早的网络广告出现。这些事件在互联网及互联网营销发展历史上都具有里程碑式的意义。

1994年被认为是互联网营销发展的重要一年，因为在网络广告出现的同时，基于互联网的知名搜索引擎雅虎、Web crawler、infoseek、LYCOS 等也相继在1994年出现。另外，由于发生了"第一起利用互联网赚钱的律师事件"，促使人们开始对电子邮件营销进行深入思考，也直接促成了互联网营销概念的形成。此后，随着企业网站数量和上网人数的日益增加，各种互联网营销方法也陆续出现，许多企业开始尝试利用互联网营销开拓市场。

2. 中国互联网营销的发展历程

中国的互联网营销大致诞生于1997年，与国外相比滞后3年。在1997年之前，中国互联网营销处于相对初级阶段，尚未出现有影响力的网站及互联网营销应用。

（1）传奇阶段（1997年之前）。中国于1994年4月20日正式开通互联网。企业开始认识和接触互联网。不过在1997年之前，大部分人对于互联网是陌生的，对于互联网营销更是没有清晰的概念。这一阶段的互联网营销具有"传奇"的特点，很少有企业将互联网营销作为主要的营销手段。

（2）萌芽阶段（1997—2000年）。1997年前后的部分事件标志中国互联网营销进入萌芽阶段。例如，在 ChinaByte 网站上出现了第一个商业性网络广告；以阿里巴巴为代表的一批 B2B 网站及 B2C、C2C 网站的快速发展促进了互联网营销业务范围的扩大。同时，中国频道、万网等基础应用服务商和搜狐、网易、常青藤等一批中文搜索引擎的出现，为企业进行互联网营销提供了广阔的空间。

（3）应用和发展阶段（2001—2003年）。2001年之后，一批专业服务商快速崛起，提供域名注册、虚拟主机、网站建设等多种服务。另外，大型门户网站分类目录、搜索引擎关键词广告、电子邮件营销等服务项目也有了明显的进步和发展，互联网营销服务体系逐渐形成并完善，为企业进行互联网营销奠定了良好的基础。越来越多的中小企业把互联网营销作为重要的营销渠道，互联网营销环境不断优化，互联网营销进入实质性的应用和发展阶段。

（4）市场形成阶段（2004—2008年）。2004年之后，互联网营销服务市场蓬勃发展，出现了网络分类广告、电子商务平台、网站流量统计系统等多种互联网营销资源和管理工具，为更多的企业提供了发展互联网营销的机会。一些新型的互联网营销方式和概念受到关注，出现了一批影响力较大的中文博客网站，随着博客使用人数的不断增加，已有企业尝试使用博客进行互联网营销，拓宽了互联网营销的发展渠道。

（5）社会化转变阶段（2009年至今）。随着Web 2.0逐渐深入发展，互联网营销更加注重网络信息传递的交互作用，用户不仅是网站内容的浏览者，还是网站内容的制作者和传播者。互联网营销进入社会化转变阶段，出现了更多社交化的互联网营销平台，如微博、QQ、微信等。因为移动网络的日渐成熟和移动终端用户的不断增加，互联网营销开始向全民参与的阶段发展。

3. 互联网营销的发展趋势

2010年之后，我国出现了各种全新的网络模式和营销理念，互联网营销也经历了一场深刻的变革。近几年，互联网营销日渐呈现多元化的发展趋势，包括互联网营销渠道、方法、资源的多元化，社会关系网络的多元化等。同时互联网营销生态化思维正在形成，即以用户关系网络的价值体系为基础，设计互联网营销策略，通过口碑传播，实现低成本、广范围、高效率的病毒式营销。互联网营销在新经济的洗礼下呈现新的发展趋势。

（1）利用大数据进行精准营销。大数据营销已成为企业发展中必不可少的战略之一。随着科技的不断进步，线上与线下的资源整合成为大数据营销发展的基础。企业要善于综合运用数据挖掘技术、网络技术、新媒体技术，以及心理分析技术等，洞察消费者需求，实现精准营销，增强营销效果。

（2）移动终端是互联网营销的主要阵地。移动终端距离消费场景更近，越来越多的企业开始把移动终端策略纳入互联网营销的各方面。许多企业意识到实施移动设备策略的必要性，于是思考移动终端用户的消费模式及其与社交媒体推送内容进行互动的方式。

（3）社交媒体营销蓬勃发展。社交媒体营销又称社会化营销或社交营销，其重点在于通过大量的社交平台进行关系营销，实现口碑宣传。随着各类社交媒体的用户数量及消费者花费在社交媒体上的时间不断增加，社交媒体营销的价值逐渐提升。微博、微信、博客、QQ等成为进行互联网营销的重要阵地，更积极的互动、更引人注目的内容以及与消费者的友好合作已成为企业进行互联网营销的重要支撑。

（4）"身临其境"的内容营销崛起。随着增强现实技术、虚拟现实技术等新兴技术的发展和进步，可以为消费者打造更加真实的购物体验，如服装、鞋、帽等在线穿搭，VR 汽车试驾等。优质的内容搭配良好的体验，有效地增强了互联网营销效果。

（5）网络广告理念和模式推陈出新。网络广告朝原生广告、程序化购买等新模式发展。社交媒体和工具类 App 推出了与场景相融合的原生广告。原生广告不同于传统的推销性质广告，更加关注消费者的需求，用诱人的内容直击消费者的内心，使他们产生需求。与传统的购买方式相比，企业更青睐程序化购买。企业通过需求方平台轻松找到目标消费者，有针对性地投放广告，从而充分利用广告资源。

（6）视频直播营销快速发展。社交媒体用户开始寻求更加即时的内容，短视频、直播等平台进入消费者的视野。随着抖音、快手的走红，短视频迎来一次大爆发。同时，越来越多的应用软件和平台开通了直播的功能，获得了一定的消费群体，短视频与直播已成为互联网营销的重要手段。

二、互联网营销的概念

1. 互联网营销的定义

（1）广义的互联网营销。广义的互联网营销是指企业利用一切计算机网络（包括企业内部网 intranet、行业系统专线 EDI 及互联网 internet）进行营销。

（2）狭义的互联网营销。凡是以互联网为主要营销手段，为达到一定的营销目的而进行的营销，都称为互联网营销。

2. 互联网营销与传统营销的联系与区别

（1）互联网营销与传统营销的联系

1）两者都是企业的一种经营活动。所涉及的范围不仅限于产品生产之后的活动，还要扩展到产品生产之前的开发活动。

2）两者都需要通过组合发挥功能。不是单靠某种营销手段去实现目标，而是通过整合各种营销手段进行具体的营销。现代企业的市场营销已不仅仅是实现某个目标，更重要的是实现某种价值。实现预期的目标需要启动多种关系，通过整合各种营销手段制定营销策略。

3）两者都把满足消费者的需求作为一切营销活动的出发点。

（2）互联网营销与传统营销的区别

1）对消费者认识的不同。传统营销中的消费者是指与产品购买和消费直接有关的个人或组织。虽然互联网营销中的消费者与传统营销没有太大的区别，但在互联网上，面对全球数百万个网站，每个消费者为了获得自己需要的信息，都离不开搜索引擎。因而搜索引擎成为企业进行互联网营销的特殊消费者。

2）对产品认识的不同。互联网营销更加注重和依赖信息对消费者行为的引导，因而将产品的定义扩大，用5个层次来描述整体产品的概念：核心产品、实际产品、期望产品、附加产品和潜在产品。

3）对营销组合认识的不同。在互联网营销过程中，营销组合的概念会因产品性质的不同而不同。对于知识产品，企业可以直接在互联网上完成营销过程。在这种情况下，营销组合发生了很大的变化：价格不再以生产成本为基础，而是以消费者意识到的产品价值来计算；消费者对产品的选择和对价值的估计，在很大程度上受互联网营销的影响，互联网营销的信息量比传统营销大。

4）对企业组织运作认识的不同。互联网营销带动了企业理念的发展，也带动了企业内部网的发展，形成了企业内外部沟通与经营管理均以互联网作为主要渠道和信息源的局面。因而，企业对组织进行再造就显得尤为迫切。在企业组织再造的过程中，销售部门将衍生出一个负责与其他部门协调的互联网营销管理机构。该机构的主要职责是解决互联网上疑问、解答新产品开发以及互联网上消费者服务等事宜。同时，企业内部网的兴起，将改变企业内部的运作方式以及提升员工的素质。

 **相关链接**

互联网营销不等于电子商务

互联网营销和电子商务是一对紧密相关又具有明显区别的概念，两者很容易混淆。电子商务的内涵很广，其核心是电子化交易，强调交易方式和交易过程的各个环节。互联网营销的定义已经表明，互联网营销是企业整体战略的一个组成部分。互联网营销本身并不是一个完整的商业交易过程，而是为促成电子化交易提供支持，因此，互联网营销是电子商务的一个重要环节，尤其在交易发生前，互联网营销发挥主要的信息传递作用。

培训单元 2　互联网营销的职能与分类

1. 互联网营销的八大职能。
2. 互联网营销的分类。

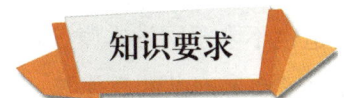

一、互联网营销的职能

1. 互联网营销的八大职能

实践证明，互联网营销可以在品牌塑造、网站推广、信息发布、销售促进、线上销售、客户服务、客户关系和线上调研八方面发挥作用，这也是互联网营销的八大职能。

（1）品牌塑造。互联网营销的重要任务之一就是在互联网上建立并推广企业的品牌。知名企业的线下品牌可以在线上得以延伸，一般企业则可以通过互联网快速树立品牌形象，并提升企业整体形象。

（2）网站推广。网站推广是互联网营销的基本职能之一。相对于其他职能，网站推广显得更为迫切和重要。网站所有的功能都要以一定的访问量为基础，所以，网站推广是互联网营销的核心工作。获得必要的访问量是互联网营销取得成效的基础。尤其对于中小企业，由于经营资源的限制，发布新闻、投放广告、开展大规模促销活动等宣传机会比较少。通过互联网营销进行网站推广的意义就显得更为重要，这也是中小企业对互联网营销更为热衷的主要原因。即使对于大型企业，网站推广也是非常必要的。事实上，许多大型企业虽然有较高的知名度，但网站的访问量并不高。

（3）信息发布。网站是一种信息载体，通过网站发布信息是互联网营销的主要方法之一，同时，信息发布也是互联网营销的基本职能。信息发布需要一定的信息发布渠道资源，可以分为内部资源和外部资源。内部资源包括企业网站、官方App、第三方网络平台、微博、微信公众号、官方博客、电子邮件等；外部资源则包括新闻网站、行业网站、搜索引擎、供求信息发布平台、网络广告服务资源、百科、问答平台、合作伙伴的互联网营销资源等。掌握尽可能多的互联网营销资源，并充分了解各种互联网营销资源的特点，向潜在消费者传递尽可能多的、有价值的信息，是互联网营销取得良好效果的基础。

（4）销售促进。营销的基本目的是促进销售，互联网营销也不例外。大部分互联网营销的方法都直接或间接地与促进销售有关，但促进销售并不限于促进线上销售。事实上，互联网营销在很多情况下可以促进线下销售。例如，宜家家居采用O2O模式，从线上引流到线下，培育实体店体验。

（5）线上销售。一个具备网络交易功能的企业网站本身就是一个线上交易平台，线上销售是企业营销渠道在线上的延伸。线上营销渠道也不限于网站本身，还包括在综合电子商务平台上建立的网络店铺，以及与其他电子商务网站的合作等。

（6）客户服务。互联网提供了更加方便的在线客户服务手段，从形式简单的常见问题解答（FAQ），到电子邮件、邮件列表，再到在线论坛和各种即时信息服务等。在线客户服务具有成本低、效率高的优点，在提高客户服务水平方面具有重要作用，同时也直接影响互联网营销的效果。

（7）客户关系。良好的客户关系是互联网营销取得成效的必要条件。客户关系是与客户服务相伴产生的一种结果，良好的客户服务能带来稳固的客户关系。例如，小米公司通过微博等互动沟通方式，第一时间了解客户的需求，掌握客户对产品或者营销的想法，提高客户对小米品牌的忠诚度。

（8）线上调研。企业可以通过在线调查表或者电子邮件等方式，完成线上调研。相对于传统市场调研，线上调研具有高效率、低成本的特点。因此，线上调研成为互联网营销的主要职能之一。线上调研不仅为制定互联网营销策略提供支持，也是整个市场调研活动的辅助手段之一。合理利用线上调研，对于制定市场营销策略具有重要价值。

2. 互联网营销各职能间的关系

互联网营销的各个职能并非相互独立，而是相互联系、相互促进的。互联网营销的最终效果是各项职能共同作用的结果。

二、互联网营销的分类

1. 按照商务活动的运作方式分类

（1）完全互联网营销。完全互联网营销是指完全依靠互联网营销方式实现和完成完整交易的行为和过程。

（2）非完全互联网营销。非完全互联网营销是指不完全依靠互联网营销方式实现和完成完整交易的行为和过程。非完全互联网营销要依靠一些外部因素，如运输系统的效率等。

2. 按照网络交易的范围分类

（1）本地互联网营销。本地互联网营销是指利用本城市或者本地区的信息网络进行的互联网营销，网络交易的范围较小。本地互联网营销系统是进行远程互联网营销和全球互联网营销的基础。

（2）远程互联网营销。远程互联网营销是指在本国范围内进行的互联网营销，网络交易的范围较大。

（3）全球互联网营销。全球互联网营销是指在全世界范围内进行的互联网营销，网络交易的范围最大。

3. 按照商务活动的内容分类

（1）直接互联网营销。直接互联网营销是指无形货物或服务的订货与付款等活动均在互联网上进行，如某些计算机软件和娱乐内容的联机订购、付款和交付，或者是全球规模的信息服务。

（2）间接互联网营销。间接互联网营销是指有形货物的订货与付款等活动在互联网上进行。它依然需要利用传统渠道送货，如邮政服务和商业快递等。

4. 按照交易对象分类

（1）B2B。B2B 是 business to business 的缩写，中文意为"企业对企业"，是指企业与企业之间通过互联网进行数据信息的交换、传递，开展交易活动的商业模式。B2B 网站可以分为 2 类，即综合 B2B 网站和垂直 B2B 网站。综合 B2B 网站面向所有行业的企业提供服务，如阿里巴巴等，在这类网站上，可以查询各行各业的企业产品信息。垂直 B2B 网站面向某一类行业内的企业提供服务。

（2）B2C。B2C 是 business to customer 的缩写，中文意为"企业对消费者"，即企业通过互联网为消费者提供一个新型的购物环境——网络店铺，消费者通过互联网进行购物、支付等消费行为。B2C 网站可以分为 2 类：一类是综合 B2C 网站，该类网站向消费者提供各种类型的产品，如天猫、京东，在这类网站上，消费者可以购买各行各业的产品。另一类是垂直 B2C 网站，该类网站是向消费者提供同一类型的产品，如钻石小鸟网站，消费者在该网站上只能购买和钻石相关的产品。

（3）B2G。B2G 是 business to government 的缩写，中文意为"企业对政府"，是指企业对政府的电子商务交易模式，即企业与政府机构之间进行的电子商务。政府将采购清单在网上公布，以网上竞价方式进行招标，企业可以在网上投标。这种方式有利于节省费用，使政府办公更公开和透明。这种商务活动覆盖企业与政府组织之间的各项事务。例如，企业与政府之间各种手续的报批；政府在网上以电子交换方式完成对企业和电子交易的征税等。

（4）G2C。G2C 是 government to citizen 的缩写，中文意为"政府对公众"，是政府通过电子网络系统为公众提供各种服务。G2C 电子政务包含的内容十分广泛，主要的应用包括公众信息服务、电子身份认证、电子税务、电子社会保障服务、电子民主管理、电子医疗服务、电子就业服务、电子教育、培训服务、电子交通管理等。

（5）C2C。C2C 是 customer to customer 的缩写，中文意为"消费者对消费者"，即消费者对消费者的电子商务交易模式。

5. 按照网络设备状态分类

（1）固定互联网营销。固定互联网营销是指利用计算机等固定设备，与有线上网技术相结合，将各类网站、企业信息等导入互联网，为企业提供固定的信息化应用平台的营销策略。

（2）移动互联网营销。移动互联网营销是相对于固定互联网营销而言的，是指利用智能手机、掌上计算机、笔记本计算机等移动设备，与无线上网技术结合，采用移动信息技术，将各类网站、企业信息和各种各样的业务引入互联网，为企业搭建一个满足业务管理需要的移动信息化应用平台，提供全方位的、标准化的、一站式的企业移动商务服务和电子商务的一种全新营销模式。

培训单元 3　互联网营销传播的特点

1. 互联网传播的特点。
2. 互联网营销传播的特点。

一、互联网传播的特点

1. 互动性

互联网的媒体属性,由 Web 1.0 向 Web 2.0 过渡,由单一的信息传递向互动的形式发展。无论是电视还是报纸,主要都是"我说你听,我演你看"的传播形式,即使建立了反馈机制和采用问卷调查的形式,滞后也相当明显。互联网从开始就是以互动的形式出现的,网络平台更是绝佳的互动广告平台。互联网传播的互动性是人类各种感觉器官的延伸,在互联网上实时互动交流,让信息更加充分地在彼此之间传递和共享,也让彼此的联系和影响更加深刻和生动。

2. 开放性

开放性体现在人人可以接入互联网,人人可以按照互联网的要求上传和下载相应的资源,人人可以以自己的方式默默存在或者影响他人。这种开放性使得互联网资源呈几何级数增长,形成一定的规模后,这种源于用户的资源会反过来自觉和不自觉地影响互联网用户的行为。

3. 透明性

网络平台有很多种,按照主体可以分为政府网站、教育科研机构网站、个人网站、企业网站、商业网站、其他非营利机构网站等。按照功能可以分为资讯型网络平台、娱乐型网络平台、商务交易型网络平台或综合型网络平台等。网络平台是互联网经济的载体,在一定的网络平台上才能进行信息的挖掘、交流和共享等,也只有在一定的网络平台上,互联网传播的透明性才能体现。正因为网络平台在互联网经济中的重要作用,才有平台经济的提法。基于网络平台信息的透明性,使彼此之间的相互影响更具有互联网效应和外部性,因为很多的信息交流都是基于非市场因素的。

4. 创新性

互联网传播的创新性表现在很多方面,主要是融合、挖掘和创新,其与农业、工业、交通、运输、医疗、服务业等各个领域的融合,都会带来突破和创新,而且这种创新是具有示范效应的,触类旁通,会引发更多的创新。

二、互联网营销传播的特点

1. 跨时空

营销的最终目的是最大限度地占据市场份额。由于互联网能够跨越时空限制进行信息交换,使营销跨越时空限制成为可能,企业有了更多的时间和更大的空间进行营销,可以每周 7 天、每天 24 h 随时随地地进行全球性营销。在信息传递方面,互联网营销比传统营销具有更大的规模和更快的速度,可以完全跨越时空限制;在信息获取方面,互联网提供了高效的搜索引擎以及各种综合信息平台,使企业或消费者能够获取实时的市场信息。

2. 多媒体交互性

互联网可以传递多种形式的信息,如文字、声音、图像等,为达成交易可以以多种形式进行信息交换,充分发挥营销人员的创造性和能动性。同时,通过互联网展示产品图像、查询产品信息、进行产品或服务测试与消费者满意度调查等,实现供需互动与双向沟通。

3. 个性化

互联网具有一对一的互动特性。互联网营销不仅是一对一的、理性的、由消费者主导的、非强迫性的、循序渐进式的营销,而且是一种低成本的、人性化的营销。避免了传统营销带来的干扰,并通过信息交换与交互式沟通,与消费者建立长期良好的关系。

4. 整合性

一方面,互联网营销可以实现从传递产品信息、收取货款至售后服务的一站式服务,同时,企业也可以借助互联网统一设计规划和协调实施营销传播,以统一的传播资讯向消费者传递信息,避免传播的不一致性而产生的消极影响;另一方面,互联网是一种功能相当强大的营销工具,兼具促销、电子交易、互动服务及市场信息分析的多种功能,符合整合营销的未来趋势。

5. 经济性

计算机可以储存大量的信息,可以传递的信息数量与精确度远超其他媒体,且能根据市场需求的变化,更新产品或调整价格,及时有效地了解并满足消费者的需求。通过互联网进行信息交换代替传统的实物交换,一方面可以节省印刷与邮递费用、店面租金;另一方面可以减少多次运输、交换带来的损耗。

6. 技术性

互联网营销是建立在以技术作为支撑的互联网基础上的。企业进行互联网营销必须有一定的技术投入和技术支持，包括企业外部的基本环境和内部的基本条件，还要改变传统的组织形态，增强信息管理部门的功能，引进互联网营销与计算机技术的复合型人才。

培训项目 3

互联网营销策略和主要方法

培训单元 1　互联网营销策略

1. 互联网营销的产品策略。
2. 互联网营销的价格策略。
3. 互联网营销的渠道策略。
4. 互联网促销策略。

一、互联网营销的产品策略

1. 互联网产品的整体概念

产品是指能够提供给市场以满足消费者需要和欲望的任何有形物品和无形服务。互联网产品是互联网营销的首要和基本要素，是互联网营销过程中的重要载体，也是企业经营的核心和灵魂。

广义的互联网产品的概念是从传统意义上的产品延伸而来的，是满足消费者需求和欲望的无形载体。狭义的互联网产品就是指网站为满足消费者需求而创建的、用于运营的功能及服务，是网站功能及服务的集成。

在互联网营销中，产品整体概念从内到外可以分为以下5个层次。

（1）核心产品层次。核心产品层次是产品整体概念最基本的层次，是指产品能够提供给消费者的基本效用或益处，是消费者真正想要购买的基本效用或服务。例如，消费者进入某网站是为了获得咨询服务。

（2）实际产品层次。实际产品层次是产品在市场上出现的基本形式，是企业借助一定的载体，将核心产品转为有形的物体而表现出来的具体物质形态。它主要是通过产品的质量、功能、包装、特色、款式和品牌六方面来表现的。

（3）期望产品层次。期望产品层次是指消费者在购买产品前，对所购产品质量、使用方便程度、可能得到的附加利益或服务等方面的期望值。在互联网营销中，消费者处于主导地位，消费呈现个性化的特征。不同的消费者可能对产品的需求不一样，因此产品的设计和开发必须满足消费者个性化的需求。

（4）附加产品层次。附加产品，是指消费者在购买实际产品和期望产品时，获得的各种附加利益或服务的总和，使产品的核心利益得到更好的应用，以便区别企业的产品和竞争对手的产品。例如，质量保证、良好的售后服务、免费送货和维修等。在现代市场营销中，企业在竞争中获胜的关键已经从争夺消费者转变为向消费者提供更多的附加利益或服务。

在互联网营销中，对于有形产品，附加产品层次要注意提供良好的售后服务、物流配送、质量保证等；对于无形产品，重点是质量保证和技术保障。例如，大多数软件服务商为消费者提供免费升级服务，可以以优惠价格购买同一软件服务商的软件产品等。

（5）潜在产品层次。潜在产品层次是在附加产品层次之外，由企业提供的能满足消费者潜在需求的产品层次，是产品的一种增值服务。它与附加产品的主要区别在于，消费者即使没有获得潜在产品，仍然可以很好地使用产品的核心利益或服务。在互联网营销中，企业通过引导和支持，使消费者认识更多的潜在需求，更好地满足他们的潜在需求。例如，手机开发商与相关信息平台及电信部门联合，为消费者提供各类查询、预约、交易等服务。

2. 互联网产品生命周期

产品生命周期是指产品从进入市场开始，直到最终退出市场为止所经历的市场生命循环过程。一个典型的产品生命周期一般经历4个阶段，即导入期、成长期、成熟期和衰退期（见图3-2）。

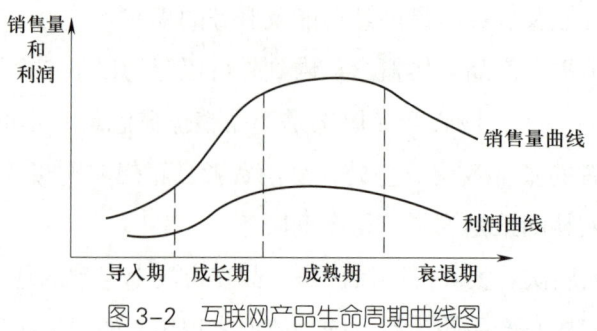

图 3-2 互联网产品生命周期曲线图

（1）导入期及其营销策略。导入期是指产品试制成功后投放到市场试销的阶段。其主要特征为：消费者对产品不了解，只有少数追求新奇的消费者可能购买，销售量较低；技术方面的原因导致不能大批量生产，且废品率高，导致产品生产成本较高；为了拓宽营销渠道，需要投入较高的广告费用对产品进行宣传，所以销售费用也较高。在导入期，企业不但得不到利润，还可能亏损，产品也有待进一步完善。

导入期的营销策略主要考虑价格和促销因素的影响，为了迅速提高产品的销售量，主要营销策略如下。

1）快速撇脂策略，即高价高促销策略。企业制定较高的价格并配合高强度的促销活动，将新产品投放到市场。

2）缓慢撇脂策略，即高价低促销策略。企业对产品实行高定价，配合低强度的促销活动，向市场推出产品。

3）快速渗透策略，即低价高促销策略。企业采取低价格和高强度促销相结合的方式，以求迅速占领市场，取得尽可能高的市场占有率，通过提高产量使产品的单位成本降低，从而取得规模效益。

4）缓慢渗透策略，即低价低促销策略。企业采用该策略的原因：一方面低价产品可以吸引更多的消费者；另一方面低强度促销可以节省费用，增加利润。

（2）成长期及其营销策略。成长期是指产品试销成功后，转入批量生产和大规模销售的阶段。其主要特征为：产品性能和质量已经比较稳定；消费者对产品已经熟悉并接受，销售量迅速上升；生产规模扩大，生产成本降低，营销渠道较为畅通，利润也迅速增加；竞争对手纷纷进入市场参与竞争，使同类产品供给量增加，价格随之下降，利润增加速度逐步减慢，最后达到产品生命周期利润的最高点。

对于企业而言，该阶段的经营思想是尽可能延长成长期，主要营销策略如下。

1）改善产品品质。企业应根据消费者的需求，改变产品款式，增加花色品种，开发新用途，提高产品质量，增强市场吸引力。同时，企业还应及时提供各种有效规范的服务，尽可能满足消费者的需求，以巩固和扩大市场。

2）适时降价。在实现规模生产、成本下降的基础上，企业根据市场竞争情况，采取降价策略，吸引对价格比较敏感的消费者，从而提高销售量。

3）寻找新的细分市场。巩固原有的营销渠道，增加新的营销渠道。通过市场细分，找到新的尚未满足的细分市场，做到保证供应，方便消费者购买。

4）加强广告宣传。运用广告宣传、公共关系等多种手段，加大促销力度，积极树立良好的产品形象，力争创立名牌，培养消费者的信任和偏爱。

（3）成熟期及其营销策略。产品大批量生产并稳定地进入市场销售，经过成长期，产品的销售增长率在达到高峰后逐渐下降，产品生命周期开始进入成熟期。其主要特征为：产品的设计和工艺稳定，成本低而产量大；市场需求趋于饱和，同类产品多，竞争异常激烈，产品价格、销售量和利润开始下降；持续时间较长，一些缺乏竞争力的企业逐渐退出市场，新加入者较少。在成熟期，企业应充分发挥营销作用，主动出击，尽可能延长成熟期，或使产品进入新的成长期，主要营销策略如下。

1）改进产品。企业可以通过提高产品质量、突出产品特点、改进产品式样等手段，满足现有消费者不同的需要或者吸引新的消费者，从而使销售量重新上升。

2）改进市场。一是提高销售量，通过努力吸引新的消费者；二是增加消费者的使用频率，使消费者更频繁地使用产品。

3）改变营销组合。企业通过改变营销组合中一个或几个因素来促进消费者购买，从而提高销售量。例如，降低价格、拓宽营销渠道、加强广告宣传、增加服务项目和采取新的促销方式等，以延长成熟期。

（4）衰退期及其营销策略。衰退期是指产品经过成熟期，逐渐被同类产品替代，销售量呈急剧下降趋势的阶段。衰退期的主要特征为：消费者的消费习惯发生改变，转向其他产品；降价已成为竞争的主要手段，产品利润大幅下降；多数企业无利可图，纷纷退出市场。产品一旦进入衰退期，从战略上已经没有值得留恋的地方，应审时度势，予以淘汰，主要营销策略如下。

1）持续策略。在衰退期，竞争对手相继退出市场。市场对产品还有一定的需求，因此企业仍可继续保留原有的细分市场，保持营销渠道、定价和促销方式不变，将销售量维持在一定的水平，待时机合适，再退出市场。

2）集中策略。缩短战线，把企业的资源集中使用在最有利的细分市场、最有效的营销渠道和最易销售的品种款式上，以求获取尽可能多的利润。

3）榨取策略。抛弃无希望的消费群体，大幅度减小促销力度，尽量减少促销费用，以增加利润。

4）放弃策略。对于衰退比较迅速的、已经完全无利可图的产品，企业应该当机立断，放弃营销。

3. 互联网营销的新产品策略

（1）互联网营销的新产品概述。新产品不仅是指新发明的产品，从消费者的需求出发，只要产品整体概念中的任何一个层次发生了变化、改进、革新，都可以称为新产品。与传统营销一样，互联网营销的新产品可以划分为以下类型。

1）全新产品。全新产品是指应用科技新成果，运用新原理、新技术、新工艺和新材料制造的市场上前所未有的产品。例如，服务型机器人的开发和应用等。

2）换代产品。换代产品是指在现有产品的基础上，部分采用新技术、新材料、新工艺而开发和制造的，在性能上比现有产品有较大幅度提高，能给消费者带来新利益的新产品，换代产品是新产品的重要形式。例如，电视机经历了从黑白到彩色，从CRT显示屏到液晶显示屏、等离子显示屏，从无线电视、有线电视到互联网电视的更新换代。

3）改进型产品。改进型产品不是产品的重大革新，而且是对现有产品的包装、款式、品质、功能等一个或几个方面进行一些改变。例如，运动品牌阿迪达斯每个季度甚至每个月都会推出改进型产品，以满足消费者不断变化的需求。

4）仿制产品。仿制产品是指对国际或国内市场上的现有产品进行引进或模仿、研制生产的产品。

5）重新定位产品。重新定位产品即以新的市场或细分市场为目标市场的现有产品。例如，在国内属于中低端的家电产品，通过互联网进入其他欠发达地区市场，可以将产品重新定位为高端产品。

（2）互联网营销新产品的研发过程

1）互联网营销新产品构思与概念的形成。新产品开发是一种创新活动，产品构思是开发新产品的关键。在这一阶段，企业要根据市场需求以及企业自身条件，充分考虑消费者的使用要求和竞争对手的动向，有针对性地提出新产品构思。并非所有的新产品构思都能开发为新产品，因此，必须对新产品构思进行筛选。经过筛选后的新产品构思还要与消费者的需求相结合，形成能够为消费者接受的、具体的新产品概念。

2）互联网营销新产品的研制与开发。与传统营销新产品的研制与开发不同，消费者、与企业关联的供应商和经销商都可以直接参与互联网营销新产品的研制与开发。消费者不再是简单地被动接受测试和表达感受，而是主动参与和协助新产品的研制与开发。企业之间只有通过合作才能增强竞争力，在激烈的市场竞争中站稳脚跟。企业通过互联网可以与供应商、经销商、消费者进行双向沟通和交流，最大限度地提高新产品的研制与开发的速度。

3）互联网营销新产品的试销。通过将新产品投放到有代表性的地区或小范围的目标市场进行试销，企业能够较准确地把握新产品的市场前景，确定新产品是否可以大规模上市以及适合采取的营销策略。通过互联网营销推动新产品的试销与上市，一方面可以比较有效地覆盖目标市场；另一方面可以利用互联网，与消费者直接进行沟通和交流，有利于消费者了解新产品的性能，还可以帮助企业对新产品进行改进。

4）互联网营销新产品的大规模生产。新产品试销成功后，就可以正式批量生产，全面推向市场。此时，企业要支付大量费用。在新产品投放市场的初期，往往利润微小，甚至亏损，因此，企业应对新产品投放市场的时机、区域、目标消费者、营销策略等方面做出慎重决策。

4. 互联网营销的品牌策略

（1）互联网品牌的含义。互联网品牌包括广义和狭义2个层面的含义。广义的互联网品牌是指一个企业、个人或者组织在互联网上建立的一切产品或者服务在人们心目中树立的良好形象。狭义的互联网品牌是指个人或团体以互联网为基础，以互联网营销为手段而建立的、具有可识别性的产品铭牌或商标。

同时，互联网品牌存在两方面的含义。一方面是通过互联网营销手段建立起来的，并通过网络平台提供产品或服务的品牌，也将互联网品牌称为e品牌。e品牌成长的土壤就是互联网。例如，腾讯以即时通信工具为基础，深入人们的生活，拥有大量用户后，在社交媒体、网络游戏、移动互联网等领域全面延伸，成为用户黏度非常高的微信互联网品牌。另一方面是传统品牌在互联网上建立品牌网站，是品牌的网络化，如耐克、可口可乐的网站。e品牌与品牌的网络化都是在互联网时代网络经济的一种商业模式，它们将传统品牌通过互联网进行推广，与用户互动，不断加强互联网品牌在用户心中的地位，同时通过互联网进行营销。

（2）互联网品牌的命名原则。互联网品牌命名主要是指企业用于互联网推广的品牌命名。互联网品牌的命名原则体现在以下方面。

1）互联网品牌名称应与企业已有品牌名称具有相关性。例如，苏宁易购的网站名称为苏宁易购。

2）互联网品牌名称应选择独特的专有名而不是通用名。例如，可口可乐、微软、梅赛德斯-奔驰、迪士尼、英特尔、麦当劳、万宝路、诺基亚、雀巢、惠普、海尔和柯达等。

3）互联网品牌名称应具有与目标消费群体相似的特质，更容易使消费者产生共鸣，吸引消费者的关注和兴趣。

4）互联网品牌名称应尽量简洁，易于记忆和使用。据调查，品牌名称的字数对品牌认知有一定的影响。品牌名称越短，越有利于传播；越简化的品牌名称，品牌认知度越高。

5）互联网品牌名称应提示产品所属的品类。尤其是对于新的品牌，可以使消费者迅速判断产品的品类。

6）互联网品牌名称应与众不同，具有独特性。可以尝试使品牌名称具有突出的特色，产生独特的推广效果。例如，亚马逊网站的品牌名称来自亚马孙河，用全球流量最大的河流类比，更容易记忆。

7）互联网品牌名称应具有亲和力，有利于口碑传播。例如，"三只松鼠""小熊电器"等以其具有亲和力的品牌名称，占据了一定的市场份额。

（3）互联网品牌的策略

1）多品牌策略。在传统领域，实行多品牌策略是现代企业在市场竞争中的重要手段，面对消费者不断变化的需求，企业不得不尽量使自己的产品和服务多样化，实施多品牌策略是其必然的选择。

2）品牌推广策略

①选择合适的品牌元素。品牌元素是指能使品牌具有差异性、可识别性的特征（图案等）。大多数知名品牌都拥有多个品牌元素，如中国移动的"神州行我看行"、动感地带的"我的地盘我做主"，充分考虑了不同消费群体的特征。

②利用促销及相关的营销活动不断提高品牌知名度。例如，一家汽车用品制造企业，可以赞助某个著名的户外活动网站，与其联合举办汽车拉力赛，从而通过赛事营销间接地提高品牌知名度。

③完善交互功能，从而提高品牌知名度。企业网站与消费者之间进行及时有效的沟通，以增强企业品牌的生命力、维系品牌忠诚度。

3）品牌兼并策略。这种策略是互联网激烈竞争造成的，如果按照常规的市场扩张手段，速度非常慢。为了占据市场份额，最直接的方法就是兼并其他品牌，把对方的市场份额纳入本企业，同时消除了竞争对手。

4）品牌变更策略。在市场中，各种原因使品牌经常发生变更。品牌变更的原因大致有以下几种：企业经营不善，无法继续生存，不得不放弃原有品牌；企业需要拓展新的经营领域，原有的品牌由于形象定位不适应未来的发展，企业必须选择新的品牌；在企业发生兼并、市场重组时，原有品牌的市场价值也发生了变化，代之以新品牌或者被兼并的品牌；企业为了适应消费者不断变化的需求，更新形象，如视觉表达方式；当消费者由于时代的变迁而在行为方面发生了较大变化时，变更品牌就不可避免了。

5）品牌形象一致性策略。从品牌内部要素（即品牌的思想、品牌的识别系统）开始，就应保持企业或品牌理念的一致性。品牌定位、品牌个性必须依据品牌识别的核心（即品牌的精髓、本质和价值）来确定，品牌识别为确定品牌定位的角度、规范表达的方式和保持品牌的个性提供了框架，三者之间必须保持一致性、协调性和连贯性。

 **相关链接**

品 牌 延 伸

品牌延伸是指将一个现有品牌名称用到一个新类别的产品上。品牌延伸并非表面上借用品牌名称，而是对整个品牌资源的策略性使用。随着全球经济一体化进程的加速，市场竞争愈加激烈，品牌资源的独占性使品牌成为企业之间竞争力较量的一个重要筹码。于是，使用新品牌或延伸旧品牌成为企业推出新产品时必须面对的问题。品牌延伸是实现品牌无形资产转移、发展的有效途径。品牌也受产品生命周期的约束，存在导入期、成长期、成熟期和衰退期。品牌是企业的战略性资源，充分发挥品牌资源的潜能并延续其生命，便成为企业的一项重大战略决策。品牌延伸一方面在新产品上实现品牌无形资产转移，另一方面又以新产品形象延续了品牌生命，因而成为企业的现实选择。

二、互联网营销的价格策略

1. 影响企业定价的因素

影响企业定价的因素是多方面的。市场营销理论认为，产品价格的上限取决于市场的需求，产品价格的下限取决于产品的成本。在最高价格和最低价格的区间内，企业定价取决于竞争对手对产品的定价、买卖双方的议价能力等其他因素。可见，市场的需求、产品的成本、竞争对手对产品的定价、买卖双方的议价能力等因素对企业定价均具有非常重要的作用。

（1）市场的需求。市场的需求是指一定的消费者在一定的地区、时间、市场营销环境和市场营销计划下，愿意而且能够购买某种产品或服务的数量。市场的需求通过影响价格和收入之间的关系来影响企业定价。

（2）产品的成本。产品的成本是指企业在产品的生产和流通过程中所耗用的物质资料的价值和支付人工的费用。从长远来看，企业定价只有高于产品的成本，企业的收入才能抵偿产品的成本，否则企业将无法经营。

（3）竞争对手对产品的定价。在互联网上，消费者可以全面地了解产品的价格，企业定价受竞争对手对同类产品定价的影响。企业必须选择适当的方式，了解竞争对手产品的质量和价格，及时地调整自己产品的价格。

（4）买卖双方的议价能力。卖方议价能力是指供应商通过提价或降低所购产品或服务的质量，向某个产业中的企业施加压力的能力。买方议价能力是指买方通过支付较低的价格、获得较高价值的产品或者更多的服务项目等竞争手段，从卖方与竞争对手彼此对立的状态中获利的能力。

 **相关链接**

电子商务平台店铺的产品如何定价

产品定价大有学问，定得太低或太高都不行。价格太低会让消费者感觉"便宜没好货"，价格太高则不利于成交。价格频繁地变动，会让消费者对产品和店铺失去信心。因此需要掌握一些定价的方法。

1. 成本导向

成本导向是最普遍的、最容易想到的定价方法。成本包括推广费用、库存风险等。核算出产品的成本后，可以根据产品在店铺中的定位与相应的利润定价。

2. 搜索展示导向

电子商务平台的搜索结果页，一般会按照综合排序来展示产品。使用这个方法的时候，需要退出自己的账号，以免受到个性化展示影响。多用几部手机进行搜索，确定一个比较有竞争力的价格，将大于或等于统计的最低价格作为产品销售价格。

3. 生意参谋导向

在生意参谋工具中，可以看到同行业排名靠前的产品信息，由此可以统计行业中搜索排名前20的产品。统计它们的一口价，一般分为2~3个价格区间。这个价格区间就是该行业中能够得到搜索流量的最佳价格，以此作为一口价。

4. 品牌溢价

若是知名品牌，则可以根据实际情况进行溢价，以此获得较大的利润空间。采用高价策略时，具有独特功能、独占市场、仿制困难且需求弹性小的产品能在较长的时间内保持高价，否则会因价格太高而失去消费者。

2. 互联网营销定价的特征

（1）全球化。互联网营销面对的是开放的和全球化的市场，世界各地的消费者都可以直接通过互联网进行交易。企业的目标市场从过去的受地理位置限制的区域性市场拓展到全球市场，互联网营销不能以统一的定价策略面对差异性极大的全球市场，必须遵循全球化和本地化相结合的原则。

（2）低价化。互联网用户普遍认为互联网上的信息是免费的、开放的、自由的。一方面，消费者通过互联网能详细地掌握各种产品的价格，并进行充分的比较和选择，迫使企业以尽可能低的价格销售产品；另一方面，互联网营销使企业减少许多中间环节，和消费者直接交易，营销成本大大降低。因此，互联网营销定价趋于低价化。

（3）消费者主导化。简单地说，就是实现消费者的价值最大化，即消费者以最小成本获得最大收益。消费者主导互联网营销定价是一种双赢的策略，既能更好地满足消费者的需求，又不会影响企业的收益，而且能够对目标市场了解得更充分。

（4）一致化。互联网营销面对的是开放的市场，价格相对透明。消费者可以及时获得同类产品或相关产品的价格，并进行充分的比较。企业需要努力减少国家、地区等因素而产生的价格差异，互联网营销定价趋于一致化。

（5）动态化。互联网营销定价呈现动态化的特征。企业与消费者直接交易，可以根据季节、市场供需、竞争产品价格和促销活动等因素，及时调整价格。

3. 互联网营销定价的策略

（1）免费价格定价策略。免费价格定价策略就是将企业的产品和服务以免费的形式提供给消费者，满足消费者的需求。免费价格定价策略主要用于产品的促销和推广，是一种常见的定价策略，一般是短期的和临时性的。在互联网营销中，免费价格定价策略不仅是一种促销策略，还是一种非常有效的产品和服务定价策略。很多初创企业便是凭借免费价格定价策略获得成功的。有以下免费价格定价策略。

1）产品和服务完全免费。产品和服务完全免费是指产品和服务从购买、使用到售后服务的所有环节都免费的方式。企业实行免费价格定价策略，就是为了提高消费者的关注度，增加网站的访问量，提升网站的人气，以建立网站的品牌形象。免费产品就像网站的广告一样，是提升网站知名度的手段。

2）产品和服务部分免费。产品和服务部分免费是指企业对其产品和服务实行一部分免费，而另一部分消费者需要付费才能使用，付费部分恰好是最重要的、最核心的部分。消费者因为使用免费部分的产品和服务，产生了兴趣，很有可能购买付费部分的产品和服务，从而使企业获得收益。

3）产品和服务限制收费。产品和服务限制收费是指产品和服务可以被有限制地免费使用，超过一定的时间或者次数之后，消费者需要付费才能使用。这种限制主要有2种形式。

①使用时间限制，规定了消费者免费使用产品和服务的时间，并且时间比较短，超过时间，如果要继续使用则要付费。

②使用次数限制，规定了消费者免费使用产品和服务的次数，超过次数，如果要继续使用则要付费。有些企业让消费者免费使用产品和服务一定的次数，超过次数，消费者需要购买使用该产品和服务的次数。

4）产品和服务捆绑式免费。产品和服务捆绑式免费是指购买某种产品和服务时，赠送其他产品和服务。产品和服务捆绑式免费有 2 种形式。

①软硬捆绑，即将软件安装在指定的硬件设备上捆绑销售。

②软软捆绑，即将不同的软件打包捆绑销售。

产品和服务捆绑式免费的目的不是像传统产品和服务那样，获得更多的销售收入，而是占据更多的市场份额。

（2）低价定价策略。低价定价策略是指企业在定价时，先在互联网上查询，充分掌握市场同类产品的情况，然后与同类、同质产品比较，确定略低的价格作为产品的价格。这样确定的价格不仅具有可比性，还具有较强的竞争力，是除免费价格定价策略以外，最吸引消费者的一种定价策略。

企业常用的有以下低价定价策略。

1）直接低价定价策略。直接低价定价策略是在产品成本的基础上增加一定的利润，有时甚至是零利润，制定产品价格的定价策略。这样制定的产品价格往往比同类产品低，如戴尔计算机的定价比其他品牌的同性能产品价格低 10%~15%。采用直接低价定价策略的基础是互联网营销，企业可以降低大量的成本。

2）折扣定价策略。折扣定价策略是在产品原价的基础上实施一定折扣的定价策略。它可以让消费者直接了解产品的降价与让利的幅度，以促进消费者购买。常用于网络零售商的产品定价中，如当当网的图书价格一般都有折扣。

3）促销定价策略。促销定价策略是在产品原价的基础上为促进销售而临时定价的策略。互联网上的消费者范围很广，且具有较强的购买能力，当产品价格不具有竞争优势时，企业为打开互联网营销局面和推广新产品，可以临时采用促销定价策略，以促进消费者购买。促销定价策略除了折扣定价策略，还包括有奖销售和附带赠品销售。

（3）定制生产定价策略。按照消费者的需求定制生产是互联网时代满足消费者的个性化需求的基本方式。由于消费者的个性化需求差异性大，需求量少，企业为了满足消费者的个性化需求实行定制生产，即在管理、供应、生产和配送各个环节上，必须适应小批量、多式样、多规格和多品种的生产和销售。

定制生产定价策略是在企业实行定制生产的基础上，利用网络技术和辅助设计软件，帮助消费者选择配置或者自行设计满足自己需求的个性化产品，同时承担自己愿意付出的价格。例如，消费者可以通过戴尔公司的网页了解产品的基本配置和功能，并根据实际需要和在能承担的价格内，配置满意的产品。

（4）拍卖定价策略。经济学理论认为，市场要想形成最合理的价格，拍卖定价是最适宜的方式。网上拍卖是指网络服务商利用网络平台，让产品的所有者或某些权益的所有者在其平台上独立开展以竞价、议价方式为主的在线交易模式。网络平台跨越了地域限制，虚拟集成了企业和消费者，大大降低了集体竞价的成本。消费者只需在互联网上登记，企业将产品的相关信息提交给交易平台，经审查合格后即可上网拍卖。

（5）差别定价策略。差别定价策略，是指企业按 2 种或 2 种以上反映成本费用比例差异的价格销售某种产品或服务。随着网络技术的不断发展，企业可以运用先进的软件系统和大型的数据库对产品随时进行调价，使企业可以更好地利用差别定价策略。常见的有以下差别定价策略。

1）会员制。会员制是很多企业普遍采用的方法。企业可以根据消费者的消费金额设置不同的梯度，制定会员等级。例如，京东商城的会员制是消费者消费到一定的金额后升级为会员，各种等级的会员实行的价格不同。京东的会员级别分为注册会员、铜牌会员、银牌会员、金牌会员、钻石会员。

2）时间差别。时间差别是指在不同的时间段，产品价格不同。例如，淘宝的聚划算每天 10∶00 抢购、0 点秒杀。

3）地区差别。不同地区的产品价格不同。地区不同，运费的价格也不同，偏远地区的运费相对较贵。企业利用软件可以识别消费者所在的地区，从而设置不同的产品价格。

4）产品组合差别。企业的核心产品相同，可以利用其与不同附加产品的组合差别定价，不会使消费者产生厌烦心理。

（6）使用定价策略。使用定价策略，是指消费者通过互联网注册后，可以直接使用企业的产品，消费者只需要根据使用次数付费，而不需要完全购买产品。通过付费，消费者拥有有限次数的产品使用权，而不拥有产品。使用定价策略的优点在于，一方面减少企业为销售产品而进行不必要的生产和包装，另一方面可以吸引有顾虑的消费者使用产品，扩大市场份额。

三、互联网营销的渠道策略

1. 互联网营销渠道的含义与特征

（1）互联网营销渠道的含义

1）广义的互联网营销渠道。广义的互联网营销渠道包括营销过程的各个环节，这些环节都不同程度地使用互联网及管理系统，并促使营销过程中商流、物流、资金流、信息流等功能的实现。

2）狭义的互联网营销渠道。狭义的互联网营销渠道是指企业借助计算机、网络技术创建网络平台，并依靠这个平台将产品或服务从企业转移到消费者的过程中，达到营销渠道所涉及的商流、物流、资金流、信息流等功能的传递目的。

（2）互联网营销渠道的特征

1）信息技术应用与营销沟通方式改善。基于信息交互的特点，利用低成本、及时性、跨时间、跨区域的优势，互联网使营销沟通方式得以改善，包括与消费者、员工、供应商和分销商等沟通方式的改善。

2）去中介化与再中介化。去中介化与再中介化是互联网对营销渠道冲击的表现。互联网的发展和商业化应用在某种程度上削弱了传统中介的作用，尤其在信息收集和处理方面，但海量的信息在某种程度上也给企业和消费者带来了困扰。因此，适应信息分析需要的新中介应运而生。这些中介在互联网营销渠道中发挥如价格比较、电子商务、物流信息、咨询服务等作用。

3）网络直销极大拓展。企业可以充分利用互联网，采用直销方式强化沟通优势。网络直销包括以下3种含义。

①通过互联网实现从企业到消费者的网络直接营销渠道。

②中间商通过融入网络技术，提供网络间接营销渠道。

③企业将互联网作为信息发布和传递的载体和平台，直接和目标消费者、潜在市场、合作伙伴进行信息交流。

2. 互联网营销渠道的功能

以互联网为支撑的营销渠道涉及信息沟通、资金转移和产品转移等多个环节，除了传统营销渠道所具有的订货、结算和配送三大功能，还具有信息交互功能、客户服务功能。

（1）订货功能。在互联网营销中，订货系统为消费者提供产品信息，同时方便企业获取消费者的需求信息，达到供求平衡。一个完善的订货系统可以最大限度地减少库存、销售费用。现在，不少网络商城均配置了支持分销商、消费者通过个人计算机、手机等终端设备下订单的订货系统，提高了订货效率，降低了订货成本。

（2）结算功能。通过互联网营销渠道完成交易后，需要有一个能够实现货款结算的结算系统。消费者可能选择多种付款方式，因此企业应提供多种结算方式。目前，既有货到付款等线下支付方式，也有支付宝、微信、网上银行等网络支付方式。

（3）配送功能。产品一般分为无形产品和有形产品。无形产品如软件、服务、音乐、游戏点卡等，可以通过互联网进行配送；有形产品配送涉及运输和仓储等环节。专业物流配送企业的出现和快速发展是电子商务行业崛起的重要原因之一。

（4）信息交互功能。互联网信息传递具有双向性，一方面，企业可以通过互联网向消费者提供产品的种类、价格、性能等信息；另一方面，企业也能够通过互联网获取消费者的需求和产品使用的反馈信息。

（5）客户服务功能。互联网营销渠道连接产、供、销全部过程，能够为消费者提供接待、销售、技术支持以及售后服务等全方位服务。利用文字描述、图片展示、视频播放等手段，使消费者更好地了解产品信息和使用方法，通过网页、即时通信、在线客服等工具更好地满足消费者的需求，从而增强消费者的黏性，提高企业销售业绩。

3. 互联网营销渠道的类型

（1）互联网直接营销渠道。互联网直接营销渠道是指企业不通过分销商，直接通过自己的网站与消费者进行产品交易的营销渠道，一般适用于大宗产品交易和产业市场的 B2B 交易模式。互联网直接营销渠道的建立，使企业与消费者直接连接和沟通成为现实。

1）互联网直接营销渠道的类型。目前常见的互联网直接营销渠道有 2 种类型：一种是企业在互联网上建立网站，由网络管理员专门处理产品的信息发布和销售的相关事宜；另一种是企业委托第三方信息服务商在网站上发布产品信息，企业利用这些信息与消费者取得联系，销售产品。互联网直接营销渠道的类型如图 3-3 所示。

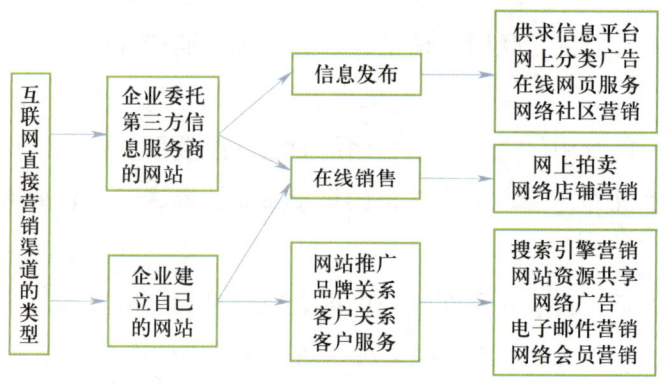

图 3-3　互联网直接营销渠道的类型

2）互联网直接营销渠道交易的过程。买卖双方首先要进行交易前的准备活动。消费者在互联网上查看企业或商家的网站，发现想购买的产品后，在互联网上进行交易。企业在确认消费者付款后，通过物流配送系统将产品送到消费者手中，并提供售后服务，完成产品交易。

（2）互联网间接营销渠道。互联网间接营销渠道是指通过网络技术，把产品由分销商销售给消费者的营销渠道。互联网间接营销渠道和传统间接营销渠道有很大的不同，传统间接营销渠道包含多个中间环节，由于使用了网络技术，互联网间接营销渠道只需要网络中间商一个环节。

1）互联网间接营销渠道的类型。互联网间接营销渠道可以分为网络代理和网络经销2种类型。

①网络代理是指供应商建立自己的网络批发商城，展示自己的产品。代理商通过与供应商建立分销关系，同时也在代理商的网站上展示供应商的产品。当消费者在代理商的网站上下单后，代理商让供应商直接发货。在这种类型下，代理商没有购买产品，不拥有产品的所有权。供应商收取代理费和成本价，代理商获取差价利润。

②网络经销是指经销商从供应商建立的网站上购买所需的产品，然后把产品在自己的网站上展示。当有消费者需要时，可以从经销商的网站上直接购买。在这种类型下，由于经销商购买了产品，所以拥有产品的所有权。供应商赚取产品的进销差价，经销商赚取低买高卖的差价。

2）互联网间接营销渠道交易的过程。分销商利用先进的网络技术和计算机技术，把企业、消费者、物流公司和结算机构紧密联系起来，为消费者提供市场信息、产品交易、货款结算、物流配送等全方位的服务。

4. 互联网营销渠道的建设与管理

（1）互联网营销渠道的建设内容

1）设计方便、安全的购物过程

①要从消费者的角度设计互联网营销渠道。采用消费者放心的、容易接受的营销方式，吸引消费者进行网络购物，克服网络购物的虚无感。例如，企业的信息反馈系统快捷运行，以保证互联网营销渠道的畅通；采用货到付款方式满足消费者的需求。

②订货系统要使消费者体验良好，避免让消费者填写太多的信息。

③订货系统应具备产品搜索和分类查找功能，提供包括产品的性能、外观、

运送等相关信息。

2）提供安全的结算方式。尽量提供多种结算方式以方便消费者选择，如信用卡、网上银行、手机支付、货到付款等。网上结算要考虑安全性，防止信息的泄露、窃取和篡改，并且满足多种支付网关接口的要求。

3）建立完善的物流配送系统。消费者在网络购物时，只有收到产品后，才会真正感到踏实，因此建立快速的、有效的物流配送系统非常重要。应根据企业的性质和产品的特点，提供多种配送模式，如国内生产、流通和综合性企业广泛采用的自营配送模式，大部分企业采用的第三方物流配送模式，更先进的物流一体化配送模式和共同配送模式等。

（2）互联网营销渠道冲突。互联网营销渠道冲突是指互联网营销渠道成员发现其他互联网营销渠道成员从事的活动阻碍或者不利于本企业实现自身的目标，从而发生的各种矛盾和纠纷。传统营销渠道中间商在经营过程中，往往有相对固定的营销区域。而互联网营销渠道没有时空限制，具有成本优势。因此传统营销渠道势必会受到冲击。

1）互联网营销渠道冲突的表现

①营销渠道之间的资源争夺。各营销渠道争夺消费者、销售区域、资金、技术、人才等资源。

a. 争夺消费者。例如，同一款产品，消费者既可以通过互联网营销渠道购买，也可以在实体店购买。

b. 争夺销售区域。在引入互联网营销渠道之前，多数企业在特定区域的销售是由该区域的经销商或代理商负责管理和运营的。引入互联网营销渠道后，2种营销渠道就开始了对销售区域经营权的争夺。

c. 争夺资金、技术、人才等。这种争夺主要发生在经销商与企业或者网络中间商之间，经销商在资金支持、价格优惠等方面向企业提出更高的要求，使得网络中间商获得的利润更少。

②"搭便车"行为。"搭便车"行为可以描述为一个实体店付出了多种销售努力，如零售展示、广告投入等，而消费者最终选择在价格较低的网络店铺购买。网络店铺搭了实体店"销售努力"的便车，使实体店在竞争中处于劣势。"搭便车"行为还体现在消费者在实体店试穿，记下货号及尺码等信息，转而到网络店铺购买。虽然表面上看是消费者的个人行为，而实际上是互联网营销渠道搭了传统营销渠道服务、品牌推广以及促销等功能的"便车"。

③价格混乱现象。同一款产品的价格可能千差万别，造成价格混乱现象。例如，在淘宝的首页输入某知名品牌名称作为关键词进行搜索，点击出现的某一款服装，复制其款式及型号，如"欧时力大衣女1154341580"，再次搜索就会出现238～2 398元的各种价格。不只欧时力，其他很多品牌服装都有类似现象。经销商对许多品牌都制定了奖励政策，一般销售量越大，返利越多。经销商建立互联网营销渠道的成本相对较低，因此互联网营销渠道就成为部分经销商的主要营销渠道。互联网营销渠道以低价走量，将销售所得奖励作为经营利润的一部分。在信息畅通的今天，一家经销商的价格过低，对于同类经销商会造成很大的冲击。

2）互联网营销渠道冲突的解决策略

①规划设计合理的企业营销渠道体系。制定全方位的营销策略，规划设计合理的、有序的、充满活力的营销渠道体系，以实现共同目标、共同利益为纲领，统一协商解决互联网营销渠道冲突问题。企业必须做好营销渠道各层次间的整体匹配设计，以提高营销渠道整体的协调性，避免冲突和资源浪费。

②线上线下产品差异化。企业在不同营销渠道提供不同的产品和品牌，避免同一产品在同一销售区域因不同营销渠道而引发窜货、压价等风险。

a. 针对互联网消费者的需求，对产品命名、包装等采用新的设计，保证其全部通过网络商城直销和互联网营销渠道分销的方式销售，如罗莱推出的LOVO（乐蜗家纺）网络品牌。

b. 为传统营销渠道与互联网营销渠道提供不同的产品线，如企业在互联网营销渠道销售全新的产品，不销售传统营销渠道的产品。

c. 互联网营销渠道定位于对价格敏感消费群体，销售库存产品，与传统营销渠道的实体店不冲突，如大部分服装企业及快速时尚行业都将互联网营销渠道作为消化库存的营销渠道。

③价格调节。价格一直是影响大多数消费者做出购买决策的重要因素之一，当企业采用互联网营销渠道销售时，其价格策略就很重要。为避免冲突，当传统营销渠道的产品与互联网营销渠道的产品相似时，后者应采用不低于传统营销渠道的产品价格销售。

四、互联网促销策略

1. 互联网促销的含义与特征

（1）互联网促销的含义。互联网促销是指利用现代化的网络技术向虚拟市场传递有关产品和服务的信息,以启发需求,激发消费者的购买欲望和购买行动的各种活动。

（2）互联网促销的特征

1）互联网促销是指通过网络技术传递产品和服务的性能、功效及特征等信息。它是建立在计算机技术和网络技术基础之上的,并且随着计算机技术和网络技术的不断改进而完善。

2）互联网促销是在虚拟市场中进行的。虚拟市场就是互联网。互联网促销没有传统促销所受到的时间和空间上的限制。

3）互联网促销是在全球统一大市场中进行的。互联网的出现,使所有的企业,不论是大型企业还是中小型企业,都加入了全球统一大市场。

2. 互联网促销组合

互联网促销组合是指将互联网促销的各种工具,如网络广告、网站促销、互联网销售促销和网络公共关系,有效地加以整合,以增强整体促销效果的营销过程。

（1）网络广告。网络广告是互联网营销的主要促销方法之一。网络广告主要是借助网上知名网站（ISP 或 ICP）、企业的网站,或是电子邮件和一些免费公开的交互网站,如新闻组、公告栏,发布企业的产品信息,对企业和产品进行宣传推广。

（2）网站促销。网站促销是指利用互联网营销策略,提高网站的知名度,吸引消费者访问网站,达到宣传与推广企业和产品的效果。主要方法包括搜索引擎注册、互换链接等。

（3）互联网销售促销。互联网销售促销不使用传统营销模式的人员促销,取而代之的是使用大量的网络广告的软营销模式,达到促销效果。这种做法对于中小企业来说可以节省大量人力和财力。通过互联网销售促销可以挖掘潜在的消费者,通过丰富的网络资源与非竞争对手达成异业联盟,以此拓宽营销渠道。互联网销售促销还可以避免传统促销的千篇一律,将本企业的特点与网站的特点相结合,达到最佳的促销效果。

（4）网络公共关系。网络公共关系是指借助互联网的交互功能吸引消费者与企业保持密切关系,以互联网作为媒体和沟通渠道,培养消费者的忠诚度。通过与企业利益相关者,包括供应商、经销商、消费者、社会团体等建立良好的合作关系,提高企业的收益率。

培训单元2　互联网营销的主要方法

1. 搜索引擎营销、大数据营销。
2. 视频营销。
3. 微博营销、微信营销。

一、搜索引擎营销

1. 搜索引擎营销概述

（1）搜索引擎营销的定义。搜索引擎营销（search engine marketing，SEM）是指基于搜索引擎平台的互联网营销，利用消费者对搜索引擎的依赖和使用习惯，在消费者检索信息的时候尽可能将营销信息传递给目标消费者。搜索引擎营销追求最高的性价比，以最小的投入，获得最大的来自搜索引擎的访问量，并产生商业价值。

企业利用搜索引擎，使企业网站在关键词搜索结果中排名靠前，引导消费者点击，从而达到展示品牌和促进销售的目的。搜索引擎不仅是企业网站推广的常用手段之一，在网络广告市场中的地位也日益重要。

搜索引擎营销的基本思想是让消费者发现信息，并通过搜索，点击进入网站/网页，进一步了解信息。

（2）搜索引擎营销的主要模式

1）免费登录分类目录。免费登录分类目录是最传统的网站推广手段。

2）搜索引擎优化。搜索引擎优化是指通过对网站栏目结构和网站内容等基本要素的优化设计，提高网站对搜索引擎的友好性，使尽可能多的网页被搜索引擎收录，并且在搜索结果中排名靠前，通过搜索引擎的自然搜索获得尽可能多的潜在消费者。

3）付费登录分类目录。付费登录分类目录类似于免费登录分类目录，两者的区别在于对于付费登录分类目录，只有网站缴纳费用之后，才能获得被收录的资格。

4）付费关键词广告。付费关键词广告是搜索引擎营销的主要模式之一，也是目前发展最快的搜索引擎营销模式。不同的搜索引擎有不同的付费关键词广告展示方式，有的将付费关键词广告展示在搜索结果列表的最前面，也有的展示在搜索结果网页的专用位置。

5）关键词竞价排名。关键词竞价排名也是付费关键词广告的一种形式，即遵循付费高者排名靠前的原则，对购买同一关键词的网站进行排名的模式。

6）网页内容定位广告。网页内容定位广告是付费关键词广告的延伸。广告载体不仅是搜索引擎的搜索结果网页，还延伸到提供这种服务的合作伙伴的网页。

此外，现在出现了更多的搜索引擎营销模式，如本地搜索、博客搜索、购物搜索等，都是搜索引擎营销在某些领域的具体细分模式。

2. 搜索引擎竞价广告

（1）搜索引擎竞价广告的定义。搜索引擎竞价广告一般采用按点击付费的方式，当消费者搜索时，在搜索结果上方以及右侧展示广告。

以某网站竞价广告为例，申请竞价广告排名的一般程序为注册营销账号→挑选产品关键词并提交→支付推广费→网站在收到推广费并确认账户已提交关键词后，在2个工作日内审核提交的推广信息→审核通过即可开通账户。

（2）搜索引擎竞价广告的特点

1）精准投放。消费者在搜索时，输入的关键词明确地表明了自己的意图——希望寻找某种信息或者购买某种产品等。通过搜索引擎竞价广告，企业将自己的产品或服务直接展示在潜在的消费者面前，精准投放可以给企业带来非常高的投资回报率。

2）按点击付费。只有当消费者点击了包含某个关键词的广告链接，跳转到企业的网站时，企业才需要向搜索引擎服务商支付费用，因此广告成本低。由于采用竞价的方式，某些关键词的价格难免水涨船高。竞争对手可能恶意点击竞价广告，增加企业的支出。

3. 搜索引擎优化

（1）搜索引擎优化的定义。搜索引擎优化（search engine optimization，SEO），是指根据搜索引擎的搜索原理，对网站结构、网页文字语言和网站间互动交互策略等进行合理规划部署，以改善网站在搜索引擎的搜索表现，进而提高消费者发现并访问网站的可能性的过程。搜索引擎优化是一种科学的发展观和方法论，随着搜索引擎的发展而发展，同时促进了搜索引擎的发展。

搜索引擎优化的目的是通过调整网站整体框架结构和更合理地安排网站内容、内部链接、外部交互策略等，提高网站在搜索引擎中的自然排名，使网站具有潜在的商业竞争优势。

（2）搜索引擎优化的常用方法

1）SEO 设置。SEO 设置包括 3 个重要的参数：title、keyword 和 description。

① title，是指标题，方便用户了解网站内容。title 也是搜索引擎判断网站内容的主要根据，搜索引擎依靠 title 判断网站的具体内容。

② keyword，是指关键词，keyword 的主要作用是告诉搜索引擎网站的关键内容。

③ description，是指网站的描述，在网页上看不到，需要查看源代码，功能是帮助搜索引擎判断整个网站内容。

2）标题优化。标题优化是指策划一个让搜索引擎喜欢的标题。标题优化应注意以下问题。

①标题中的关键词要突出、明确。

②不要出现重复的标题。

③不要在标题中堆砌关键词。

④标题要围绕网站内容。

3）内链优化。内链是万维网爬行器爬行的通道，也是万维网爬行器给网站关键词评分的指标。所以，内链优化很必要。内链优化的原则是在精而不在多。

4）明确目标关键词。首先要明确优化的关键词，并且有目的地罗列出来。尽可能多做一些关键词的锚文本，无论是站内的还是站外的，都是很有必要的。

5）围绕关键词的原创内容。原创内容是 SEO 不可或缺的一个重要因素。原创内容一定要围绕网站的关键词，效果最好。

6）外链发布。外链是万维网爬行器通过外部网站进入企业网站的一个入口，通过外链可以提高企业网站的权重和排名，所以外链也是 SEO 优化中不可缺少的。

二、大数据营销

1. 大数据营销概述

大数据营销是企业利用消费者数据进行营销的一种市场营销推广手段，即通过收集和积累大量的消费者数据，经过处理后，预测消费者有多大可能购买某种产品,以及利用这些数据给产品精确定位,有针对性地传递营销信息,达到促进消费者购买产品的目的。

2. 大数据营销应用

(1)大数据营销+电影。大数据营销在电影行业的应用包括排片、推广、宣传等,以满足消费者的差异化观影需求。

1)分析目标消费者需求。通过大数据,营销人员能更为精准地定位电影的目标消费者,掌握目标消费者的性别、年龄、职业、所在地域、学历、消费和收入状况、兴趣爱好等特点,并由此确定目标消费者的消费特征和媒体使用特性,制定个性化营销策略,精准选择营销渠道,覆盖目标消费者,达到宣传目的。

2)票房预测。基于大数据,可以分析影响票房的因素,利用数据挖掘技术,验证分析是否正确,并建立数学模型,对票房进行预测。票房预测是投资者投资电影、制作人员创作和拍摄电影、发行方制定个性化营销策略、影院合理排片的依据。

(2)大数据营销+旅游。大数据营销在旅游行业的应用包括识别消费者需求、旅游定制服务、景区信息筛选等。

1)识别消费者需求。旅游行业大数据营销需要掌握消费者的需求,从而对市场进行划分和定位。企业通过收集消费者浏览的旅游网站、搜索记录及点击等数据,对其兴趣爱好进行分析,可以提取对消费者最具吸引力的旅游项目、旅游目的地及旅游线路等数据。借助数据分析手段,企业还可以全面掌握包括年龄、性别、客源地、出游行为、消费构成、住宿设施选择、停留情况等数据在内的消费者属性,进而生成用户画像。

2)旅游定制服务。在线旅游平台(online travel agency,OTA)利用大数据为消费者提供场景服务,进行C2B(customer to business,消费者对企业)反向定制,提供单身、情侣、亲子、摄影、垂钓等主题旅游方案,满足消费者的个性化需求。根据消费者提出的需求,由在线旅游平台提供有针对性的解决方案,供消费者选择。

3)景区信息筛选。景区可以通过消费者的评价和问题反馈等数据,对消费者进行追踪和分析。对于正面信息,景区可以用于提升品牌形象;对于负面信息,可以用于景区整改。

三、视频营销

1. 视频营销概述

(1)视频营销的定义。视频营销是指利用视频的方式,达到营销目的。视频营销既包括通过视频开展营销，也包括对视频本身开展营销。前者可以通过视频，达到对产品、企业进行正面或负面表达的目的；后者是从视频内容、视频制作、视频推广等方面对视频进行综合优化，从而达到吸引更多流量的目的。

（2）视频营销的特点

1）制作成本较低。相比传统几百万元成本的视频制作及广告拍摄，移动通信技术的应用和拍摄设备的普及，使视频拍摄更加方便和快捷。加之自媒体的免费性，拍摄者可以将拍摄好的作品随时上传，供网络平台的用户观看。

2）精准度高。视频营销主要通过网络平台进行传播，以搜索引擎优化的方式，提高观看率。目前，国内主流的视频网站每天至少有1亿人次的访问量。视频更有利于搜索引擎优化，相比其他形式，视频往往在搜索结果中获得更好的排名。

3）营销效果较突出。视频是集文字、音频、视频为一体的，丰富的、立体的表现形式，对消费者的冲击力较强，因而能够增强营销效果。

4）互动性和传播力强。无论是网络视频营销还是电视视频营销，都能够增强消费者的体验感。尤其是当下社交媒体多元化，网络原创视频提供了消费者体验和参与的渠道，如评论、转发等，提高消费者的参与度，从而增强了视频营销的传播力。

5）营销效果可测量。视频营销可以通过观看率、转发率、点击率、评论率等指标，测量视频的营销效果，测量方式简单而便捷。

2. 短视频营销

（1）短视频营销的定义。短视频顾名思义就是时长比较短的视频，通常时长为10 min以内，节奏较快，内容较紧凑，比较适合用户利用碎片化的时间观看。目前短视频以WMV、AVI、RMVB及MOV等文件格式居多。

短视频营销即利用短视频展示产品优点、品牌理念，将互联网、视频、营销三者有机结合起来，达到营销目的。

（2）短视频营销的特点

1）较强的传播力。短视频的时长较短，从几十秒至几分钟都有，因此短视频的传播力较强，用户无须花较多时间就可以迅速观看。

2）较低的制作营销成本。相比传统营销方法及长视频拍摄的高成本，短视频的制作营销成本极具竞争力。短视频的制作营销成本包括短视频的制作成本、传播成本及维护成本等。

3）高效的、持久的营销效果。作为图文影音结合的产品，短视频能够在短时间内给用户直观的、立体的感官冲击，结合搜索引擎优化、多方面整合营销方式，能够获得高效的、持久的营销效果。

4）可测量的营销效果。企业可以通过短视频的点击率、转发率、评论率等相关数据，测量短视频的营销效果，从而为产品的市场营销，提供正确的引导。

（3）主流短视频平台

1）抖音。抖音是一款音乐创意短视频社交软件，通过霸屏阅读模式，以拍摄作品、直播、热门话题等形式，实现短视频营销的个性化。

2）快手。快手最初是一款处理图片和视频的工具，后转型为短视频社区。快手以三、四线城市为地域细分，以"人人平等、不打扰用户"的营销定位，吸引用户拍摄生活短视频，达到市场营销的目的。

3）淘宝卖家秀。淘宝卖家秀是精准定位短视频、以市场营销为目的的平台，让消费者更直观、更真实地了解产品，促成交易。据统计，通过短视频取得的淘宝产品转化率高达70%。通过淘宝卖家秀视频，卖家以人格化的方式，拉近与消费者的距离，从而更好地展现产品的独特卖点，综合产品的特性进行内容营销。

3. 直播营销

（1）直播。直播是一种新型的视频营销方式。通常，将网络直播行业的演进过程划分为以下4个阶段。

1）直播1.0——传统秀场/重度秀场。相对于移动直播（轻度秀场），传统PC端秀场可以称为重度秀场。在重度秀场中，用户消费主要用于社交关系消费（用户等级体系等）和道具打赏。

2）直播2.0——游戏直播/移动直播。这个阶段以网络游戏为代表，形成了一种多人同时在线竞技/策略的游戏模式，于是产生了社交需求，学习、提升游戏水平/提高段位的需求，娱乐、游戏视频本身的观赏性等因素促成了游戏直播平台的诞生。

3）直播3.0——泛生活"直播+"。直播进入较多的细分垂直行业。在社群经济方面，各行业均可以与直播结合，与用户进行互动，增强用户的黏性。在商业模式方面，不仅虚拟道具，而且其他互联网商业模式均可以嫁接到直播中。

4）直播4.0——VR+直播。VR直播无可比拟的沉浸感使用户瞬间穿越时空，进入他人的角色。

（2）直播的特点

直播不仅可以改正传统电商的缺点，还可以扩大电商市场的优势，包括打造真实的 2D 或 3D 空间。具体来说，直播主要有以下特点。

1）完善产品展示。传统电商的产品展示是在平面中，消费者缺乏真实的体验。直播可以让企业 360°展示产品，解说产品的特点，增加产品的应用场景展示。

2）增强互动性。通过直播销售员的精彩解说，结合团队策划的才艺表演、音乐渲染、场景打造、娱乐互动，可以明显激发消费者的消费欲望。

3）增强营销效果。在直播销售员团队的强势语言及画面的渲染下，延长消费者的逗留时间，激发消费者的消费欲望，促进销售。

4）形成 KOL 效应。在直播过程中，直播销售员展示人格魅力，产品销售上升到人物角色营销，即 KOL（关键意见领袖），在直播平台称为网络红人。

四、微博营销

1. 微博营销概述

（1）微博的定义。微博是微博客（micro blog）的简称，是一个基于用户关系的信息分享、传播以及获取平台。用户可以通过 web、wap 以及各种客户端组建个人社区，更新信息，并实现即时分享。

在计算机及移动设备上都可以操作微博，受众面广，用户的黏性极强，其商业模式和价值潜力无限。

（2）微博营销的定义。微博营销以微博作为营销平台，每一位关注者（粉丝）都是潜在的消费者，企业通过微博向消费者传递企业信息、产品信息，树立良好的企业形象和产品形象。每天更新微博与消费者交流互动，或者发布消费者感兴趣的话题，达到营销的目的。

2. 微博营销的技巧

（1）发布微博的形式。微博除了发布文字+图片，还可以发布文字+视频、文字+头条文章、文字+投票、文字+话题等。每一种形式都有不同的效果，图片、视频直观，头条文章的传播性较好，投票和话题能提高用户的参与度。

（2）发布微博的频率。应既保持微博的活跃度，又不令人反感。最合理的发布微博的频率是每天 3~5 条，间隔最少 30 min。要避免微博内容过多而连续刷屏。

（3）内容原创。内容是微博营销的根本，要持续输出品牌的内容，同时考虑消费者的感受，让消费者记住品牌。只有坚持不懈、深耕细作才能获得消费者的关注。

（4）建立微博社交圈。各类拥有较多关注者的微博账号之间一般会合作，采取矩阵式运营，单独的微博账号运营难度较大。如果要迅速发展某个微博账号，与同行联手至关重要，只有相互帮助才能一起成长。

（5）打造话题。每个微博应该有一两个自己的话题，如拳馆类微博的话题应包括学员风采、教练指导、粉丝福利。话题的作用是将同类型的内容整合，用户可以在话题中发表自己的评论，也能够看到所有关于此话题的内容，由此聚集一批对话题感兴趣的用户。

（6）微博认证。微博认证可以让用户更信任博主，也更容易获得关注者，还可以申请入驻微博名人堂，所以应积极进行微博认证。常见的微博认证有机构认证的蓝V和个人认证的黄V2种，另外还有一种金V，即关注者数量较多，且在一定时间内活跃度较高、互动量也较大的微博账号。

五、微信营销

1. 常见的微信营销功能

（1）即时通信。即时通信功能是微信作为移动通信平台的核心功能，也是微信最基本的功能。在即时通信领域，微信具有很强的用户黏性。微信通过文字、图片、语音和视频，全方位地满足了人们沟通交流的需求，大大提高了情感交流的频率和便捷性。即时通信功能已经成为企业与消费者，尤其是与重点消费者沟通互动的重要工具。

（2）公众号。公众号作为微信的一种独特功能，使微信成为网络信息的一个强大集散中心。微信将公众号分为服务号、订阅号、企业微信。

1）服务号为企业和组织提供强大的业务服务与用户管理能力，主要偏向服务类交互，适用人群为媒体、企业、政府或其他组织。

2）订阅号为媒体和个人提供一种信息传播方式，主要功能是通过微信为用户传递资讯，适用人群为个人、媒体、企业、政府或其他组织。

3）企业微信定位为企业互联网化连接器，可以帮助企业实现业务及管理互联网化。

（3）朋友圈。朋友圈作为微信的特色功能之一，用户可以通过朋友圈发表文字、图片、音乐、文章等，好友能对分享的内容予以反馈——点赞或评论。

（4）小程序。小程序是一种无须下载即可使用的应用。小程序进一步扩展二维码的功能,实现应用触手可及。安装、卸载、使用小程序,就像关注、取消关注、进入公众号一样简单,用户用后就离开,没有流量与存储空间的顾虑。

(5)视频号。视频号让用户跳出了封闭的朋友圈,打开公域流量入口。视频号的内容由平台基于用户的兴趣、社交关系、地理位置和算法进行推荐。每个视频号的背后都是一个运营者或运营团队。

2. 微信营销的含义与特点

(1)微信营销的含义。微信营销是互联网时代营销模式的一种创新,是伴随微信而兴起的一种互联网营销方法。微信不存在空间的限制,用户注册微信后,可以与同样注册微信的用户形成某种联系。用户订阅自己所需的信息,企业通过提供用户需要的信息推广自己的产品,从而实现点对点精准营销。

(2)微信营销的特点

1)点对点精准营销。微信拥有庞大的用户群体。借助移动设备、天然的社交和位置定位等优势,每个信息都可以被推送,每个用户都有机会接收信息,继而帮助企业实现点对点精准营销。

2)形式灵活多样。微信营销包括公众平台、开放平台、二维码等多种形式,能够帮助企业和消费者进行全方位的互动与沟通,实现企业营销目标。

3)强关系的价值。微信点对点的产品形态决定了其能够通过互动的形式将普通关系发展成强关系,从而产生更大的价值。企业可以解答疑惑、讲故事甚至"卖萌",用一切形式与消费者建立强关系,以取得消费者的信任。

六、其他互联网营销方法

(1)SNS营销。随着各类网络媒体和社交App的诞生,互联网开始出现社区化的发展趋势,与此同时,也衍生出多种与之相适应的互联网营销方法,SNS营销就是其中的一种。SNS(social networking services),即社交网络服务,是指帮助人们建立社会性网络的互联网应用服务。SNS虽然出现的时间较晚,但是借着互联网快速发展的东风,SNS已经成为备受广大用户欢迎的一种社交模式。

SNS营销就是利用SNS社区的分享和共享功能,通过病毒式传播的手段,将营销信息从一个社区传播到另一个社区,达到宣传的目的。参与、互动、分享是SNS社区用户的特点,SNS营销也正是顺应了互联网发展的新趋势,最大限度地满足SNS社区用户的需求。传统的媒体采用单向的信息传播形式,无法将人与人之间的关系拉得如此紧密。无论是好友的一条说说、转发的一篇美文,还是参与的一个活动，都会被 SNS 社区用户在第一时间及时地了解和关注，并与他们分享感受。

（2）内容营销。内容营销是指以图片、文字、动画、视频等形式，传递有关企业的内容给消费者，用以促进销售。通过合理的内容创建、发布及传播，向消费者传递有价值的信息，实现互联网营销的目标。内容载体可以是企业的 logo（VI）、画册、网站、广告，甚至是 T 恤衫、纸杯、手提袋等。不同的内容载体，形式也各有不同，但是核心内容必须一致。

内容营销是一种互联网营销方法，主要有以下特点。

1）内容营销适用于所有的营销渠道和平台。

2）内容营销要转化为为消费者提供有价值的服务。内容营销要能吸引消费者、打动消费者、影响消费者和品牌/产品的正面关系。

3）内容营销要有可测量的成果，最终产生盈利行为。

（3）事件营销。事件营销是企业通过策划、组织和利用具有新闻价值、社会影响以及名人效应的人物或事件，吸引媒体、社会团体和消费者的兴趣与关注，以提高企业或产品的知名度、美誉度，树立良好的品牌形象，并最终促成产品或服务销售的互联网营销方法。简单地说，事件营销就是遵循新闻的规律，制造具有新闻价值的事件，并通过具体的操作，使这一新闻事件得以传播，从而达到营销效果。

（4）口碑营销。对于企业来说，良好的口碑是品牌价值的一种体现。口碑营销是一种通过各种营销渠道吸引消费者或者媒体自发的注意，使之主动地向其他消费者或媒体介绍或者谈论企业的产品，以此为基础，得到其他消费者或媒体的认同，并逐步进行消费的行为。它是一种高效的、低成本的互联网营销方法。

口碑营销可以追溯到人类开始产品交易的时期。那时候，缺少传播信息的媒体，对于产品的评价只能通过口口相传的方法。当然，这种传播不能被定义为口碑营销，因为，这是消费者的一种自发行为。

在传统营销中，企业要抢占有限的媒体资源，把消费者从令人眼花缭乱的信息中吸引过来。随着商业市场的不断完善，抢占技术愈加熟练和专业，也带来很大的负面影响，消费者对广告的信任度普遍降低。口碑营销的出现，一度被认为是解救广告信任度的良药，以亲历者为主的、熟人熟事式的口口相传让其具有较高的可信度。

总的来说，从广告价值方面，口碑营销与传统营销方法相比，成本低、传播速度快、广告投向精准、传播效果显著，有良好的发展前景。

培训模块 四
多媒体内容制作基础知识

培训项目 1 多媒体技术基础

培训单元 多媒体技术基础知识

多媒体技术的应用。

一、多媒体技术概述

1. 多媒体技术的特点

（1）数字化。数字化是指媒体以数字形式存在。

（2）集成性。集成性是指以计算机为中心，综合处理多种信息媒体，包括信息媒体的集成和处理信息媒体设备的集成。

（3）多样性。多样性是相对于计算机而言的，是指信息媒体的多样性。

（4）交互性。交互性是指用户可以与计算机的多种信息媒体进行交互操作，从而为用户提供更加有效地控制和使用信息的手段。

（5）实时性。实时性是指声音、动态图像（视频）随时间的变化而变化。

2. 多媒体技术的产生及发展趋势

一般认为，1984年苹果公司提出的位图概念标志多媒体技术的产生。当时苹果公司正在研制Macintosh（苹果工作站）计算机，为了增强图形处理功能，改善人机交互界面，使用了位图（bitmap）、窗口（window）、图标（icon）等技术。改善后的图形用户界面（GUI）受到普遍欢迎，在随后的几年间，多媒体技术得到大力发展。1985年，Commodore公司推出了世界上第一个真正的多媒体系统Amiga。该系统以强大的视听处理能力，大量丰富的实用工具以及性能优良的硬件，使全世界看到了多媒体技术的未来。

多媒体技术时时刻刻都在影响世界经济的发展和科学技术的进步，其应用也越来越广泛。随着各种观念、技术的不断发展和创新，并且融入多媒体技术，未来将出现丰富多彩的、令人耳目一新的多媒体应用。从多媒体技术的发展趋势来看，多媒体技术的数字化将是未来技术创新的主流。作为多媒体技术赖以存在和发展的重要基石，数字多媒体芯片技术将成为未来多媒体技术革命的焦点。

3. 流媒体

流媒体是指将一连串的媒体数据压缩后，通过互联网分段发送，即时传输影音以供观赏的一种技术与过程。该技术使数据包可以像流水一样发送。如果不使用该技术，就必须在使用前下载整个影音文件。使用流媒体，可以传送现场影音或预存于服务器上的影音。当影音数据在送达用户的计算机后，立即由特定播放软件播放。

4. 多媒体系统构成

多媒体系统由硬件系统、软件系统构成。硬件系统主要包括计算机主要配置、各种外部设备及各种外部设备的控制接口卡（包括多媒体实时压缩和解压缩电路）。软件系统包括多媒体驱动软件、多媒体操作系统、多媒体数据处理软件、多媒体创作工具软件和多媒体应用软件。

5. 多媒体系统中的音频文件

（1）声音的数字化。自然界中人类能感知的信息，如光、声音、温度、气味等，其中某些部分是可以被捕捉的。例如，广播电视、视频中的信息就是被捕捉的光信息和声音信息。声音的数字化是指对连续变化的模拟声音信号，经过采样、量化、编码等过程后，形成二进制数字脉冲序列。声音的数字化要通过一系列的模拟信号到数字信号的转换来实现，这个过程称为模数转换。

（2）音频文件格式。音频文件格式包括AVI文件格式（未压缩）、MOV/QT文件格式（Quick Time音频、视频文件格式）、MPEG/MPE/DAT文件格式（MPEG文件格式，采用有损压缩，如MP3/VCD/SVCD/DVD文件格式）、RM文件格式（流媒体视频文件格式）、ASF 文件格式（采用 MPEG-4 压缩算法，可以在互联网上直接观看视频的压缩文件格式）。

6. 多媒体系统中的图形图像文件

（1）图形图像分类。在互联网上，图形是指矢量图形，图像是指位图图像。在计算机中，按照颜色和灰度可以将图像分为 4 种基本类型：二值图像、灰度图像、索引图像、真彩色图像。

（2）图形图像文件格式。图形图像文件格式非常多，常用的有 PSD、TIFF、GIF、JPEG、BMP、PDF、EPS、PCX、RAW、PNG、TGA、PXR 等文件格式。

1）BMP 文件格式（.bmp）。BMP 文件格式是 Windows 操作系统采用的一种图形图像文件格式。一般不进行任何压缩，占用的存储空间比较大。BMP 文件格式的色彩深度可以选 1 位、4 位、8 位、24 位，支持二值图像、16 色图像、256 色图像和真彩色图像。

2）GIF 文件格式（.gif）。GIF 文件格式是可以实现简单动画效果的图形图像文件格式。GIF 文件格式的色彩深度为 1～8 位，最多支持 256 色图像，常用于 HTML 文档中。

3）TIFF 文件格式（.tif）。TIFF 文件格式是针对扫描仪和 Windows 操作系统开发的通用图形图像文件格式。

4）PNG 文件格式（.png）。PNG 文件格式是为了替代 GIF 文件格式开发的。PNG 文件格式支持无损压缩。

5）JPEG 文件格式（.jpg）。JPEG 文件格式采用 JPEG 压缩算法，文件的压缩比例很高，非常适合处理大量的图像。

6）WMF 文件格式（.wmf）。WMF 文件格式只用在 Windows 操作系统中，保存的不是点阵信息，而是函数调用信息。

（3）图形图像采集。将现实世界的景物或物理介质上的图文输入计算机的过程称为图形图像采集。图形图像采集的方式包括直接利用数字图像库的图像、利用绘图软件创建图像、利用数字转换设备采集图像。利用数字转换设备采集图文图像的过程包括采样、量化、编码。

（4）图形图像处理。图形图像处理是指对图形图像进行分析、加工和处理，使其满足视觉、心理或其他要求的技术。图形图像处理是信号处理在图形图像领域的应用。当前大多数的图形图像均是以数字形式存储的，因而图形图像处理在很多情况下是指数字图形图像处理。

7. 多媒体系统中的视频文件

（1）视频文件格式。主流的、跨平台通用的视频文件格式比较多，常用的包括 MPEG-1（VCD）、MPEG-2（DVD）、MP4、AVI、MOV、WMV、RMVB、MKV、M4V 文件格式，较早期流行的 3GP、FLV 文件格式，以及新兴的 TS 等视频文件格式。其中，MP4 文件格式和 AVI 文件格式是较受欢迎的视频文件格式。

（2）动画文件格式。常用的动画文件格式包括 GIF、FLIC、SWF、AVI、MOV、QT 文件格式。

8. 多媒体压缩方法

目前，常用的多媒体压缩方法可以分为两大类：无损压缩和有损压缩。

（1）无损压缩。经压缩后，不损失原信息，是可逆的压缩方法，称为无损压缩。

（2）有损压缩。经压缩后，不能将原信息完全保留，是不可逆的压缩方法，称为有损压缩。

9. 多媒体文件格式转换

多媒体信息主要包括文本、音频、图形图像、动画、视频等，每一种多媒体信息在计算机中都用不同的文件格式描述。通过计算机应用程序，对多媒体信息进行文件格式转换，可以增强它们之间的兼容性、应用广泛性。

二、多媒体技术的应用

多媒体技术已经广泛应用于工业、农业、商业、金融、教育、娱乐、旅游、房地产开发等领域，尤其是信息查询、产品展示、广告等领域，以下是其中的几个主要应用。

1. 电子商务

通过多媒体技术的应用，消费者可以浏览企业在互联网上展示的各种产品，并获取价格表、产品说明等信息，订购喜欢的产品。电子商务可以大大缩短销售周期，提高营销人员的工作效率，提高客户服务质量，降低上市、营销、管理和交付成本，形成新的优势条件。

2. 远程教育与培训

多媒体技术的应用改变传统的教学模式，使教材和学习方法发生重大变化。多媒体技术可以用声、图、文并茂的电子书代替纸质教材，以更直观的、更活跃的方式向用户传授丰富的知识，改变以往的学习和阅读方式，辅助教学。多媒体技术已经渗透到教育的各个领域，如远程教学、远程课堂管理、远程作业及考试，逐渐改变了教育生态。

3. 医疗诊断

先进的医疗诊断技术的共同特点是，以现代物理技术为基础，借助计算机技术，使医疗影像数字化并远距离无损传输。多媒体技术在成像过程中发挥至关重要的作用。随着临床要求的不断提高以及多媒体技术的发展，出现了新一代的、具有多媒体处理功能的医疗诊断系统。多媒体医疗诊断系统在媒体种类、媒体介质、媒体存储及管理方式、诊断辅助信息、诊断的直观性和实时性等方面，都使传统医疗诊断技术相形见绌，引起医疗领域的一场革命。多媒体技术在远程医疗诊断中也发挥至关重要的作用。

4. 家庭娱乐

计算机刚出现时，主要用于数学运算和逻辑判断。后来，开发了声音、图形和图像处理功能，并将娱乐功能添加到计算机系统中。随着多媒体技术的发展越来越成熟，在家庭娱乐中，应用多媒体技术已经成为趋势。尤其是网络游戏具有多媒体交互的功能，用户可以与游戏互动，轻松进入角色，体验身临其境之感。

培训项目 2

摄影、摄像基础知识

培训单元 1　摄影设备及摄影基础知识

1. 摄影三要素。
2. 摄影技巧。

一、摄影设备

1. 数码相机的分类和选购

（1）数码相机的分类。从 1990 年第一台真正意义上的数码相机问世，经过 30 多年的发展，已经逐步形成一个成熟的、多元化的数码相机市场。数码相机的品牌和种类层出不穷。市面上的数码相机形形色色，各种各样，大致分为 3 类：消费级数码相机（又称傻瓜型相机）、准专业级数码相机和专业级数码相机（见图 4-1）。

（2）数码相机的工作原理。数码相机用图像传感器取代了胶片，外界影像通过镜头进入数码相机，镜头内的光圈单元控制进光量，之后光线到达反光板，反光板以 45°将光线传到五棱镜上。五棱镜通过 2 块独立的镜片，将对焦屏上左右颠倒的图像矫正过来，再传到取景器目镜中。

图4-1　各类主流数码相机

当半按快门时，数码相机内的自动对焦系统辅助镜头调整焦点，并完成精准对焦，同时反光板上抬，让光线进入图像传感器。这时进入二次曝光，快门将打开，根据打开的时间控制曝光量，光线进入图像传感器，感光记录影像，完成一次完整拍摄流程。

（3）手机与数码相机拍照的区别

1）拍照硬件不同。手机无法更换镜头，且一般都是定焦镜头，进光量也不够，加之 CMOS 图像传感器非常小，感光能力偏弱。目前，主要通过多摄像头配合后期的 AI 算法对画面进行优化。数码相机可以使用镜头的不同焦距，拍摄不同的景物，专业性较强，而且目前大部分的数码相机和数码单反相机比手机的图像传感器大，拍摄的效果更好。

2）照片处理能力不同。对于用手机拍摄的照片，可以直接用手机自带的调节功能和美颜功能处理，还有专门的 App 进行照片处理。目前，数码相机也有简单的照片处理功能，但相比手机功能少，且不方便分享。

3）使用便利性不同。手机携带方便，拍摄便捷。数码相机的体积较大，不如手机使用方便，功能相对比较单一，需要配合其他设备满足照片处理和分享的需求。

（4）数码相机的选购要素

1）像素。像素是用户最为关注的要素，现在的数码相机的像素数基本在 2 000 万以上，已足够清晰。

2）画幅。画幅就是图像传感器的尺寸。画幅越大，进光量越大，因此就能得到更加纯净的画质。通过更大的图像传感器，记录更多的信息。画幅越大，画质越好，同时数码相机的价格越贵。

3）连拍功能。连拍功能有特殊用途，如体育摄影、动物摄影，可以根据需要选择。

4）视频功能。视频功能是数码相机的发展趋势。如果只是用于生活记录，关注视频自动对焦能力；如果是用于专业拍摄视频，可以选择具有4K分辨率和Vlog功能的数码相机。

5）价格。价格是最敏感的要素。如果只是用于生活记录，选择4 000元以下的卡片数码相机、微单数码相机比较适宜。如果是一般摄影爱好者，建议购买5 000～8 000元的数码单反相机。如果是专业摄影发烧友，使用的数码相机一般在1万元以上。

2. 镜头的分类及参数

（1）镜头的分类。按镜头的视角，一般分为广角、标准、微距、远摄等几大类。按镜头的焦距变化，分为变焦镜头和定焦镜头。不同类别的镜头拍摄效果如图4-2所示。

图4-2 不同类别的镜头拍摄效果
a）标准 b）远摄 c）广角 d）微距

（2）镜头的参数及应用场景（以佳能为例）

1）EF。电子对焦（electronic focus，EF）是佳能EOS相机的卡口名称，应用在全画幅数码单反相机和APS-C画幅数码单反相机上。

2）EF-S。EF-S是APS-C画幅数码单反相机的专用电子卡口，EF-S镜头是佳能专门为APS-C画幅数码单反相机设计的电子镜头。

3）Ⅲ。Ⅲ是镜头升级后第三代产品的标志。例如，EF 75–300 mm f/4–5.6 Ⅲ USM。

4）IS。影像稳定器（image stabilizer，IS）即镜头防抖系统。佳能的第一只防抖镜头是 1995 年发布的 EF 75–300 mm f/4–5.6 IS USM，也是世界首款防抖镜头。

5）L。Luxury 是佳能高档专业镜头的标志，也是众多摄影爱好者不惜倾家荡产也要拥有的镜头，其标志为镜头前端的红色标线。

6）USM。1987 年，超声波马达（ultra sonic motor，USM）首次应用于佳能 EF 300 mm f/2.8L USM 上。

3. 数码相机的操作技巧

（1）正确的握机姿势。在一般情况下，数码单反相机都是使用双手握机，便于稳定握持。在用数码单反相机拍摄时，右手握住数码单反相机的手柄，用食指按动快门，左手的手掌托住数码单反相机，用手指调节光圈和对焦（见图 4-3）。为了进一步增强稳定性，收紧手臂，用肘部抵住自己的前胸（见图 4-4）。

图 4-3　握机手部姿势

图 4-4　握机手臂姿势

（2）数码相机的机身解析。数码相机是一种利用光学成像原理（小孔成像）记录影像的设备。图像传感器、图像处理器以及镜头决定了数码相机的性能和画质。数码相机图像传感器如图4-5所示。

图4-5　数码相机图像传感器

（3）数码相机的基本参数设置

1）图像画质。设置图像画质用于改变照片存储的格式，建议设置为RAW+JPEG文件格式。

2）图像确认。图像确认是指拍摄一张照片后，在屏幕上回放的时间。

3）白平衡。白平衡用于纠正色差，可以直接设置为自动。

4）自动对焦方式。自动对焦方式主要包括单次自动对焦、连续自动对焦和智能自动对焦3种模式。

5）显示网格线。可以选择3×3、6×4或者3×3+对角网格线。用屏幕取景时，在屏幕上会出现网格线。

6）长宽比。长宽比是指照片的长宽比，可以选择3∶2、4∶3、16∶9、1∶1等。

4. 拍摄辅助设备

（1）外接式闪光灯。外接式闪光灯又称为独立式闪光灯，相对于数码相机自带的闪光灯，其照射距离更远，光源的亮度更强，还可以自主控制光照强度、调整闪光灯的闪光频率。

外接式闪光灯可以弥补数码相机自带的闪光灯的不足，便于在弱光的情况下，为拍摄对象的脸部补光，也便于将光圈收得更小，更好地表现环境。外接式闪光灯和遮光罩如图4-6所示。

图 4-6　外接式闪光灯（左）和遮光罩（右）

（2）遮光罩。遮光罩在所有的摄影设备中，属于价格比较便宜的一种。在室外阳光比较充足的地方拍摄，遮光罩是必备的拍摄辅助设备，不仅可以避免在成像过程中出现光斑，影响画面的质量，还可以在一定程度上保护镜头。

（3）三脚架。如果需要延时拍摄，或者在拍摄夜景等光线比较暗的情况下，三脚架可以帮助稳定数码相机，使画面更清晰、更美观，避免产生重影。

（4）存储卡。存储卡是必备的拍摄辅助设备。SD 卡是松下、东芝、闪迪在 1999 年联合推出的，目前是数码相机中应用范围最广的存储卡（见图 4-7）。

（5）灯光的辅助设备

1）反光伞（见图 4-8）。反光伞是一种专用的反光工具，且有不同的颜色。使用时，将反光伞安置在可以变换角度的云台上，用闪光灯照射伞内，散射出的光线很柔和，且阴影较淡，是理想的光源，最适合拍摄人像和静物。

图 4-7　存储卡

2）反光板（见图 4-9）。反光板的主要作用是利用光线的折射，为拍摄对象的暗部补充光线，让暗部更明亮，画面光线更和谐。反光板有白、黑、金、银 4 种颜色，最常见的是银色。

3）其他辅助设备

①滤色镜。滤色镜又称为偏光镜，镜片为灰色。它可以过滤反射光线，并减弱或消除来自非金属面的反光，使照片没有光斑，也可以提高拍摄对象的饱和度。

图 4-8　反光伞（左）及使用反光伞的拍摄效果（右）

②引闪器（见图 4-10）。引闪器的主要用途是利用闪光灯，达到更多的效果，使闪光与环境光融合得更自然。

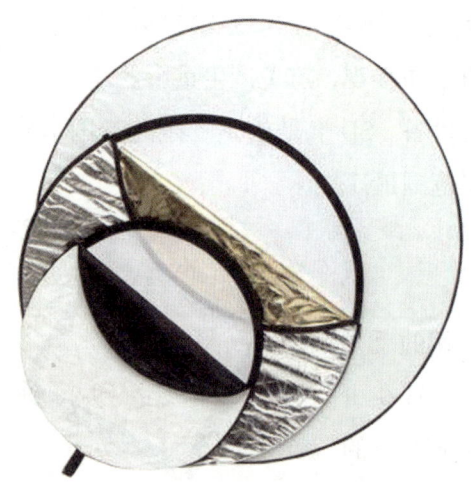 

图 4-9　反光板　　　　　　　　　图 4-10　引闪器

相关链接

画幅和画质

画幅在胶片时代是指胶片的尺寸，在数码时代是指图像传感器的尺寸。

目前除了少数专业摄影设备仍然使用 CCD 图像传感器，绝大部分摄影设备都使用 CMOS 图像传感器，包括手机、数码相机、航拍器、运动摄像机、摄像机等摄影设备。

画幅对画质的影响包括以下方面。

分辨率：画幅增加，也就是图像传感器的尺寸增加，最直接的影响就是分辨率。一般来说，图像传感器的尺寸越大，越容易达到更高的分辨率。

控噪能力：画幅越大，控噪能力越强。

宽容度：指用数码相机拍摄的 RAW 文件格式照片的后期调整范围。如果宽容度高，可以将拍摄过程中丢失的高光、暗光区域的细节修复，同时不会增加过多的噪点或者改变色彩。宽容度与控噪能力一样，画幅越大，宽容度越高。

画幅是影响画质的重要因素，画幅越大，容纳的真实像素越多，画质越好。一般来讲，像素高，拍出的照片大，便于后期剪裁。

二、摄影三要素

1. 光圈

光圈是控制光线透过镜头，进入机身内部感光面光量的装置。它通常在镜头内，用 f/+ 数值表示光圈数。

（1）光圈数。光圈数决定了单位时间内的进光量。光圈数越大，光圈越小；光圈数越小，光圈越大。

按照光圈的完整序列，相邻 2 档光圈的进光量呈倍数关系。例如，f/2.8 比 f/4 的进光量多 1 倍。

光圈的完整序列：f/1、f/1.4、f/2、f/2.8、f/4、f/5.6、f/8、f/11、f/16、f/22、f/32、f/44、f/64。

光圈及光圈数示意如图 4-11 所示。

（2）光圈的作用。光圈的作用是控制镜头的进光量，通过调节光圈数可以在单位时间内获得不同的进光量。大光圈可以让画面更加明亮，适用于弱光环境。大光圈还可以达到背景虚化的效果，适用于人像摄影等题材。小光圈可以在强光下让画面曝光正常，不过度，适用于拍摄风光、建筑等大景深的照片。

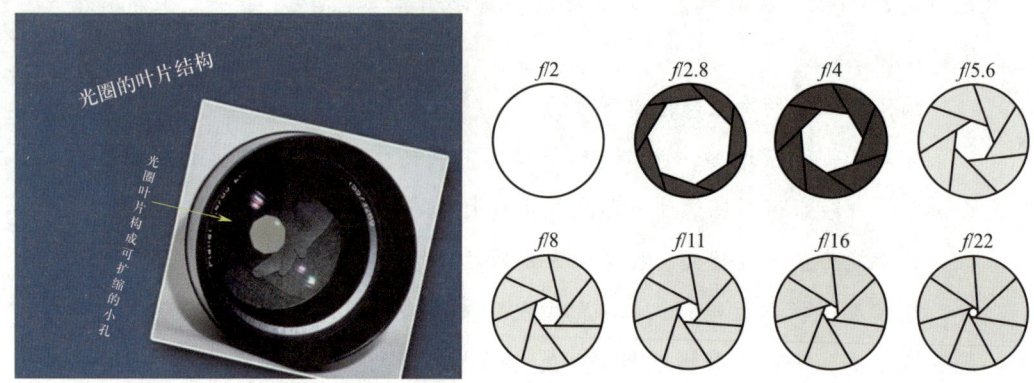

图 4-11　光圈及光圈数

2. 快门

（1）快门。快门类似一个帘子，挡在光圈和感光部件之间。按下快门的一瞬间，快门迅速地打开。

（2）快门速度。快门速度是指快门打开的时间。例如，将快门速度由慢到快排成序列是 1 s、1/2 s、1/4 s、1/8 s、1/15 s、1/30 s、1/60 s、1/125 s、1/250 s、1/500 s、1/1 000 s。快门速度越慢，快门打开的时间越长，在相同光圈下，进光量越多。快门速度每减慢或加快一档，进光量就加倍或减半。

一般在拍夜景的时候，快门速度要大于 1 s，如拍摄夜晚车水马龙的景象、灯光的星芒等。快速快门用来拍摄急速运动的物体。慢速快门与快速快门拍摄效果如图 4-12 所示。

3. 感光度（ISO）

ISO 是胶片和 CCD/CMOS 图像传感器感光度的标准。ISO 分为 ISO100、ISO200、ISO400、ISO800、ISO1 600、ISO3 200、ISO6 400、ISO12 800、ISO25 600、ISO51 200、ISO102 400。ISO 越大，画面需要的光量越小。按照顺序，每一档之间成倍数的关系。ISO400 需要的光量是 ISO800 的 2 倍，ISO200 需要的光量是 ISO100 的一半。ISO 越大，画面的颗粒越粗，反之画面越细腻。所以在光线条件比较好的情况下，尽量使用小的 ISO。白天拍摄风景时，使用最小的 ISO，以得到细腻的画面。夜晚拍摄时，使用较大的、适当的 ISO，可以提高快门速度，防止因手部和数码相机抖动而出现画面模糊。尽量不要大于 ISO 2 000，以免画面的颗粒很大，称为噪点。

a)

b)

图 4-12　慢速快门与快速快门拍摄效果
a) 慢速快门拍摄效果　b) 快速快门拍摄效果

 **相关链接**

焦平面和景深

　　焦平面是与数码相机平行的、包含焦点的一个最清晰的平面。焦平面会随着数码相机的移动而移动。

　　景深是指聚焦完成后，在焦点的前后范围内都能形成清晰的像，这一前一后清晰像的距离，称为景深。景深分为前景深和后景深，后景深大于前景深。

　　景深决定是把背景虚化来突出拍摄对象，还是拍出清晰的拍摄对象和背景。通常拍摄花、昆虫等照片，将背景拍得虚化（小景深）。在拍摄纪念照、集体照、风景照时，会将背景拍得和拍摄对象一样清晰（大景深）。

一般认为焦平面不仅是包含焦点的一个清晰的平面，还是有厚度的，焦平面的厚度，可以理解为景深。焦平面薄是小景深，会达到拍摄对象清晰的、前景和背景虚化的效果；焦平面厚是大景深，会达到拍摄对象、前景和背景都清晰的效果。小景深和大景深的拍摄效果如图4-13所示。

小景深拍摄效果　　　　　　　　　　大景深拍摄效果

图4-13　小景深和大景深拍摄效果

三、巧妙构图

1. 主题的重要性

摄影是一门艺术，摄影艺术是以摄影技术手段进行艺术创作，从而反映现实生活、表达思想感情的一种表现形式。

好的摄影作品能够表现深刻的内容，反映普遍意义的主题。所以，主题十分重要。

2. 表现主题的原则

（1）一幅好照片要有个性鲜明的主题（也称为题材），或是表现一个人，或是表现一件事物，甚至可以表现一个故事情节（见图4-14）。主题必须明确，不能含糊。

（2）一幅好照片必须把注意引向拍摄对象，要突出拍摄对象（见图4-15）。

（3）一幅好照片必须画面简洁，只包括有利于把注意引向拍摄对象的内容，消除或减少可能分散注意的内容（见图4-16）。

培训模块四　多媒体内容制作基础知识

图 4-14　主题鲜明的照片

图 4-15　通过虚实结合突出拍摄对象

图 4-16　画面简洁有利于吸引注意

3. 摄影构图的方法

（1）九宫格构图。九宫格构图是最常见的、最基本的摄影构图的方法。如果把画面上、下、左、右4条边都分为3等份，然后用直线把对应的点连起来，在画面中构成一个"井"字，画面被分为相等的9个方格，就是九宫格。井字的4个交叉点称为黄金分割点（见图4-17）。

（2）三分法构图。最简单的构图法是三分法构图，已经成为拍摄者最常用的摄影构图的方法。三分法构图将画面在水平和竖直方向平分为3份，由近及远分为近景、中景、远景（见图4-18）。

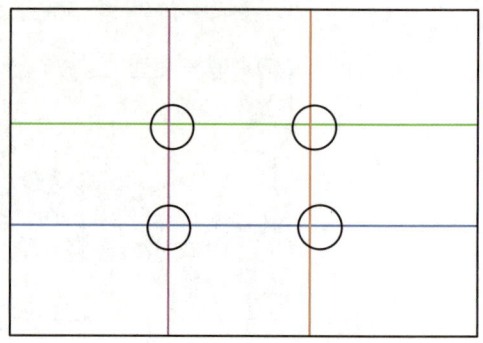

图4-17 九宫格构图

图4-18 三分法构图

（3）垂直线构图。自然界中的很多物体都有垂直线结构，无论是人物、树木，还是建筑，垂直线象征坚强、庄严、有力。垂直线构图是一种常用的摄影构图的方法（见图4-19）。

（4）斜线构图。斜线构图是指利用斜线进行构图，一般通过改变拍摄角度，令水平线或者垂直线转动变成斜线。采用斜线构图的画面具有动感美，能够打破沉闷，吸引视线（见图4-20）。

图 4-19 垂直线构图

图 4-20 斜线构图

四、合理用光

1. 光的种类及作用

（1）光的种类。意大利摄影师维托里奥·斯托拉罗认为摄影是"用光写作"，是"以光线书写的文学"。用光是摄影的灵魂。按光的来源，光分为自然光和人工光。

1）自然光。自然光是指天然光源发出的光，主要是太阳发出的光，分为日光和天光 2 种。

2）人工光。凡是人造光源发出的、用于摄影照明的光，都称为人工光。

（2）不同种类光的作用

1）自然光和人工光的作用

①自然光。自然光的亮度高，照射范围大而均匀。它的亮度、照射角度、照射距离、色温等往往不由人工控制。自然光随季节、时间、气候、地理条件的变化而变化。在一天之内的不同时间自然光的特征各不相同。

②人工光。人工光的亮度低、照射范围小，因而与拍摄对象的距离对照射范围与亮度影响极大。它的亮度、照射角度、照射距离、色温等完全可以由人工控制。运用人工光可以创造丰富的画面影调、塑造人物形象和达到不同的光线效果，不受季节、时间、气候、地理条件的限制，可以按拍摄者的艺术构想进行创作。

2）硬光和软光的作用

①硬光。硬光又称直射光，有明显的照射方向，使拍摄对象产生明亮和阴暗部位、轮廓分明的阴影，多来源于直射的阳光和聚光灯。硬光的作用是较好地表达拍摄对象的线条轮廓、表面特征、立体感和质感，达到鲜明的造型效果。

②软光。软光又称散射光，没有明显的照射方向，照射均匀，阴影不明显，多来源于阴天的天空光、泛光灯及漫反射光。软光的作用是明显降低拍摄对象明暗对比，使层次细腻，效果柔和。软光不易控制，平淡无立体感，亮度随距离的增加而迅速衰减。

2. 布光原理

（1）光位。光位是指光源相对于数码相机与拍摄对象的位置，即光线的方向与角度。同一拍摄对象在不同的光位下会达到不同的明暗效果。摄影中的光位千变万化，归纳起来主要有正面光、前侧光、侧光、侧逆光、逆光、顶光与脚光7种（见图4-21）。

（2）常用的布光方法

1）双闪光灯+柔光箱布光方法。2盏加柔光箱的闪光灯在拍摄对象面前左右安置成45°的布光方法称为双闪光灯+柔光箱布光方法。双闪光灯+柔光箱布光方法充分利用了柔光的特点，比较柔和，反差较小，对拍摄对象的皮肤具有柔化的作用，一般适合拍摄女性的人像（见图4-22）。双闪光灯+柔光箱布光方法是初级的布光方法，有一定的局限性。

①在采用双闪光灯+柔光箱布光方法拍摄黑色的头发时，难以表现丰富的细节。

②没有光影变化的皮肤虽然很美，但缺乏真实感，容易给人华而不实的视觉感受。

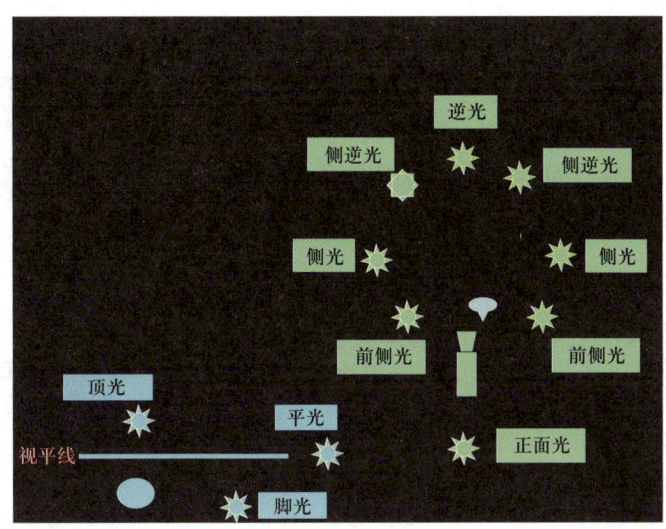

图 4-21 光位

2）侧位单闪光灯与头发光布光方法。双闪光灯 + 柔光箱布光方法多用于拍摄甜美风格的人像，光效较平，拍摄对象的立体感不强。若使用 1 盏闪光灯 + 柔光箱从前侧照射，使拍摄对象的受光面左右不均匀，可以营造较强的立体感。同时，拍摄者为拍摄对象安置了打亮头发的 1 盏闪光灯。头发光是效果光的一种，通常使用硬光来营造。黑色的头发在拍摄时经常被忽略，导致细节尽失。采用侧位单闪光灯与头发布光方法，拍摄者在拍摄对象右后方的高位安置 1 盏较高的、带遮光罩的闪光灯，向拍摄对象头部的方向照射，以达到拍摄对象头发的高光及反光效果（见图 4-23）。

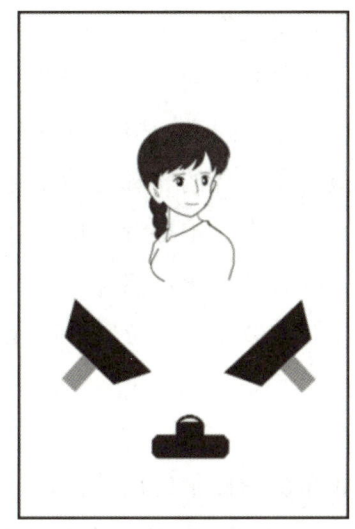 

图 4-22　双闪光灯 + 柔光箱布光方法示意图　　图 4-23　侧位单闪光灯与头发光布光方法示意图

3）柔光箱布光方法。柔光箱布光方法是拍摄者引导拍摄对象背靠一面柔光箱，同时在拍摄对象的前方安置另一面柔光箱，将第一面柔光箱连同其后的闪光灯作为背景，与另一面柔光箱面对面安置的布光方法。当拍摄者按下快门时，数码相机通过引闪器将拍摄对象后面的闪光灯引闪，柔光箱在强光照射下成为画面中纯净的背景（见图4-24）。拍摄对象的轮廓及皮肤质感被高光勾勒出来，高光甚至在拍摄对象的皮肤上达到一种溢光效果。该布光方法可以表达圣洁和神秘的感觉。采用柔光箱布光方法需要注意以下2点。

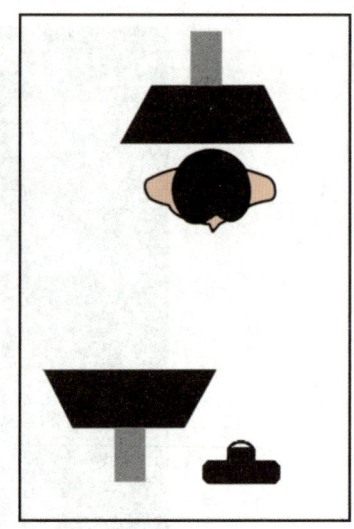

图 4-24　柔光箱布光方法示意图

① 该布光方法对镜头的要求较高。

② 该布光方法不利于表现色彩丰富的主题。

4）双闪光灯 + 单闪光灯布光方法。硬光的方向性及其勾勒拍摄对象线条的特性可以很好地营造拍摄对象的头发光。拍摄者安置2盏闪光灯，分别从拍摄对象的后方，以一定的角度对拍摄对象照射硬光，使拍摄对象的轮廓更加清晰，立体感更强。与此同时，在拍摄对象的正面，拍摄者安置第三盏加装柔光箱的闪光灯对拍摄对象的正面补光，刻画拍摄对象的脸部细节（见图4-25）。该布光方法较为复杂，为了更好地表现头发光，拍摄者要将拍摄对象后方2盏闪光灯安置得稍高一些。要选用防眩光镜头，并配合适的遮光罩，以防止后方闪光灯的光线射入镜头，影响画质。

5）主光、辅光组合 + 反光板布光方法。主光、辅光组合 + 反光板布光方法是拍摄者在拍摄对象左前方和右后方各安置1盏带有柔光箱的闪光灯的布光方法（见图4-26）。拍摄对象左前方的闪光灯作为主光，照亮拍摄对象，由于光位与拍摄对象成45°，可以很好地营造拍摄对象五官的立体感。同时，拍摄对象右后方的闪光灯发挥勾勒身体线条的作用，使画面中拍摄对象左部的轮廓充满光感。在营造拍摄对象立体感的同时，为了不使画面的对比度过大，拍摄者在拍摄对象的右前侧又安置了一个大面积的反光板进行补光，达到比较理想的效果。

在拍摄中，拍摄者需要根据拍摄效果，对闪光灯的数量、光位以及反光板的数量进行调整，选择最理想的布光方法。

3. 合理选择拍摄背景

干净简单的拍摄背景，能够衬托拍摄对象，如在摄影棚中使用单色背景。简单的拍摄背景不仅能够衬托拍摄对象的神态气质，也能够衬托拍摄对象的服装。

在户外拍摄的时候，也要避免杂乱的背景，以便突出拍摄对象（见图 4-27）。

人像摄影有众多的风格，如时尚奢华的风格要通过复杂的拍摄背景表现服装的高级感。对于有故事感的人像摄影，需要通过特定的拍摄背景展现某个场景（见图 4-28）。所以主题不同，对于拍摄背景的要求也不同，并不是越简单的拍摄背景，效果越好。

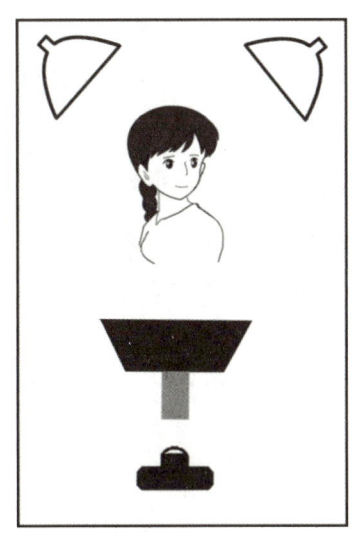 

图 4-25　双闪光灯+单闪光灯布光方法示意图　　图 4-26　主、辅光组合+反光板布光方法示意图

图 4-27　选择干净的拍摄背景　　　　　　　　图 4-28　选择特定的拍摄背景
　　　　　衬托拍摄对象　　　　　　　　　　　　　　　　　与拍摄对象搭配

> **相关链接**

合理布光案例

图 4-29 作为合理布光的案例,可以从以下方面分析。

1. 1 闪光灯背景灯照射出单色背景,并消除 3 闪光灯的阴影。
2. 2 闪光灯侧光和 3 闪光灯前侧光形成主、辅光,主、辅光的对比度形成光的层次。拍摄对象面部的高对比度营造面部的立体感。
3. 4 闪光灯侧逆光增强拍摄对象的轮廓光,并照亮头发,突出头发的质感。
4. A 反光板防止 1 闪光灯照射背景形成的折射入镜。
5. B 反光板防止 4 闪光灯侧逆光的余光直射入镜,减少眩光。
6. 拍摄对象既有明显的轮廓感,也有明暗过渡,达到面部的立体效果。

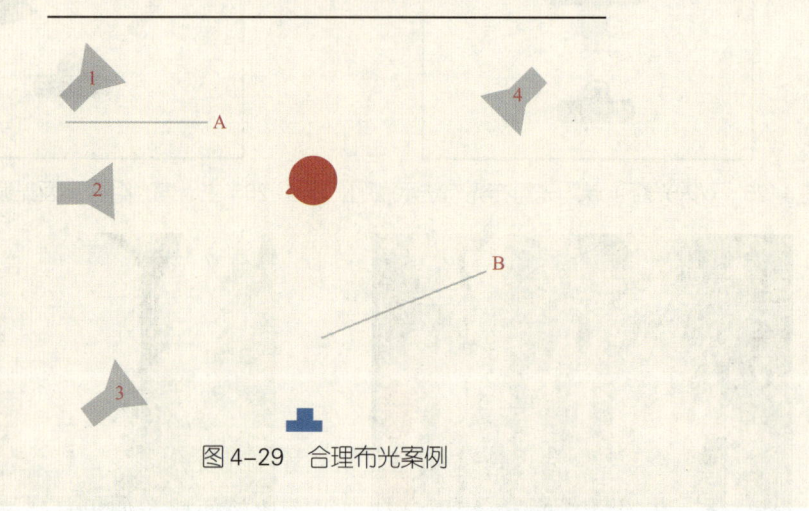

图 4-29 合理布光案例

培训单元 2　摄像设备及摄像基础知识

> **培训重点**

1. 摄像设备基础知识。
2. 摄像构图和摄像方法。
3. 摄像用光。

一、摄像设备基础知识

1. 摄像设备的基本操作

（1）摄像设备的分类。摄像设备用于拍摄动作、任务或者场景，多用于视频、电视行业。在 19 世纪中期，摄像机就已经出现在欧洲，如今逐渐发展成熟，摄像技术也随着摄像设备的发展有所变化。

摄像设备有很多种，包括高速摄像机、航空摄像机、动画摄像机、网络摄像机等。高速摄像机具有记录物体高速运动轨迹的功能，用于火箭试验或者航天器试验。高速摄像机由光学系统、快门、机身、时序控制器等组成。动画摄像机加装了停顿马达，可以单格摄像，也可以垂直移动，改变影像的大小，具有变焦的功能。网络摄像机可以连接交换机和路由器等，用户可以通过网络观看画面。

（2）摄像设备的基本操作。在使用摄像设备时，建议用双手把持或者使用摄像设备脚架等，以减少画面的晃动。在拍摄的时候，要固定镜头，不要拉伸镜头或者上下移动。一般手动控制亮度，拍摄逆光或者夜景的时候可以选用全自动模式。

2. 摄像设备的主要功能

（1）白平衡调整。白平衡，简而言之就是摄像设备对白色的解读能力。摄像设备不像人一样在任何时候都能分辨白色，所以必须告诉摄像设备什么地方是白色的，以便根据场景精确还原其他颜色。

1）环境。在大型会议或活动中，如果环境光复杂多变，建议使用自动白平衡（AWB）。在大多数情况下，使用自动白平衡比较便捷。如果环境光主要为暖黄色或白色，则可以根据色温对照表选择合适的白平衡，或手动调节白平衡。

2）拍摄需求。如果需要一直拍摄视频，建议使用自动白平衡。

（2）光圈运用。目前，专业级或广播级的摄像设备采用自动光圈调整、手动光圈调整等方式，适应拍摄对象的亮度变化。

1）自动光圈调整。自动光圈调整是指将光圈选择开关置于自动（A）处，摄像设备及时跟踪拍摄对象的亮度，自动调整光圈。

运用自动光圈拍摄是新闻摄像中常用的方法。自动光圈调整非常方便，特别是在抢拍瞬间发生的事件时。运用自动光圈，能够迅速、及时地把重要的、珍贵的镜头记录下来。当拍摄对象的反差不大、亮度均匀时,也可以运用自动光圈,达到曝光准确的画面效果。但是,自动光圈也有局限性。在拍摄对象亮度低而周围景物亮度高的环境下,若运用自动光圈,拍摄对象将曝光不足,损失色彩。

2)手动光圈调整。手动光圈调整是指将光圈选择开关置于手动(M)处,并根据画面的需要调整光圈。手动光圈调整适用于逆光、亮度突变、对比度极强,以及画面要求特殊效果等情况。

(3)焦距调整。在摄像设备连接电动变焦镜头的情况下,往往需要调整摄像设备的后焦距。以下是正确调整后焦距的方法。

1)拧松摄像设备的后焦距调节环固定螺丝(有的摄像设备通过调整侧面的调节螺杆或后焦距调节环)。

2)调整变焦镜头到最大远摄(即把景物拉近)位置,用镜头上的聚焦环设定焦点,直到画面最清晰。

3)调整变焦镜头到最大广角位置,旋转后焦距调节环,直到画面最清晰。

4)重复以上步骤2)和3),直到从远摄转换到广角时,画面保持在焦点位置(保持清晰)。完成后,拧紧后焦距调节环。

(4)对焦。随着技术的发展,自动对焦已经深入众多的影视题材拍摄,视频拍摄也不例外(见图4-30)。

图4-30 视频拍摄的对焦

在视频拍摄中,经常需要移动摄像设备或者拍摄对象在画面中移动,所以,AF-C模式是使用较多的对焦模式(见图4-31)。对于摄像设备与拍摄对象保持相对静止的场景,如拍摄建筑、植物、静物等,则更多地使用手动对焦(MF)模式。

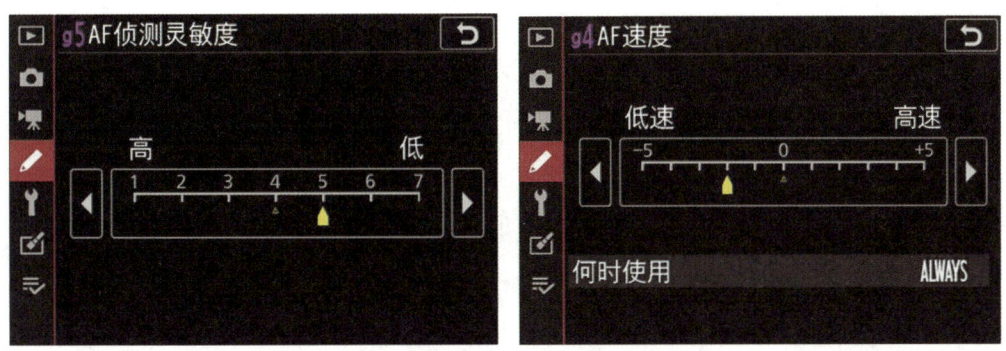

图 4-31 使用 AF-C 模式

在视频拍摄中，经常遇到环境复杂的场景，可以自定义自动对焦速度和自动对焦跟踪灵敏度。自动对焦速度可以在"慢速（-5）"到"快速（+5）"的多挡调节。使用较低档数时，自动对焦速度比较慢，使场景更具艺术效果。自动对焦跟踪灵敏度可以在"高（1）"到"低（7）"的多挡调节。如果要将焦点快速切换到下一个拍摄对象，选择较高的自动对焦跟踪灵敏度，较低的自动对焦跟踪灵敏度可以使当前的拍摄对象保持较长时间的对焦。

 **相关链接**

如何跟焦

近几年，短视频风靡。无论是生活小事、旅游美景，还是工作过程，大家都喜欢用短视频记录下来。

很多人拍摄短视频都遇到问题：开始时，画面还是清晰的，一旦拍摄对象移动，摄像设备就失去了焦点，画面变得模糊。以下是常用的解决方法。

方法一：户外拍摄时，使用云台。

方法二：拍摄前，切换到 MF 模式，放大取景画面，检查焦点是否清晰。

方法三：拍摄运动人像时，使用人脸追焦功能。

方法四：拍摄运动物体时，保持镜头与拍摄对象的固定距离。

方法五：改变光圈数拍摄。光圈数影响景深：大光圈，景深小，画面背景虚化；小光圈，景深大，画面清晰。拍摄运动物体时，使用小光圈，使画面清晰的范围变大。即使拍摄对象移动，也不容易失焦。

二、摄像构图和摄像方法

1. 摄像构图的方法

（1）摄像构图。摄像构图讲究造型艺术，是从自然存在的混乱事物中找出秩序的过程。好的摄像构图不仅使画面布局更加协调，还能巧妙突出画面的重点。

摄像构图应该做到以下2点。

①画面整洁流畅，避免杂乱的背景。

②色彩平衡，画面有较强的层次感，确保拍摄对象从背景中凸显出来。

常用的摄像构图的方法有以下4种。

1）三分法构图。三分法构图是最常见的摄像构图的方法。三分法构图是指用"井"字将画面分割成9个相等的方格。使用三分法构图，表达鲜明，画面简练。目前，绝大多数的摄像设备甚至手机都内置了九宫格辅助构图线，适合拍摄各种题材，常用于拍摄风景、人物等。

2）对称式构图。对称式构图具有平衡、稳定、呼应的特点。要注意的是，对称式构图是指形式上的对称，并非数学上的对称。对称元素可以是拍摄对象或环境，拍摄对象的位置不一定在画面的正中。对称式构图拍摄效果如图4-32所示。

图4-32 对称式构图拍摄效果

3）引导线构图。引导线构图是指利用画面中的线引导注意，最终将注意聚集到画面的焦点。引导线不一定是具体的线，只要是有方向性的、连续的物体，都可以作为引导线。当所有线集中于一处，而拍摄对象恰巧在中心点上时，注意就会被拍摄对象吸引，使表达更加清晰、直观。引导线构图拍摄效果如图4-33所示。

图 4-33 引导线构图拍摄效果

4）框架构图。框架构图是将画面的重点用框架框起来的摄像构图的方法，引导注意框架内的景象，表现视频主题。同时，使用框架构图，会产生一种窥视的感觉，让画面充满神秘感，引起观众的兴趣。使用框架构图，不一定要在画面周围布置完整的框架，只是采用框架的形式。框架包括具体的和抽象的物体。在比较复杂的情况下，可以使用框架构图。框架构图拍摄效果如图 4-34 所示。

图 4-34 框架构图拍摄效果

（2）摄像构图的结构要素

1）主体（拍摄对象）。拍摄对象是在摄像中表现的重点，是中心点、兴趣点。拍摄对象是拍摄者用以表达思想的主要部分，是画面结构的中心，也是画面的趣味点所在，应占据显著位置。拍摄对象可以是一个对象，也可以是一组对象。

2）陪体。陪体是指在画面中与拍摄对象构成一定的情节，帮助表现拍摄对象的特征和内涵的对象。由于有陪体，画面的视觉语言更准确生动。

3）环境。环境对拍摄对象起烘托的作用，以强调拍摄对象所处的环境，环境对突出拍摄对象的形象及丰富拍摄对象的内涵发挥重要作用。

（3）摄像构图的形式要素

1）光线。光线是摄像构图的基础和灵魂。摄像要求的光线与摄影差不多，但是也有其独特性。

①摄像记录的是一段时间的光线变化，瞬间光源不能用作摄像的光源。

②摄像是一个动态的过程，在选择、运用光线时，必须考虑空间、方位等的变化对画面光影结构的影响。

③摄像对光线的要求很复杂，光线随着环境、拍摄对象、机位，甚至光位的变化而变化，直接影响画面的造型效果。

2）色彩。如果说光线赋予画面生命，色彩就给画面注入情感。作为摄像画面的重要构成元素，色彩在摄像构图中有举足轻重的地位和作用。

3）影调。影调是指画面所表现的明暗层次和明暗关系，是处理画面构图，烘托气氛，表达情感，反映创作意图的重要手段。画面中亮的景物多、占的面积大，给人明朗之感；画面中暗的景物多，给人沉闷压抑之感；有些画面则明暗适中、层次丰富，接近人们生活中的视觉感受。

按画面明暗分布，影调可以分为亮调、暗调、中间调。按画面明暗对比（反差），影调可以分为硬调、软调和中间调。硬调画面明暗差别显著、对比强烈，景物的明暗层次少、缺乏过渡，给人粗犷、硬朗的感觉；软调又称柔和调，软调画面缺少最亮的和最暗的影调，对比弱、反差小；中间调又称标准调，中间调画面明暗兼备、层次丰富、反差适中。

4）线条。线条一般是指画面的明暗分界线和形象之间的连接线，如地平线、道路的轨迹、排成一行的树木等。按线条所在位置，可以将其分为外部线条和内部线条。外部线条是指画面形象的轮廓线，内部线条是指拍摄对象轮廓线范围以内的线条。

根据形式的不同，可以将线条分为直线、曲线。直线又分为水平线、垂直线和斜线。水平线给人宽阔之感，在拍摄大地、海洋、湖泊、草原等景物时，常以水平线作为构图的线条。垂直线给人高耸、刚直之感，如林立的楼群、挺拔的树木、高峻的山峰等。曲线是指一个点沿着一定的方向移动，并发生变向后所形成的轨迹。

2. 摄像角度对摄像构图的影响

摄像角度是指摄像设备镜头的位置和拍摄对象之间形成的、虚拟的夹角。摄像设备与拍摄对象之间可以形成水平角度、仰视角度、俯视角度（斜俯视角度、垂直俯视角度）。任何一种角度都与摄像设备的位置和视点有关。

（1）水平角度。水平角度，即摄像设备的视点方向处于水平状态。水平角度符合正常的视觉习惯，使拍摄对象显得庄重、正规，能准确客观地表现拍摄对象的本来面貌。画面展示的透视关系、结构形式、景物大小，与人眼看见的基本相同，给人亲切感，适合表现拍摄对象的感情交流和内心活动。所以在视频中，多采用水平角度拍摄。在采用水平角度拍摄时，要注意简化背景，以免造成拍摄对象与背景重叠。

（2）仰视角度。采用仰视角度给人崇敬、敬仰、恐惧等感受，有时候有悲剧意味，经常被用作主观镜头，如小人物看大人物，或者面对比自身大得多的物体。此时摄像设备的镜头处于视线以下，向上拍摄，有利于表现一些高大的拍摄对象。当拍摄对象所处的空间比较狭小时，适合采用仰视角度拍摄。采用斜仰视角度拍摄，使人物的跳跃动作显得轻盈，增加跳跃的高度。同时采用仰视角度拍摄具有较强的抒情色彩，可以传达赞颂、胜利、高大、庄重、威严等情感。常采用正仰视角度拍摄人物躺在床上看着天花板发呆或躺在地上仰望星空，表达人物对以往岁月的回忆和对未来生活的憧憬。

（3）俯视角度。采用斜俯视角度拍摄会造成心理上渺小、可怜、压迫等感受，具有喜剧或讽刺意味。在作为主观镜头时，可以获得开阔的视野，表现宏大的场景。此时摄像设备处于视线以上，由上向下拍摄，摄像设备的视点向下倾斜，画面形象顶部大、底部小，线条透视极具收缩效果。采用垂直俯视角度拍摄（扣拍），即镜头近似垂直地面，给人居高临下、飘然超脱之感，相当于神仙、飞鸟、飞机的视点，可以用于拍摄争吵、群殴等激烈的场面，在候车室、股票交易大厅等人群焦灼的、无奈的场面，也可以用于拍摄大地、城市等辽阔的场景。

3. 固定画面

固定画面是指摄像设备在机位不动、光轴不变、焦距固定的情况下拍摄的画面。机位、光轴、焦距"三不变"是拍摄固定画面的前提条件。机位不动,则摄像设备不做移、跟、升、降等运动;光轴不变,则摄像设备不摇摄;焦距固定,则摄像设备不做推、拉运动。固定画面是一种静态造型方式,它的核心就是画面框架不动。

4. 运动画面

运动画面是指在一个镜头中通过移动机位、改变光轴或者调整焦距拍摄的画面。运动镜头是指由推摄、拉摄、摇摄、移摄、升降摄、跟摄形成的推镜头、拉镜头、摇镜头、移镜头、升降镜头、跟镜头等。

5. 运动摄像的种类和特点

(1)推镜头。推摄是指摄像设备向拍摄对象的方向推进,或者调整焦距使画面框架由远至近,不断接近拍摄对象的拍摄方法。用推摄拍摄的画面,称为推镜头。

推镜头的特点:推镜头达到视觉前移的效果;推镜头具有明确的拍摄对象;推镜头使拍摄对象由小变大,景别由大变小。

(2)拉镜头。拉摄是指摄像设备逐渐远离拍摄对象,或调整焦距(从长焦调至广角)使画面框架由近至远,与拍摄对象拉开距离的拍摄方法。用拉摄拍摄的画面,称为拉镜头。

拉镜头的特点:拉镜头达到视觉后移的效果;拉镜头使拍摄对象由大变小,景别由小变大。

(3)摇镜头。摇摄是指机位不动,借助三脚架上的活动底盘(云台)或拍摄者的身体,改变光轴的拍摄方法。用摇摄拍摄的画面,称为摇镜头。摇摄可以分为左右摇、上下摇、环摇。

摇镜头的特点:摇镜头达到人们转动头部环顾四周或将视线由一点移向另一点的视觉效果;一个完整的摇镜头包括起幅、摇动、落幅3个连贯的部分;一个摇镜头从起幅到落幅的运动过程,使观众不断调整注意。

(4)移镜头。移摄是指将摄像设备安置在活动物体上随之运动的拍摄方法。用移摄拍摄的画面,称为移镜头。移摄是以人们的生活感受为基础的,可以分为前移、后移、侧移。

移镜头的特点:移镜头使画面框架始终处于运动之中;移镜头调动观众在生活中运动的视觉感受,如观众乘坐各种交通工具及行走时的视觉感受,给人身临其境之感。

(5)升降镜头。升降镜头是指摄像设备借助升降装置等一边升降一边拍摄的拍摄方法。用升降摄拍摄的画面，称为升降镜头。

升降镜头在升降的过程中，形成多视点的表现特点，其具体运动方式可以分为垂直升降、斜向升降、不规则升降等。

升降镜头的特点：升降镜头带来了视域的扩展和收缩；视点的连续变化达到多角度的、多方位的构图效果。

（6）跟镜头。跟摄是指摄像设备始终跟随运动的拍摄对象一起运动的拍摄方法。用跟摄拍摄的画面，称为跟镜头。跟镜头大致可以分为前跟、后跟（背跟）、侧跟3种情况。

跟镜头的特点：画面始终跟随一个运动的拍摄对象；拍摄对象在画面中的位置相对固定。

三、摄像用光

1. 光的基本知识

（1）光的本质。摄影就是光与影的艺术。如果说艺术是有灵魂的，那么光与影就是摄影的灵魂。没有了光，就没有了物体的形状、体积、结构、质感、颜色……没有了可以看到的一切景象。光其实是电磁波的很小一部分，是肉眼能看到的电磁波的波段（也称为可见光）。

光源的色温是用与光源的色温相同或相近的完全辐射体的绝对温度进行描述的，简单理解就是光线在不同的温度下表现出来的颜色。常见光源的色温如图4-35所示。

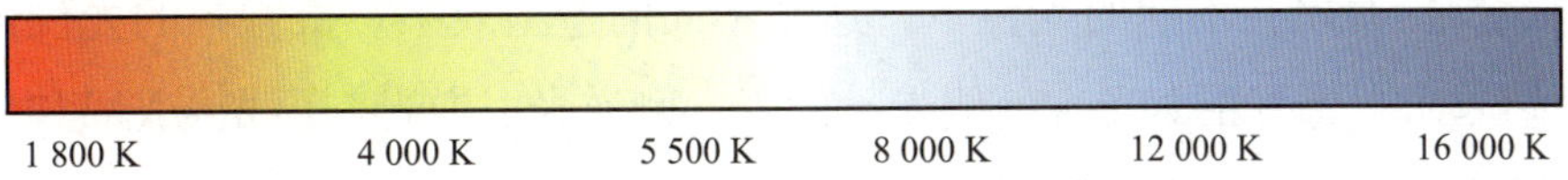

1 800 K　　4 000 K　　5 500 K　　8 000 K　　12 000 K　　16 000 K

常见光源色温：

光源	色温（K）
钨丝灯（白炽灯）	2 500~3 200
碳弧灯	4 000~5 500
荧光灯（日光灯，节能灯）	4 500~6 500
氙灯	5 600
炭精灯	5 500~6 500
日光平均	5 400
有云天气下的日光	6 500~7 000
阴天日光	12 000~18 000

图 4-35　常见光源的色温

不同色温的光线会表现出不同的颜色，也会给人不同的感觉。可以据此将光线分为暖色光、冷色光及暖白光3种。暖色光的色温在3 300 K以下。暖色光中红、橙光较多，给人温暖的、舒适的、慵懒的感觉，用暖色光拍摄的画面称为暖色调画面。冷色光的色温在 5 300 K 以上。冷色光中蓝光较多，给人清冷的、安静的感觉，用冷色光拍摄的画面称为冷色调画面。暖白光的色温在 3 300 ~ 5 300 K。暖白光纯洁明亮，给人愉快的、积极的感觉。

冷色光与暖色光拍摄效果如图 4-36 所示。

冷色光拍摄效果

暖色光拍摄效果

图 4-36　冷色光与暖色光拍摄效果

2. 摄像用光与造型

（1）光质与造型。光质是指光线聚、散、软、硬的性质。聚光的造型特点是来自一个明确的方向，产生的阴影明晰而浓重；散光的造型特点是来自若干个方向，产生的阴影柔和而不明晰。光的软硬程度取决于若干因素，光束狭窄的比光束宽广的通常要硬一些。

（2）光位与造型。光位是指光源相对于拍摄对象的位置，即光线的方向与角度。同一拍摄对象在不同的光位下，达到不同的造型效果。摄像中的光位千变万化，归纳起来主要有正面光、前侧光、侧光、侧逆光、逆光、顶光与脚光 7 种。

（3）光型与造型。光型是指各种光线在拍摄时发挥的作用。

（4）光色与造型。光色是指光的颜色或者色光成分。光色无论是在表达上还是在技术上都是非常重要的。光色决定了光的冷暖感，引起许多感情上的联想。光色对造型的意义主要表现在彩色摄像中。

（5）光比与造型。光比是指拍摄对象主要部位的亮部与暗部的受光量差别，通常是主光与辅光的差别。光比大，反差就大，有利于达到硬的效果；光比小，反差就小，有利于达到柔的效果。

3. 摄像用光的方法

（1）自然光的运用。在摄像中，用自然光好于人工光。一天之中，太阳光照射的强度和角度是不一样的。早上的太阳光太弱、太暗不适合拍摄；中午的太阳光太亮，容易造成曝光过度；甚至因为光线太强烈、气温太高，影响拍摄对象的状态。运用自然光拍摄的缺点是容易受外界因素影响，光线不稳定。例如，因为太阳逐渐落下，拍摄的位置一直改变。

（2）人工光的运用。越来越多的研究表明，文艺复兴以来的许多绘画创作都在不同程度上借助了光学仪器。艺术离不开科学技术的辅助。想要创作优质的视频内容，需要借助人工光。视频拍摄中运用人工光如图4-37所示。

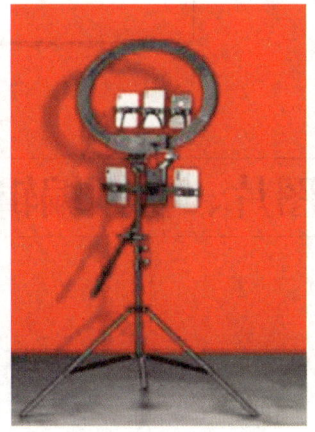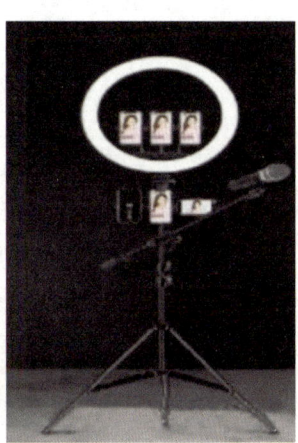

图4-37　视频拍摄中运用人工光

（3）三点布光法（见图4-38）。三点布光法是指照明灯具被放在视频拍摄场景特定的3个不同的工作位。

1）主光。主光通常是视频拍摄场景主要照明的提供者。主光灯可以放在拍摄对象周围的任何地方，不过通常放在光轴45°的位置，并处于拍摄对象的头部以上。

2）辅光。辅光是一种用于控制反差的光源。辅光的作用是填充由明亮的主光造成的阴影。辅光灯通常放在光轴45°的位置，主光灯的对称位置。

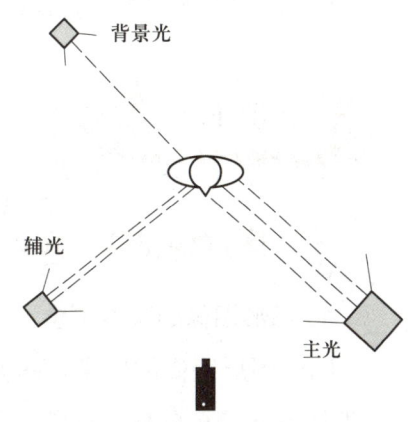

图4-38　三点布光法示意图

3）背景光。背景光是在拍摄对象的背后、勾勒轮廓或达到光环效果的光。它位于拍摄对象的后面（在视频拍摄场景中处于摄像设备镜头的反方向），背景光用于把拍摄对象从背景中分离出来，并在画面中增加深度的感觉。

培训项目 3 图片、视频编辑制作基础知识

培训单元　图片、视频编辑及常用软件介绍

1. 图片编辑基础知识及常用软件介绍。
2. 视频编辑基础知识及常用软件介绍。

一、图片编辑基础知识及常用软件介绍

1. 图形图像的基本概念

（1）图形图像的定义。图像是人类视觉的基础，是自然景物的客观反映，是人类认识世界和自身的重要源泉。图是指物体反射或透射光的分布，像是指人的视觉系统所接受的图在人脑中形成的印象或认识。

图形是根据客观事物制作的，不是客观存在的；图像可以通过摄影、扫描、摄像得到，也可以通过绘制得到。

（2）图形图像的常用概念

1）像素。简单地说，像素就是CCD/CMOS图像传感器上感光元件的数

量。一个感光元件经过感光、光电信号转换、A/D（模/数）转换等步骤以后，在输出的照片上形成一个点。如果把图像放大，会发现连续色调其实是由许多色彩相近的小方点组成的，这些小方点就是构成图像的最小单位——像素（pixel）。

2）分辨率。分辨率是指在单位长度中包含的像素数。和像素一样，分辨率也分为很多种，其中最常见的是影像分辨率。数码相机拍摄照片的最大分辨率，指的就是影像分辨率，单位是 ppi（pixel per inch）。打印分辨率也是常见的分辨率，顾名思义，是指打印机或者冲印设备的输出分辨率，单位是 dpi（dot per inch）。显示分辨率，是指显示器显示图像的分辨率。

3）画质。画质即图像质量，是指由输入和输出成像系统的设置和属性决定的，在特定观看条件下的图像感知质量，并且最终影响个人对图像的价值判断。

影响画质的因素很多，主要包括摄影设备的稳定性、感光度、质量，镜头质量等。

2. 图片分类

（1）矢量图（见图 4-39）。矢量图是根据几何特性绘制的。矢量图的元素是一些点、直线、弧线等。矢量图常用于框架结构的图形处理，如在计算机辅助设计（CAD）系统中，常用矢量图来描述十分复杂的几何图形。将矢量图任意放大或者缩小后，依旧清晰。

图 4-39 矢量图（图形）示例

（2）位图（见图 4-40）。图像是位图，所包含的信息是用像素来度量的。就像细胞是构成人体的最小单位一样，像素是构成图像的最小单位。对图像的描述与分辨率、色彩位数有关，分辨率、色彩位数越高，占用存储空间越大，图像越清晰。

图 4-40 位图（图像）示例

3. 图片编辑软件 Adobe Photoshop 介绍

Adobe Photoshop（简称 Photoshop）主要应用在平面设计、修复照片、广告摄影、影像创意、艺术字制作、网页制作、建筑效果图后期修饰、绘画、绘制或处理三维图片、婚纱照片设计、视觉创意、图标制作、界面设计、影视后期等。Photoshop 有以下基本功能。

（1）图片编辑。图片编辑是图片处理的基础，可以对图片做各种变换，如放大、缩小、旋转、倾斜、镜像等，也可以复制、去除斑点、修补、修饰图片的残损等。

（2）图片合成。图片合成是指将几幅图片通过图层操作、工具应用，合成完整的、传达明确意义的图片。Photoshop 提供的绘图工具让图片与创意很好地融合起来。

（3）校色调色。校色调色可以方便快捷地调整和校正图片的明暗、偏色，也可以在不同颜色模式之间转换，以适应图片在不同领域，如网页设计、印刷、多媒体等方面的应用。

（4）特效制作。特效制作主要由滤镜、通道及工具综合应用完成，包括图片的特效创意和特效字的制作，如油画、浮雕、石膏、素描等常用的美术效果都可以由 Photoshop 完成。

4. 常用图片编辑软件介绍

（1）光影魔术手（见图 4-41）。光影魔术手是一款针对图片画质进行改善、提升及效果处理的软件。光影魔术手简单、易用，不需要任何专业的图片技术，就可以达到专业摄影的效果。光影魔术手有许多独特功能，如反转片效果、黑白效果、数码补光、冲版排版等，且批量处理功能非常强大，是图片后期处理、快速美化、打印整理必备的图片编辑软件，能够满足大部分图片编辑的需要。

（2）美图秀秀（见图 4-42）。美图秀秀是厦门美图科技有限公司研发、推出的一款免费图片编辑 App。

培训模块四　多媒体内容制作基础知识

图 4-41　光影魔术手界面

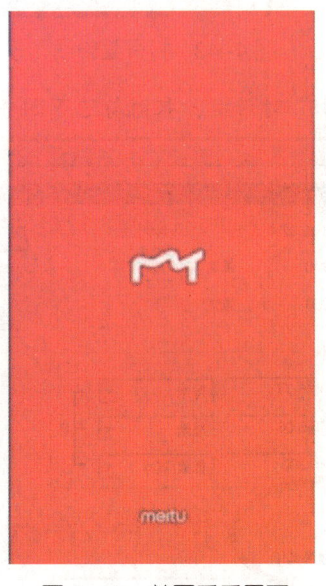

图 4-42　美图秀秀界面

 **相关链接**

用 Photoshop 设置图片分辨率

步骤1：打开一张图片，单击"图像"→"图像大小"（见图4-43）。

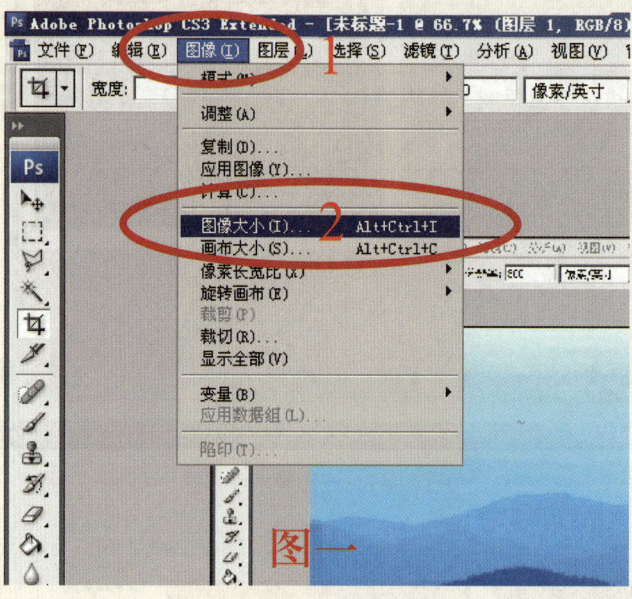

图4-43　打开菜单项

步骤2：在"图像大小"对话框，取消勾选下面3个复选框（见图4-44）。

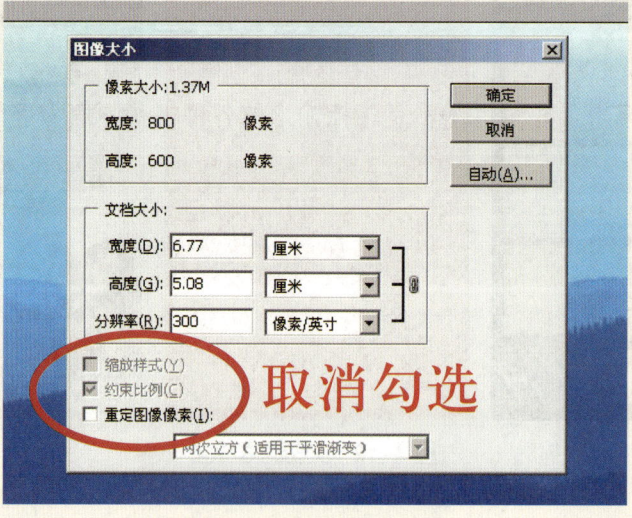

图4-44　取消勾选复选框

步骤3：设置分辨率为300或350（见图4-45）。

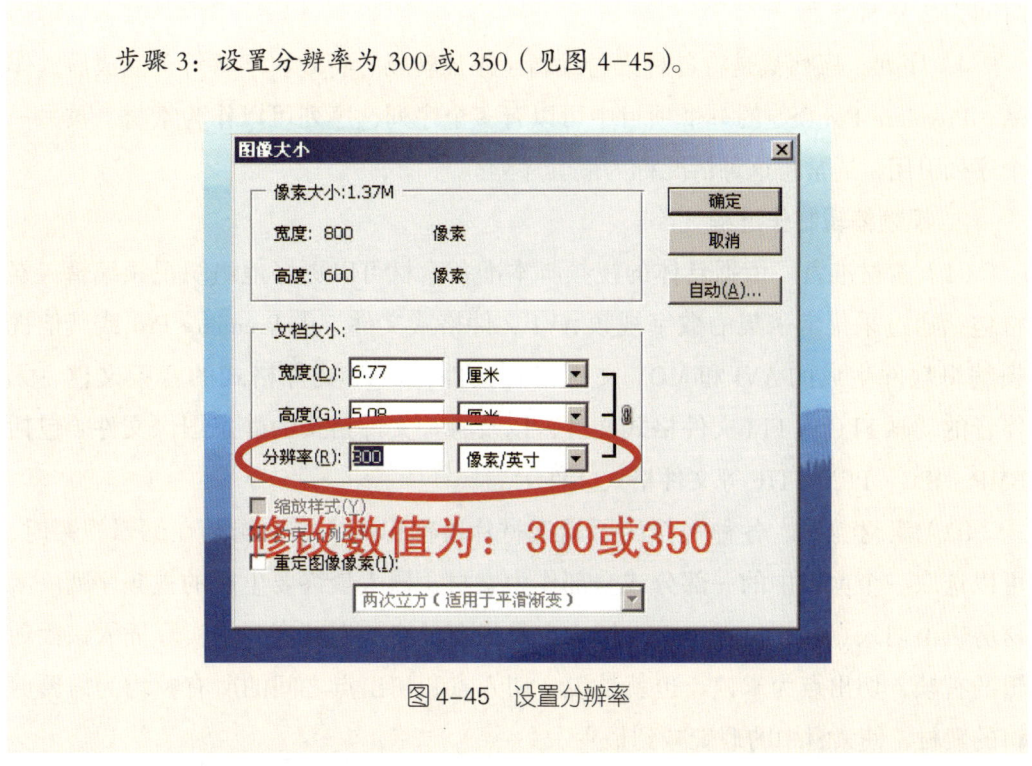

图4-45　设置分辨率

二、视频编辑基础知识及常用软件介绍

1. 视频编辑基础知识

（1）线性编辑与非线性编辑。

1）线性编辑。线性编辑是指一种需要按时间顺序编辑的视频制作方式，它依托的是以一维时间轴为基础的线性记录载体，如磁带编辑系统。

2）非线性编辑。非线性编辑是指把输入的各种视音频信号进行A/D（模/数）转换，采用数字压缩技术存入计算机硬盘。

（2）非线性编辑的常用术语

1）项目。制作视频的第一步是创建项目。

2）像素纵横比。像素纵横比是指一个像素的宽度与高度之比。帧纵横比是指一帧图像的宽度和高度之比。

3）时间码。在视频编辑中，通常用时间码来识别和记录视频数据流中的每一帧。从一段视频的起始帧到终止帧，每一帧都有一个唯一的时间码地址。根据电影与电视工程师学会（SMPTE）制定的时间码标准，格式为时：分：秒：帧，用来描述视频播放的时间。若时基设定为每秒30帧，00：02：50：15表示视频播放时间为 2 分 50.5 秒。

4）序列。序列就是将各种素材编辑（添加转场、特效、字幕等）完成后的作品。Premiere Pro CS5 的一个项目中可以有多个序列，序列可以作为素材，被另一个序列引用，通常将这种情况称为嵌套序列。

2. 视频编辑制作过程

（1）素材准备。依据具体的视频脚本准备素材可以更好地组织视频编辑。素材包括通过采集卡采集的数字视频 AVI 文件格式文件、由 Premiere Pro 或其他视频编辑软件生成的 AVI 和 MOV 文件格式文件、WAV 文件格式的音频文件、无伴音的动画 FLC 或 FLI 文件格式文件，以及各种文件格式的静态图像文件（包括 BMP、JPG、PCX、TIF 等文件格式文件）。

（2）素材剪辑。各种视频的原始素材片段都称为一个剪辑。在编辑视频时，可以选取一个剪辑中的一部分或全部作为素材，导入最终要生成的视频序列。素材剪辑由切入点和切出点定义。切入点是指在最终的视频序列中实际插入该段剪辑的首帧，切出点为末帧。也就是说，切入点和切出点之间的所有帧均为需要剪辑的素材，使素材中的瑕疵减到最少。

（3）画面编辑。运用视频编辑软件的各种剪切、编辑功能，对各个片段进行剪切、编辑等操作，完成画面编辑。目的是将画面编辑得更加通顺合理。

（4）特效处理。添加各种过渡特效，使画面编辑以及画面的效果更加符合人的观察规律，并进行完善。

（5）字幕制作。在制作电视节目、新闻或采访的视频片段时，必须添加字幕，以更明确地表达画面的内容，使对话内容更加清晰。

（6）视频生成。对编排好的各种剪辑和过渡效果等进行最后的处理称为编译，只有经过编译，才能最终生成视频。生成的视频可以自动地放置在一个剪辑窗口中播放。生成的视频不仅可以在编辑机上播放，还可以在任何装有播放器的计算机上播放。生成的视频一般为 AVI 文件格式。

3. 视频编辑制作技巧

（1）蒙太奇。蒙太奇是法文 montage 的译音，意为文学、音乐与美术的组合体，原本属于建筑学用语，用来表现装配和安装等。后来，影视理论家将蒙太奇引申至影视艺术领域，用于指代剪辑、组接影视作品等创作方法。蒙太奇就是根据电影所要表达的内容，将一部电影分别拍摄成许多镜头，然后按照原定的构思组接起来。在镜头组接过程中，蒙太奇具有叙事和表意两大功能。

[案例 4-1]

> 把以下 A、B、C 3 个镜头，按不同的次序组接起来，就会表达不同的内容与意义。
>
> A：一个人在笑。
>
> B：一把手枪指着同一个人。
>
> C：同一个人脸上露出惊惧的表情。
>
> 如果按 A→B→C 的次序组接，会使观众感到这个人是一个懦夫、胆小鬼。如果按 C→B→A 的次序组接，给观众的感觉就完全不同：这个人的脸上露出了惊惧的表情，是因为有一把手枪指着他；可是，他考虑了一下，觉得没有什么了不起；于是，他笑了——在死亡面前笑了。因此，会使观众感到这个人是一个勇敢的人。

（2）长镜头。长镜头是指较长时间、连续不间断地表现一个运动的画面，保持运动画面的整体性，实际上就是长时间拍摄的、不切割空间的、保持时空完整性的一个镜头。长镜头在同一画面中保持了空间和时间的连续性、统一性，给观众亲切感、真实感，在节奏上比较缓慢，故抒情气氛比较浓。

长镜头（镜头—段落）保证事件的时间进程受到尊重，景深镜头能够让观众看到现实空间的全貌和事物的实际联系。连续性拍摄的镜头—段落体现了视频的叙事原则，摒弃了戏剧的严格符合因果逻辑的省略方法，再现现实事物的自然流程，因而更有真实感。

4. 常用的视频编辑软件介绍

（1）Adobe Premiere Pro。Adobe Premiere Pro，简称 Pr，是 Adobe 公司开发的一款视频编辑软件。Premiere Pro 是视频编辑爱好者和专业人士必不可少的视频编辑软件。它可以提升创作能力和创作自由度，是易学的、高效的、精确的视频编辑软件。Premiere Pro 提供了采集、编辑、调色、美化音频、字幕添加、输出、DVD 刻录的一整套流程。Premiere Pro 有较好的兼容性，且可以与 Adobe 公司的其他软件相互协作。Premiere Pro 广泛应用于广告制作和视频制作中。

（2）爱剪辑。爱剪辑是一款简易且全能的视频编辑软件，以适合国内用户使用习惯与功能需求为出发点进行设计。它支持多个视频合并编辑，支持多种视频文件格式，且在创作过程中无须编码。

作为一款免费视频编辑软件，爱剪辑创新的人性化界面使用户能够快速上手，无须花费大量的时间学习。爱剪辑较高的启动速度、运行速度也使视频编辑更加快速、得心应手。

爱剪辑支持多种视频及音频文件格式，内置影院级的文字特效，有多达上百种专业风格效果，囊括各种动态或静态特效技术，以及画面修复与调整方案。在操作界面中，单击任意效果即可轻松将其添加到项目中。其大量高质量 3D 的和其他专业的切换特效使视频更具动感且与众不同（见图 4-46）。爱剪辑独创的 MTV 歌词字幕同步功能，可以根据背景音乐，动态显示歌词，并且每行歌词配有动感十足的字幕特效。爱剪辑没有时间线和轨道，用户不需要理解各种专业的术语，操作界面直观易懂，操作非常简单。

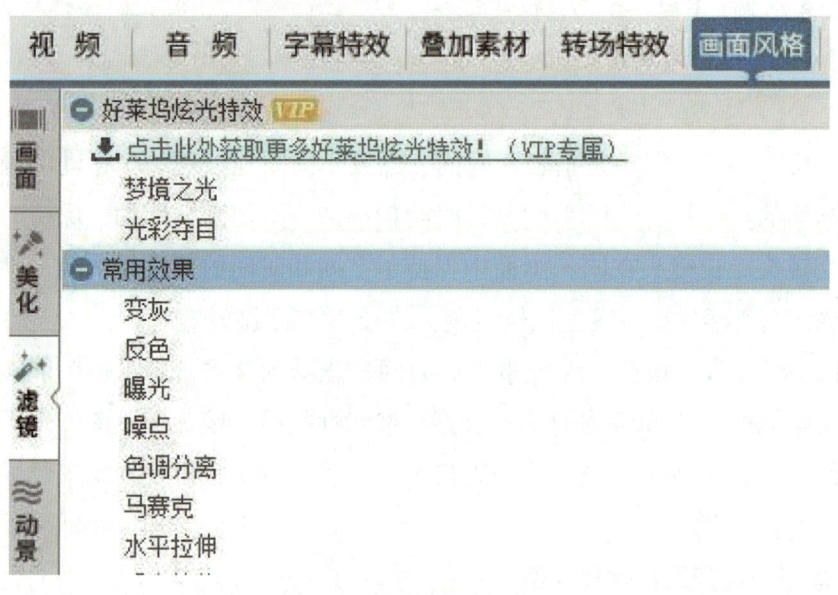

图 4-46　爱剪辑操作界面

（3）会声会影（VideoStudio）（见图 4-47）。会声会影是 Corel 公司开发的一款功能强大的视频编辑软件。会声会影具有图像抓取和编辑功能，可以抓取和转换 MV、DV、V8、TV 画面，实时记录抓取画面文件，并提供超过 100 种的编辑功能与效果，可以导出多种常见的视频文件格式，甚至可以直接制作 DVD 和 VCD 光盘。

会声会影提供从拍摄到分享完整的视频编辑解决方案。会声会影适合普通用户使用，操作简单，操作界面简洁明快。会声会影具有批量转换功能与捕获格式完整的特点，以简单易用、功能丰富赢得了良好的口碑，在国内的普及度较高。

图 4-47 会声会影操作界面

（4）快剪辑。快剪辑是 360 公司推出的视频编辑软件。作为一款功能齐全、操作简单、可以在线边看边编辑的视频编辑软件，快剪辑大大降低了视频制作门槛，提高了视频制作的效率，可以简单快速完成并分享自己的视频作品。

5. 常用的视频编辑软件介绍

（1）剪映（见图 4-48）。剪映是抖音推出的视频编辑 App，可以用于短视频的编辑制作与发布。剪映的功能全面，支持变速、有多种滤镜效果，有丰富的曲库资源、模板，专业的视频编辑工具（如画中画、蒙版、踩点、去水印、特效制作、倒放、变速等），以及大量专业的风格滤镜、视频特效、精选贴纸，使用户制作的视频更有趣、更专业。

剪映的特点是编辑功能齐全，有多种特效和转场，在众多视频编辑 App 中达到了专业级别。剪映拥有抖音专属曲库，可以将抖音上的热门背景音乐一键应用到编辑的视频。当视频编辑完成后，能够一键发布到抖音短视频平台和西瓜视频平台。

（2）快影。快影是北京快手科技有限公司旗下的一款简单易用的视频拍摄、编辑和制作 App。快影提供强大的视频编辑功能，丰富的音乐库、音效库和新式封面，在手机上就能轻松完成视频编辑和视频创作，制作令人惊艳的趣味视频。快影适合制作搞笑、游戏和美食等视频，特别适合制作 30 s 以上的视频。

图 4-48 剪映界面

培训模块 五
新媒体应用知识

培训项目 1　视听语言表达基础知识

培训单元 1　视听语言基础知识

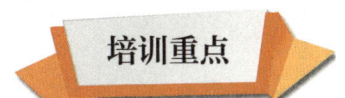

视听语言的定义和基本结构。

一、视听语言的定义

视听语言是指利用视听刺激的合理安排向受众传播某种信息的一种感性语言，包括影像、声音等内容。既然是语言就必然有语法，就是人们熟知的各种镜头调度的方法和各种音乐运用的技巧。这些方法和技巧来自人们长期的视觉和听觉实践，完全符合受众的欣赏习惯。视听语言是电影的艺术手段，同时也是大众传播媒体中的一种符号编码系统。作为一种独特的艺术形态，视听语言的主要内容包括镜头、镜头的拍摄、镜头的组接和声画关系。

二、视听语言的基本结构

视听语言的构成要素可以分为视觉要素、听觉要素、兼具视觉要素与听觉要素的综合要素。视觉要素包括色彩光线、画面构图、画面景别、镜头运动等。听觉要素是指配合视觉要素进行表达的各种人声说白、背景音乐、特殊音效等，也可以称为声音音效。综合要素是指综合利用视觉要素和听觉要素的表达方式，一般可以直接理解为影像作品的剪辑方式。如果说视觉要素和听觉要素是视听语言的语音和词汇，那么剪辑方式就是视听语言的语法。

培训单元2　视听语言构成及剪辑技术应用

1. 视觉语言的构成。
2. 听觉语言的构成。
3. 剪辑技术的应用。

一、视觉语言的构成

1. 人景物的构成

（1）人的构成。人是指在镜头中的视觉主体。在大部分镜头中，优先拍摄的对象都是人，即人物。人的视觉第一性的特质是现实赋予的，来自生活经验，并受其他艺术形式影响。

人的构成要素包括相貌，衣着，构成心理表象的动作、姿态，以及用来叙事的角色对白。

作为人物的表现形式，脸是第一主体，是角色形象塑造最重要的方式。一个人的性格、心理、经历都集中在脸上，每张脸都是一个故事。手是第二主体，包括形体动作、形体语言和手势等。性格、气质不容易改变，肢体语言却千变万化。

（2）景的构成。景是故事发生的环境，在视频中的景为角色行动提供环境与指导。按照不同的分类方式，景可以分为内景和外景、人工景和自然景。

1）按照所处环境分类。按照所处环境，景可以分为内景和外景。

①内景是指在摄影棚内搭建的景。内景不受天气、季节等自然条件的限制和

影响，较易于创造所需的环境气氛和视觉效果。内景耗资大，制作费时，某些内景容易显露人工痕迹，缺乏真实感。

②外景是指在摄影棚外的景，包括自然环境、生活环境等，以及在摄影棚外搭建的室内景。外景真实、自然，具有浓厚的生活气息，有利于表现地方特色或民族特色。一般根据情节的需要事先选定外景，并可以按照创作者的意图对外景做一定的加工，使之具有典型特征和时代气息。

2）按照来源分类。按照来源，景可以分为人工景和自然景。

①人工景是指人类活动直接建造的景，完全不同于自然景。人工景并不只存在于内景中，也同样存在于外景中，如公园中的亭台楼阁等。

②自然景是指在自然环境下，非人工形成的景，包括山川、日月、湖泊等。景的作用体现在以下方面。

a. 当作为画面可视性的主体时，景具有可视性及其内在的含义。

b. 当作为视觉画面表达工具时，景对情节发展发挥烘托、对应、暗示、互补或伏笔等作用。

c. 景对环境视觉化的营造发挥渲染的作用，创造一种意境，营造现实化、心理化、情绪化的环境。

（3）物的构成。物是物件细节，即道具。道具应力求真实，有的就是生活中的日常用具。在视频中，按照用途道具可以分为戏用道具、陈设道具、气氛道具等。与角色发生直接关系的道具称为戏用道具；在环境中摆放的道具称为陈设道具；为增强环境气氛，说明故事发生的时间、地点等特定情景的道具称为气氛道具；说明故事情节连续性的道具，称为连戏道具。

按照习惯和体积，道具分为大、中、小三类。飞机、大炮、汽车、军舰等不便移动的道具称为大道具，是空间的组成部分；桌椅、箱柜、自行车等称为中道具；角色手中拿的、身上带的称为小道具，也称为手头道具，如烟嘴、纸牌等。道具往往能直接反映故事发生的地区、年代、环境，以及角色所属的阶层、生活习惯等。

2. 画面与构图

（1）画面构图。画面构图通常是指画面的内容构成与布局，具体包括对物体空间关系、拍摄对象与环境、拍摄对象与背景以及画面给观众总的视觉感受等方面的处理。构图往往根据主题要求，在画面之内对拍摄对象做出的、有意识的安排，以体现创作者的意图。

（2）景框与景别

1）景框的定义。景框也称画框，原是美术创作中使用的名词。简单来说，是指用木条或者线条包围的、一个封闭的四边框，用来把绘画的空间与绘画以外的空间分隔开，并且相互区别。视频的影像也是在一个四边框中呈现，大致相当于镜头的取景框。拍摄对象进入景框，也就是俗话说的"闯入镜头"，称为入画；相反，拍摄对象出景框就称为出画。景框是影像构成的基本元素。

2）景框的位置与象征意义。景框中的特定位置都有象征意义。换句话说，将拍摄对象放在景框中的某个部分，即代表创作者对拍摄对象的评价。一般来说，景框分中央、上部、下部、边缘几个部分，每个部分都有隐喻和象征意义。

景框的中央是视觉上最重要的部分，也是一般认为的注意焦点。观众在视觉上，会期待中央是视线焦点。拍摄对象在景框中央不会干扰观众，使观众能够专注于拍摄对象。景框的上部往往象征了权力、权威和精神信仰。在这个部分的拍摄对象，似乎控制了下部，如王公贵族或社会名流。将拍摄对象放在景框的上部也常用于拍摄皇宫或高山，展现地位和气势。景框的下部代表服从、脆弱、无力。在这个部分的拍摄对象都弱于在景框上部的拍摄对象。而且靠景框外的黑暗太近，也具有危险的含义。景框边缘的部分都不太重要，因为离中央太远。许多创作者用黑暗象征缺失光明，也与未知的、未见的、可怕的意象相关。

3）景别的定义。景别是指拍摄对象和画面形象在框架结构中所呈现的范围大小。景别分为远景、全景、中景、近景、特写。不同的景别会形成不同的视觉刺激和反应，达到不同的艺术效果。

4）景别的类型

①远景。远景是视距最远的景别，是指用摄像机拍摄远距离景物和人物的广阔场面的画面。远景用大广角镜头拍摄，或把变焦镜头的视角拉到最全、最远处。远景画面能使观众看到广阔深远的景象，以展示人物活动的空间背景、环境气氛，以及场面气氛。远景画面包括的空间大、景物层次多，能描绘环境的全貌，营造深远的意境，表现宏伟的场面和惊人的整体气势。

②全景。全景是指向观众展示拍摄对象全貌的画面，如人物全景、建筑物全景、会场全景、体育馆全景、舞台全景等。全景画面能使观众看到人物的全身动作及部分环境。全景的范围取决于拍摄现场的面积，拍摄对象的体积、动作幅度。

③中景。中景是指用摄像机拍摄人物膝盖以上部分的画面。中景画面使拍摄对象的形象显得比较高大和清晰，是在视频中较多使用的一种景别。中景画面能

使观众看清楚人物大半身的形体动作，给人物自由活动的空间，又不会与周围气氛、环境脱节。

④近景。近景是指用摄像机拍摄人物的上半身或某一部分形象的画面。近景画面能使观众看清楚人物的面部表情或最有代表性的部分，以及形体动作。有时也可以用近景拍摄景物的某一部分。拍摄人物腰部以上的画面称为中近景。近景画面能使拍摄对象鲜明突出，显示人物的音容笑貌和动作，达到醒目的、传神的艺术效果。

⑤特写。特写是指在极近距离拍摄的画面。在视频中，拍摄人物的面部、眼睛或一个小局部，物体细部的镜头，都属于特写。特写的取景范围一般是人物的双肩以上部位，或把要强调的、放大的神情、对象、景物占满画面。特写的表现力极为丰富，艺术感染力特别强烈和动人心弦，可以塑造鲜明的、生动的、强烈的、清晰的视觉形象，达到突出与强调的、具有冲击力和爆发力的艺术效果。

3. 光线与色彩的运用

（1）光线与色彩的基础知识。光线与色彩是视觉艺术表达的重要元素。光线是成像的基本原理，是一切形象存在的基础条件。

色彩是一切拍摄对象的外因，与光线密不可分。若光线不同，拍摄对象的色彩就会发生变化。色彩是不同波长的光线照射到人眼中产生的感觉，与人的心理有很大关系。通过对不同色彩的色相、纯度和明度的运用和搭配，往往能产生不同的心理感受和达到不同的视觉效果。有时色彩还有特定的象征意义。例如，色彩的纯度过低会有昏暗之感，纯度高则有艳丽之感，纯度过高则导致画面失真；绿色可以代表生命、生机，白色可以代表纯洁，红色可以代表热情、喜悦、庆典等。

（2）光线的特性与应用。光线的特性包括亮度，对比度，方向、颜色、质感和光型，以下主要介绍亮度和对比度。

1）亮度。亮度是指光线的强度。亮度对于拍摄对象的造型作用有很大的不同。亮度高的光线的造型能力强，使拍摄对象显得明亮、反差大、色彩鲜艳。在亮度低的光线下，拍摄对象在造型表现上，有灰暗、反差小、色彩柔和、质感细腻的特点。亮度不同，给人的感觉也有明显的差别。明亮的光线能给人明朗的和振奋的感觉；暗淡的光线会给人忧郁的、宁静的和神秘的感觉。

2）对比度。对比度是指画面最亮和最暗部分之间的亮度差，即强光区域和阴影区域之间的对比度。直射光照射到一个拍摄对象上，就产生了强光区域、中间区域和阴影区域。强光区域是拍摄对象直接受光的部分，亮度高，无法表现拍摄对象的细节、纹理及色彩，但是能够吸引观众的注意。阴影区域是拍摄对象的背光部分，亮度较低，由于与强光区域处在同一画面中，显得较暗，也无法表现拍摄对象的纹理及色彩。处于两者之间的是中间区域，面积较大，亮度正常，拍摄对象的纹理及色彩表现比较丰富。

晴天的直射光的对比度比较高，阴影区域的界限非常清晰明显。阴天的散射光的对比度比较低，阴影区域不再清晰可见。对比度只是影响画质的因素之一，拍摄对象的构成、色彩等也是影响画质的因素。对比度高的画面很醒目，对比度低的画面则平淡而优雅。在后期处理中可以调整对比度。对比度越大，明暗、色彩反差就越大，对比度越小，明暗、色彩反差就越小，可以根据画面所表达的内容适当地调整对比度。

（3）色彩三要素。色彩三要素即色相、纯度和明度。人眼看到的任意彩色光都是这3个要素的综合效果。色彩是物体上的物理性的光反射到人眼视神经上所产生的感觉。色彩的不同是由光线的波长（或频率）所决定的。

1）色相。色相是指不同波长色彩的情况。波长最长的是红色，最短的是紫色。把红、橙、黄、绿、蓝、紫和处在它们之间的红橙、黄橙、黄绿、蓝绿、蓝紫、红紫6种中间色，共计12种色彩作为色相环。

2）纯度。纯度是指色彩的鲜艳或鲜明的程度。纯度由于色相的不同而不同，即使是相同的色相，因明度的不同，纯度也会随之变化。

3）明度。明度是指色彩所具有的亮度和暗度。黑色的明度为0，最暗，白色的明度为10，最亮。明度在0~10等间隔排列，分为9个阶段。

（4）色彩运用的基本原则。色彩运用实际上就是色彩组合。色彩组合离不开色彩对比和色彩调和。绝对的色彩对比会产生极大的刺激，绝对的色彩调和会显得乏味。只有协调的色彩运用，才能呈现充满生机和美感的画面。

1）色彩对比。色彩对比是色彩本身受到其他色彩的影响而产生的、与单独看时不一样的现象。色彩三要素的色相、纯度和明度均有对比现象。在色彩的知觉反应中，还有同时对比和连续对比。

①同时对比。同时对比是指当2种色彩被放在一起的时候，都会将对方推向自己的补色。当黄色与蓝色、红色与绿色在画面上同时出现时，黄色显得更黄，蓝色显得更蓝，红色显得更红，绿色显得更绿。这种现象称为同时对比，也称为视觉的同时性效果。在运用色彩时，必须考虑相邻色彩的色相、纯度和明度的对比关系，只有这样，才能有效地控制色彩的运用效果。

②连续对比。连续对比是指按照时间顺序依次观察不同亮度或不同色彩时达

到的视觉区别效果，是视觉残像和适应现象造成的。按照连续对比的规律，前一幅画面色彩的补色会影响后一幅画面。如果色彩搭配不当，即便每一个画面都很漂亮，整体效果也不会理想。连续对比的运用效果：先见的色彩影响后见的色彩，纯度高的色彩比纯度低的色彩影响力强；如果前后2种色彩为补色时，则会增加后一种色彩的纯度。

③色相对比。色相对比是指色相差别形成的色彩对比。色相对比的强与弱，是由对比的2种色彩在色相环上的距离决定的。在色相对比中，具有强烈效果的是互补的色彩对比。如果不考虑其他因素，仅从色相对比的角度看，为了用背景烘托拍摄对象，可以配置一对补色，拍摄对象因此更加鲜艳突出。

④明度对比。明度对比是指色彩的明暗差异形成的色彩对比。在色彩三要素中，明度对比的特点最明显，也最实用。不同明度的色彩出现在同一画面中时，面积小的色彩明度会受面积大的色彩明度影响。2种色彩在画面上的面积接近时，若两者明度不同，则2种色彩都会显得明亮。因此，背景色彩的明度应比拍摄对象色彩明度低一些，以保证拍摄对象在画面上显得突出、鲜明。

⑤纯度对比。纯度对比是指不同纯度的色彩组合形成的色彩对比。在色彩运用时，将纯度对比加大，以纯度低的色彩衬托纯度高的色彩，保证纯度最高的色彩成为视觉中心。例如，纯正蓝色的字幕在浅蓝色的背景下会格外醒目。色彩纯度的高低，取决于不同光线的照射。只有在扩散的、柔和的光线下，才会产生高纯度的色彩；在强光下，色彩的亮度会相对下降，纯度也会降低；在阴影中，色彩会变暗，纯度也会降低。

2）色彩调和。一般而言，色彩不是单独存在的。当人们观察某一色彩时，必然受到周围其他色彩的影响。2种或2种以上的色彩有秩序地、协调地组合在一起，使人产生愉快的、满足的感觉就称为色彩调和。根据色彩运用效果的不同，将色彩调和分为类似调和与对比调和。

①类似调和。类似调和强调色彩三要素的一致性，追求色彩关系的统一感。在色相、纯度和明度三要素中，有1个要素或者2个要素相同（或近似），只是变化其他2个要素或1个要素，就构成了类似调和的画面。2个要素相同的类似调和，比1个要素相同的类似调和更具有一致性，统一感更强，特别是色相和明度相同的类似调和，画面色彩近乎单调。这时只有加大纯度差才能增强色彩调和的感觉。在一般情况下，类似调和提倡运用同种色彩、类似色彩或者低纯度的色彩，因为这些色彩搭配在一起时，对比不明显、不刺眼，整幅画面显得

十分和谐统一。

②对比调和。在对比调和中，色相、纯度和明度三要素部分或全部处于对比状态。为了使对比色柔化或有序化，在对比色之间增加一些过渡，使突变转化为有序的渐变，从而达到调和的目的。通常运用以下过渡方法。

a. 在对比色之间，加入相应的色彩等差或等比的渐变序列。

b. 在对比色中，各加入一些过渡色，使2种色彩平缓地过渡。

c. 在2块对比色中，分别加入一小块对比色，或者在2块对比色相邻处加入同一种过渡色，使视觉得到缓冲，加强有序与和谐的感觉。

3）美化画面。多媒体系统的显示画面主要由前景和背景构成，前景是指标题、文字和图片，背景是指由单色、过渡色或图片构成的大面积背景画面。协调前景和背景的色彩搭配，是保证画面美感的关键。

①正式的、严肃的场合，如国际会议、教育教学、科学技术讲座等。文字运用明度高的色彩，如白色、亮黄色等；背景运用明度低的色彩，并以冷色为主，如黑色、深蓝色、暗紫色、暗绿色等。如果背景采用图片，应事先经过处理，使其整体色彩符合背景的要求。这种配色对突出主题很有帮助，即使长时间观看，眼睛也不易疲劳，视觉效果舒适。

②气氛活跃的场合，如文娱活动、广告宣传以及产品介绍等。前景要富于变化，如文字的字体、字号、色彩以及排列方式等方面的变化。图片要有新意，内容与表现的主题相符。背景的明度和纯度要与前景协调。

③喜庆的场合，如婚礼、各种盛事、电影发布等。色彩运用以鲜艳、热烈为主。例如，我国民间喜庆的色彩多为红色，用以表现热烈的气氛。喜庆的场合通常运用色相清晰、纯度高、明度高的配色方案。

④温馨的、沉静的场合，如以关爱、爱情、沉思、探讨人生等为主题的场合。适宜运用淡雅的色彩渲染气氛，通常运用明度适中的粉红色和淡蓝色为背景，明度高的文字为前景的配色方案。

二、听觉语言的构成

1. 声音的构成要素

在视频中，听觉语言表现为声音，声音是由语言、音响和音乐三要素构成的。

（1）语言。语言包括对白、旁白、解说、独白和内心独白。

1）对白。对白是人物的对话，是最直接和明确的一种交流方式。对白是最常见的和重要的信息传递或艺术表现形式，发挥传递事件信息，塑造人物性格，表现思想主题的作用。

2）旁白。旁白通常以画外音的形式出现，呈现为第三人称叙述或以剧中人物第一人称叙述的语言形态。旁白包括：叙事性旁白，是指非事件空间中的人物对事件所做的评价和解释；表现性旁白，是指事件空间中的人物旁白，主要发挥写意、抒情等作用。

3）解说。解说是对画面内容的解释和说明。不同的音色、音调、语速、节奏，都可能表现不同的内容。解说在配合画面、传递信息、塑造形象、渲染气氛、抒发情感、介绍知识、组接画面等方面发挥重要作用。

4）独白和内心独白。独白和内心独白是表达和抒发人物内心感受的有效方法。独白是人物的自言自语，内心独白是人物没有张嘴说话，但出现了人物的声音。与通常的视觉化心理刻画方式比较，独白对展示人物心理有自己的特色和优势：一方面声音本身具有穿透力；另一方面语言与画面组合会产生心理冲击力。

（2）音响。在视频中，除了语言、音乐的所有声音统称为音响。具体包括以下形式。

1）动作音响。动作音响即人或动物动作产生的声音，如走路声、开门声、关门声、打斗声、奔跑声等。总之，由于动作产生的各种声音均属于动作音响。

2）自然音响。自然音响即自然界中除了人类产生的各种声音，如风雨雷电、山崩海啸、地震、鸟鸣虫叫的声音等。电影《英雄》中的雨声，经过技术处理和艺术加工，体现了诗意的美感。

3）背景音响。背景音响即人群的杂音，如集市上的喧闹声、音乐会上的鼓掌声、大街上的叫卖声、各种群众场面的喊叫声和有节奏的行军走路声等。

4）机械音响。机械音响即各种机械运动产生的声音，如火车的汽笛声、车轮的转动声，以及汽车、轮船、飞机的马达声、刹车声，还有电话铃声或钟表的滴答声等。

5）枪炮音响。枪炮音响即各种武器产生的声音，如机枪射击声、炮弹或手榴弹的爆炸声，以及子弹、炮弹飞行的呼啸声等。

6）特殊音响。特殊音响即人工制造的非常见性的音响。特殊音响主要用于神话、梦幻、鬼神、恐怖等特殊场合。

音响可以增强画面的真实感，打破景框，延伸画面，扩大视野，渲染烘托环境气氛，增强静态画面的动感。

（3）音乐

音乐是经过加工的，通过演奏、演唱才能够形成的声音。在视频中，要根据剧情确定音乐基调，即主题音乐。所谓主题音乐，就是贯穿视频的，体现视频总体内容情调、主题思想的乐曲。它是视频音乐的主旋律，也是评价视频音乐水准的主要依据。主题音乐包括主题歌和插曲。

2. 声画关系

（1）声画同步。声画同步也称声画合一，是指声音与画面协调一致。在大多数情况下，声音与画面基本处于同步状态，即声音是由画面中的人或物体、环境产生的，这样才显得真实自然。画面表现的主题、基调正是声音表现的主题、基调；声音展现的情绪、情调也与画面展现的情绪、情调保持一致。声画同步是在视频中最常用的处理方法，声音在其中的作用是烘托主题。在故事性较强的视频中，声音可以强化艺术效果，帮助画面烘托、渲染主题。例如，在电影《黄土地》《菊豆》《红高粱》中，具有西北风味的音乐使观众感受到了黄土高原的气息。电影《孔繁森》中主人公与边防战士同唱"你不扛枪我不扛枪，谁保卫咱祖国谁来保卫家"，对画面中的人物和情绪发挥烘托作用。

（2）声画分立。声画分立也称声画分离，是指画面中的声音和形象不吻合、不同步、互相剥离的蒙太奇技巧。声画分立意味着声音和画面摆脱了互相的制约，而具备了相对的独立性。它们通过分离的形式，在新的基础上求得和谐和统一。声画分立使视频突破了舞台剧的限制，为视频再现生活开拓了更加广阔的天地。声画分立可以有效地发挥声音主观化的作用，还能借此衔接画面、转换时空。它能够以同一种持续进行的声音为纽带，把一系列表现不同场景、不同内容的画面组接起来，构成蒙太奇段落。声画分立的直接结果是突出了声音的作用，使它从依附于形象的从属地位解放出来，成为独立的艺术元素。声画分立以分离的形式，加强了声音同画面形象的内在联系，使之更加富于感染力，从而丰富了视频的表现形式。在陈凯歌的电影《和你在一起》中有一个片段：小春在擦乐谱时，心中想着谱子上的音乐，与此同时一段悠扬的小提琴曲响起，这音乐像是从小春的心里和粘满灰尘的谱子里流淌出来的。这个片段告诉观众，小春领悟了老师教学方法的用意，并且在音乐造诣方面得到了提高。

（3）声画对位。声画对位是指画面与声音分离，按照各自的规律表达不同的内容，又在各自独立发展的基础上有机地结合起来，达到单独画面或单独声音不能达到的整体效果。声画对位是声音和画面组合关系的一种升华。它使声音和画面不再互为依附，而是分别表现同一事物，各自发挥作用，扩大了视频传播的容量，打破了画面的时空局限。

正是由于声音与画面的同步、分立、对位，形成一种对比和对照，从而用一种反差的方式更强有力地表达正面的意义、价值。例如，在电影《祝福》中，善良的祥林嫂被逼成亲时撞头寻死，兴奋欢快的结婚音乐和祥林嫂头破血流、痛不欲生的画面形成尖锐的对立，深刻地表现了旧时代女性的悲剧性。

三、剪辑技术的应用

1. 剪辑的概述

（1）剪辑的概念。剪辑是指将视频制作中所拍摄的大量素材，经过选择、取舍、分解与组接，最终完成一个连贯流畅的、含义明确的、主题鲜明的并有艺术感染力的作品。从美国导演格里菲思开始，采用了分镜头拍摄的方法，然后把这些镜头组接起来，产生了剪辑艺术。剪辑既是视频创作过程中一项必不可少的工作，也是视频创作过程中的再创作。

剪辑手法可以理解为用来实现某种特殊表达目的的剪辑方式，一般包括以下内容：镜头之间的组接、若干素材场面剪辑、视频整体剪辑、画面素材与音频素材的协同剪辑。合理地利用剪辑手法，也可以达到不同的表达目的。例如，对素材的剪接，可以使素材串接承载特定意义的片段，进而突出或强化主体的特征。镜头组接时，可以运用叠化、淡入淡出等剪辑方法，营造回忆、梦境、虚幻想象、神奇世界等场景。

（2）剪辑的意义。剪辑是一种创作手段。剪与辑是相辅相成、不可分割的。没有剪，就谈不上辑，而没有辑，也就用不着剪，任何顾此失彼、分离两者关系的理论和做法，都是不正确的。把拍摄的镜头、段落加以剪裁，并按照一定的结构将它们组接起来，才是剪辑完整的创作过程。而且，不论在剪辑上持有什么观念，采取什么剪辑手法，剪辑对视频再创作的作用应该越来越突出、越来越加强，而不是相反。

镜头剪辑是为故事情节服务的，通过不同的剪辑手法完善故事情节，传达故事内容，让观众了解故事梗概。对于一个完整的故事，画面剪辑与声音剪辑都是至关重要的，而相应的剪辑手法和剪辑观念是创作者必须具备的能力。

（3）剪辑的基本原则

1）符合脚本内容的要求。剪辑要尊重脚本内容，按照故事发展进行，不能随意想象发挥。

2）按照动作的逻辑。剪辑要符合常识性的逻辑。例如，在视频中，听到开门的声音回头看，此时门的状态应该为已经打开，而不是人物回头后，衔接门被打开的画面，这是不符合逻辑的。

3）注意角度转变的范围。这一条原则比较适合主观镜头，当画面中人物的视角转变后，相应地展示在全景中相同角度的画面，才符合常理。

4）保持一定的方向感。例如，2个人面对面地交流，他们各自的视角范围是有一定局限的。因此，出现其他人物或发生事情时，最先发现的人和反应是不同的。

5）保持连续性。保持时间上的连续性与空间上的完整性。

6）保持画面色调协调。因为每个镜头拍摄的时间不同，光线会有差别。在剪辑的过程中，需要调整色调，使色调在同一时空中保持一致。

7）保持音响流畅。

另外，注意时间的安排、速度和节奏的关系以及镜头的选择等。

2. 剪辑的技巧

（1）常用的剪辑方法

1）淡入淡出。在视频中，淡入淡出是表示时间和空间转换的剪辑方法。一个画面从完全黑暗到逐渐显露及至完全清晰，称为淡入。相反，一个画面从完全清晰到逐渐暗淡及至完全隐没，称为淡出。淡入淡出表示剧情发展到一个阶段的开始和结束，类似舞台演出的启幕和闭幕。

2）叠化。叠化是指上下2个画面有几秒钟时间的重合，一般用来表现空间的转换和时间的过渡。

3）翻页。翻页是指第一个画面像翻书一样翻过去，第二个画面随之显露出来。

4）划像。划像是指第一个画面从一个方向退出，第二个画面随之出现，开始另一个段落。

5）圈出圈入。圈出圈入是指划像的一种变化。第一个画面以圆圈的方式，从画面中心圆点开始逐渐扩大（圈入），或以圆圈的方式，将整个画面逐渐收缩为圆点（圈出），并由第二个画面所取代。有时圈入也用于强调或突出画面的某一个细节。在视频中，圈出圈入是表示时间和空间转换的剪辑方法。在一些视频中，常用它来连接简短的过场戏。圈出圈入是一种剪辑痕迹比较重的剪辑方法，表示一个片段的开始或者结束，在有的视频中也用来引出回忆。

6）定格。定格是视频镜头剪辑方法之一。其表现为活动影像骤然停止成为静止画面。定格是动作的刹那间凝结，用以突出或渲染某个场面、某种神态、某个细节等。具体剪辑方法：选取所摄镜头中的某一格画面，使停止画面延长到所需长度。根据镜头剪辑的需要，定格可以由动（活动画面）到静（定格画面），也可以由静（定格画面）到动（活动画面），也有的在视频结尾处，用定格表示故事结束，或借此点题，以便给观众留下回味。

（2）常用的剪辑技巧

1）分剪。分剪是指将一个镜头剪成几段，分别在几个地方使用。

2）挖剪。挖剪是指为了弥补某个镜头在拍摄过程中，某种原因造成的遗憾和不足，而采取类似外科手术切除的方法。

3）拼剪。拼剪是用来弥补画面长度不足的。

4）分剪插接。分剪插接是指为了加强戏剧效果或弥补拍摄过程中的遗憾和不足，把表现某些动作内容的镜头按比例分割成2段、3段或者更多段，然后按故事发展顺序交替组接起来的剪辑技巧。

5）插入镜头。插入镜头也称夹接，是指在一个镜头中间切断，插入另一个表现不同拍摄对象的镜头。

6）变格剪辑。变格剪辑是创作者为了满足剧情的特殊需要，在组接镜头素材的过程中，对动作、时间和空间所做的超乎常规的变格处理，强调和夸张动作，放大和缩小时间、空间，是渲染情绪和气氛的重要手段，直接影响视频的节奏。

 **相关链接**

后期制作中剪辑的基本流程

1. 获取

视频后期制作需要获取拍摄的所有镜头素材、声音素材，作为剪辑之前的准备。要保证获取的素材可以支持完成剪辑的。

2. 整理

对每个项目，都应该建立项目文件夹，不规范的项目文件夹会导致项目混乱。整理所有的素材，将声音素材放到一个文件夹中，将视频素材按照顺序放到相应的文件夹中。可以按照以下格式建立文件夹。

一级文件夹：年份。

二级文件夹：项目具体名称。

三级文件夹：（1）项目，（2）拍摄素材，（3）脚本，（4）输出母版，（5）音乐音效等临时文件。

在每个级别的文件夹中存入对应的素材。

3. 粗剪

从这一步开始，可以看出粗略的逻辑和剧情、人物对话等。粗剪是指不剪辑节奏，只剪辑结构，剪辑完成后的应该比最初设想的你的影视频长。粗剪包括以下工作。

（1）筛选镜头素材，去掉重复或者有问题的镜头。

（2）对素材进行剪辑。

（3）组接好所有的镜头，使整个视频有结构和故事性。

4. 精剪

在粗剪的基础上，进行细节加工，如视频的对比度、亮度，片段的转场。需要注意以下几点。

（1）剪辑好一个场景，去掉不必要的"好镜头"。

（2）加入选好的音乐或者音响，再调整镜头的长度和节奏。如果镜头之间的组接排序需要重新调整，可以调换镜头。

5. 图像锁定

精剪之后，如果不想进行二次加工，需要锁定视频内容，包括图像所有的元素。

图像锁定之后，还需要调整音频。

6. 输出母版

剪辑视频完成后，可以输出母版，要注意格式、编码和像素。输出后，要回看母版，如果有问题再修改。

培训项目 2 新媒体应用基础知识

培训单元 1 新媒体概述

新媒体的概念及特点。

一、新媒体的概念及特点

1. 新媒体的概念

新媒体是相对于以报纸、杂志、广播、电视为代表的传统媒体而言的。新媒体是以数字技术为基础，以互联网、移动通信、卫星信号等为运行平台，以网络媒体、手机媒体和数字媒体等为代表的媒体形态。

2. 新媒体的特点

新媒体作为媒体形态的一种，除了具有传统媒体受众面广、影响力大、传播速度快等一般性特点，还具有以下特点。

（1）便捷性。新媒体打破了时间和空间的限制，可以随时随地进行信息传播。新媒体传播信息依赖无处不在的互联网，只要有互联网的地方就可以进行信息传播。可以在机场候机时，通过智能手机回复电子邮件；也可以在异地，通过即时通信工具参加一场线上会议；即使面对突发事件，也可以第一时间在网站、微博、微信上回应。

（2）内容的多样性

1）内容来源的多样性。截至2023年12月，中国网民规模达到10.92亿人。如此庞大的网民队伍既是内容的接收者，也是内容的创作者和传播者。作为内容的创作者，不同身份的、不同专业的、不同背景的网民为新媒体提供了海量的内容。

海量的内容虽然极大程度地满足了人们对信息的渴求，但却增加了信息筛选的难度。如何在扑面而来的信息大潮中，获取所需的内容，无疑是在使用新媒体过程中需要格外注意的一点。

2）内容呈现的多样性

①内容形式。新媒体内容既有传统媒体的巨内容，提供全面的、深入的、详尽的有内容；新媒体还有微内容，如微博、短到只有几分钟的微电影或自制视频，都在有限的篇幅或时间内精确凝练地表达了核心内容。

②内容呈现方式。新媒体通过文字、图片、视频、音频等多种呈现方式进行传播。除此之外，还可以通过超链接将不同空间的内容组织在一起。

（3）个体化。新媒体的传播者既可以是某个媒体组织，如新浪、搜狐等门户网站；也可以是掌握话语权的个人，即意见领袖，如微博认证的达人等。意见领袖的概念最早由传播学先驱拉扎斯菲尔德提出，是指在人际沟通中经常为他人提供信息或意见，并对他人施加影响的活跃分子。这在传统媒体中几乎不可能存在。传统媒体，如电视、报纸、广播等都是以媒体组织的形态存在的，媒体组织享有绝对的话语权，充分行使信息"把关人"的权力，个人的声音很容易被淹没。而在新媒体传播中，尤其是在自媒体高度发达的大环境下，一些在网络世界拥有一定影响力的个人可以通过微博、微信、博客等自媒体，成为意见领袖，推动舆论发展。例如，网络红人、名人和一些网络平台账号，往往会在几分钟内吸引上万人的关注、评论、转发。这种在短时间内一传十、十传百的病毒式传播，又进一步加强了意见领袖的影响力。新媒体的传播速度之快、影响范围之广是很多传统媒体难以企及的。

（4）信息传播的交互性

1）新媒体的信息传播是双向的。传统媒体的信息传播基本都是单向的，是自上而下的，需要多层审核与把关，信息的反馈会延迟，甚至受阻。新媒体的信息传播具有低门槛、速度快的特点，只要拥有互联网和终端，信息的传播与反馈很容易实现。

2）新媒体信息传播的参与者享有平等的话语权。传统媒体的信息传播是"一对多"的，主流媒体控制话语权成为信息的创作者和传播者。新媒体的信息传播是"多对多"的，信息传播的参与者平等地享有倾听的机会和倾诉的权利。

二、常见新媒体的类型

1. 微博与微信

（1）微信。微信作为一个为智能终端提供即时通信服务的免费应用程序，支持跨通信运营商、跨操作系统，通过网络快速发送免费语音短信、视频、图片和文字。微信提供公众平台、朋友圈、消息推送等功能，用户可以通过搜索号码、附近的人、扫二维码的方式，添加好友和关注公众号，同时可以将内容分享给好友或分享到朋友圈。

（2）微博。微博是一个基于用户社交关系信息分享、传播以及获取的平台，其粉丝数量极多，传播速度极快，是一个影响力巨大的新媒体平台。

2. 问答、百科与论坛

（1）问答。问答以知乎、百度知道、在行一点为代表。知乎是一个网络问答社区，百度知道是搜索引擎检索结果的辅助和升级，在行一点作为少有的付费平台，提供个性化的和专业性的知识付费服务。

（2）百科。百科以百度百科、抖音百科、360百科为代表。百度百科是一部内容开放的、自由的网络百科全书，旨在创造一个涵盖所有领域知识，服务所有互联网用户的中文知识性百科全书。用户可以参与词条编辑，分享知识。

（3）论坛。论坛又名网络社区，是互联网上的一种电子信息服务系统。论坛的主要功能是用户可以自由发布主题和回复帖子，内容多变，具有极强的交互性，如百度贴吧等。

3. 视音频与直播

（1）视音频。视音频主要分为视频平台和音频平台两大类。

1）视频平台。视频平台包括以优酷、爱奇艺为代表的传统视频网站和以抖音、快手为代表的短视频平台。特别是近几年，短视频用户数量迅速激增，形成巨大的流量池。

2）音频平台。音频平台是以声音的形式进行内容分享的平台，其中比较有代表性的是喜马拉雅和荔枝。

（2）直播。和传统的广播、电视直播不同，新媒体环境下的直播是指依托网络技术，利用智能手机等终端，以某个直播平台为载体所进行的直播。常见的直播平台有淘宝直播、抖音、快手等。

4. 其他类型

（1）门户网站。门户网站是指提供某类综合性互联网信息资源并提供有关信息服务的应用系统。通俗地说就是互联网的入口，通过门户网站可以获得用户需要的所有信息。中国最早的综合型门户网站包括新浪、搜狐、网易、腾讯，至今依然是中国互联网行业的中坚力量。

（2）搜索引擎。搜索引擎是指根据用户需求与一定的算法，运用特定策略在互联网上检索指定信息反馈给用户的检索技术。搜索引擎大大提高了用户信息检索、筛选的效率。在全球范围内，谷歌是最著名的搜索引擎，国内用户使用最多的则是百度。

（3）新闻客户端。为了适应移动阅读的需要，新闻门户网站、传统媒体等纷纷推出借助数字移动技术，安装在智能手机等移动设备上的新闻服务类程序，统称为新闻客户端。今日头条是发展势头迅猛、用户群体庞大的新闻客户端之一。

（4）网络游戏。网络游戏，简称网游，是指以互联网为传输媒介，以游戏运营商的服务器和用户的计算机为处理终端，以游戏客户端软件为信息交互窗口，旨在实现娱乐、休闲、交流和取得虚拟成就的具有可持续性的多人在线游戏。

（5）电子商务。电子商务通常是指在全球各地广泛的商业贸易活动中，在互联网开放的网络环境下，基于客户端/服务器应用方式，买卖双方不谋面地进行各种商贸活动，实现消费者的网上购物、商家之间的网络交易和在线电子支付以及各种商务活动、交易活动、金融活动和相关的综合服务活动的一种新型商业运营模式。国内电子商务发展到今天，形成了传统电商、跨境电商、直播电商等多种形式齐头并进的发展态势。

 **相关链接**

新媒体和自媒体的区别

1. 概念不同

新媒体是相对传统媒体衍生出的概念。传统媒体，指的是报纸、杂志、电视、广播等。区别于传统媒体的就称为新媒体。例如，门户网站（网易、新浪、腾讯、搜狐)、新闻客户端(今日头条)、视频网站(优酷、乐视、土豆)、微信、直播平台、信息交易平台等。自媒体,通常为个人或者小团队开通的媒体号,依托于微信、微博、头条号、大鱼号、企鹅号等。

2. 运营方向不同

新媒体一般用来打造企业的品牌形象,借助企业的官网、公众号进行延伸拓展,一般对应订阅者和用户。自媒体用于打造个人的品牌形象,通过各种媒体号进行传播,对应粉丝。

3. 内容来源不同

门户网站、大型信息平台、视频网站、小说平台的内容来源不同,有些来自平台,有些来自会员。自媒体的内容基本由运营者提供。

4. 盈利模式不同

新媒体旨在打造一个可以给用户提供信息交流和互动的平台,通过会员、广告位、信息费等方式盈利。自媒体旨在打造一个有黏度的和有个人魅力的形象,通过软文、广告盈利。

培训单元 2　新媒体平台及内容运营

培训重点

1. 新媒体平台介绍。
2. 新媒体平台内容的发布与运营。
3. 图文排版。
4. H5 页面制作。
5. 新媒体文案创作。

一、新媒体平台介绍

1. 视音频与直播平台

（1）传统视频三巨头

1）腾讯视频。腾讯视频是中国领先的网络视频媒体平台，拥有丰富的内容和专业的媒体运营能力，是聚集热播影视、综艺娱乐、体育赛事、新闻资讯等为一体的综合视频内容平台，并通过PC端、移动端及客厅产品等多种形态，为用户提供高清流畅的视频娱乐体验，以满足用户不同的体验需求。

2）优酷。优酷现为阿里巴巴集团数字媒体及娱乐板块的核心业务之一，支持多个终端，兼具版权、合制、自制及直播等多种内容形态。

3）爱奇艺。爱奇艺是国内首家专注于提供免费、高清网络视频服务的大型视频网站。爱奇艺的影视内容丰富多元，涵盖电影、电视剧、综艺、纪录片、动画片等热门剧目。

（2）音频三强

1）喜马拉雅。喜马拉雅于2013年上线，是国内知名的音频分享平台，汇集了有声小说、有声读物、有声书、FM电台、儿童故事等数亿条音频资源。喜马拉雅吸引了大量文化和自媒体人投身音频内容创业，覆盖内容涉及财经、音乐、新闻等多个领域。

2）荔枝。荔枝是国内知名的声音互动平台，互联网世界声音解决方案的提供者和服务者，专注于打造全球化声音处理平台，以"帮助人们展现自己的声音才华"为使命。荔枝集录制、编辑、储存、收听、分享于一体，依托声音底层技术，使用户可以在手机上完成录音、剪辑、音频上传和语音直播。

3）蜻蜓FM。蜻蜓FM是国内知名的音频内容聚合平台，汇聚广播电台、版权内容等优质音频IP，专注于提供跨地域收听广播完美体验的音频媒体提供商。

（3）新兴短视频与直播

1）抖音。2018年，抖音在原有短视频的基础上推出了直播功能，并将直播销售与内容引流的发展思路相结合，成功实现变现。

2）快手。快手最大的特点是通过短视频连接用户，积累粉丝，强化信任，为直播引流，因此用户黏性强，基础好。

3）淘宝直播。依托淘宝强大的供应链资源，淘宝直播发展迅速，带火了一批知名的直播销售员。

2. 社交平台

微博、微信在前文已经介绍过，这里介绍另一个新媒体平台——小红书。

小红书是一个社交媒体和电子商务平台。小红书的注册用户超过3亿人，月活跃用户超过1亿人。据报道，70%的小红书用户是1990年以后出生的，近90%是女性。小红书允许用户发布、发现和分享产品评论，是年轻人的生活方式平台。

3. 自媒体平台

（1）头条号。头条号是今日头条旗下的内容创作与分发平台，实现政府部门、媒体、企业、个人等内容创作者与用户之间的智能连接。打造一个良好的内容生态平台，是头条号发展的重要方向。

（2）企鹅号。企鹅号是腾讯旗下的一站式内容创作运营平台，致力于帮助媒体、自媒体、企业、机构获得更多的曝光与关注，持续扩大品牌影响力和商业变现能力，扶植优质内容创作者做大做强，建立合理的、健康的、安全的内容生态体系。

（3）百家号。百家号是百度为创作者打造的集创作、发布、变现于一体的内容创作平台，也是众多企业实现营销转化的运营新阵地。内容创作者在百家号发布的内容会通过百度信息流、百度搜索等分发渠道影响亿万用户。

（4）大鱼号。大鱼号是阿里大文娱旗下的内容创作平台，为内容创作者提供"一点接入，多点分发，多重收益"的整合服务。大鱼号提供畅享阿里大文娱生态的多点分发渠道，包括UC、土豆、优酷等，同时也在创作收益、原创保护和内容服务等方面给予创作者充分的支持。

二、文章类新媒体平台内容的发布与运营

1. 头条号内容的发布与运营

（1）头条号内容发布。在头条号内容发布之前，首先要完成头条号账号的申请和账号基本信息的设置，按照操作指引，一步步完成即可。头条号内容发布非常简单，在手机端即可完成。

一种方法是打开今日头条App，点击页面右上角相机形状的"发布"按钮，选中"写文章"即可快速发布。另一种方法是打开今日头条App，点击页面右下角"我的"，跳转相应页面后，点击右上角"发布"，即可编辑内容。

手机端内容发布虽然简单快捷，但功能受限，PC端的功能更全面，除了可以完成内容发布，还可以进行文章修改、封面设置、查看后台数据、管理广告投放等。所有这些功能都可以在登录后的个人主页左侧的栏目中找到。

头条号的编辑功能与公众号类似，包括字号、行间距、段间距、颜色等基本功能。设置标题可以选择单标题或多标题；设置封面图，可以上传本地图片，也可以扫码后上传手机图片。头条号内容支持大部分图片和视频文件格式，最大支持5MB图片、2GB视频。完成设置后，就可以预览和发布头条号内容。

头条号内容发布有严格的规范要求，在发布内容前一定要阅读规范，避免违规。

另外，可以设置头条号关联其他新媒体平台的账号，这就意味着，可以一键实现多账号的内容更新。

（2）头条号内容运营。做内容运营必须清楚系统的推荐机制，今日头条官方对推荐机制做了详细的解读，主要包括以下方面。

1）推荐系统的本质，就是从一个巨大的内容池中，为当前用户匹配感兴趣的内容。在内容池中，有几十万、上百万的内容，涵盖文章、图片、小视频、问答等各种各样的形式。

2）内容匹配主要依据三要素：用户、内容、感兴趣。

①用户。为了给用户提供他们感兴趣的内容，或者理解用户的需求，系统从很多角度刻画用户画像，如年龄、性别、历史浏览的内容、环境特征等。

②内容。系统提取内容的关键词，或者利用AI技术识别音频与视频的具体内容，从而将内容快速分类。

③感兴趣

a. 兴趣匹配。用户的阅读标签与内容标签重合度最高，被系统认定最有可能对该内容感兴趣。

b. 分批次推荐。首先推荐内容给一批最有可能感兴趣的用户，这批用户产生的阅读数据，将对下一次的内容推荐发挥决定性的作用。

 **相关链接**

如何获得系统更多的推荐

系统的推荐机制直接影响内容的推荐量和阅读量，尤其是对于没有什么粉丝基础的新手账号，系统推荐尤为重要。为了获得系统更多的推荐，要做到以下几点。

1. 避免系统消重

今日头条有一套严格的消重机制，系统会对重复的、相似的、相关的内容进行分类和比对，使其不会同时或重复出现在用户的信息流中。在这个过程中，很多同样主题的内容被消重，也就没有机会出现在用户面前。为了避免被消重，要做到以下几点。

（1）保持内容的原创性。有原创标识的内容不容易被消重。

（2）抢先发布。对于同样主题的内容，首发的不会被消重。

（3）信息来源的权威性和被引用频次会影响消重，如来源自官方账号的内容不容易被消重，被引用频次多的内容不容易被消重。

2. 保持内容的垂直度

在头条号申请账号的过程中，要求标注账号类型，包括财经、生活、体育、娱乐、美食、萌宠等众多细分领域，系统会根据标签把内容推送给可能感兴趣的用户。这就要求创作者发布的所有内容必须在固定领域内。如果一个美食账号发布了一篇财经新闻，系统就无法准确识别并推送给感兴趣的目标用户。

3. 持续更新

要保持稳定的更新频率，提高账号的活跃度，获得高推荐，增强用户黏性。特别是没什么知名度的新手账号，三天打鱼两天晒网式的更新，是不会获得更多推荐的，粉丝也容易流失。

4. 标题很重要

标题直接影响内容的点击率和阅读量。高点击率和高阅读量又可以获得更多的推荐，因此一个吸引人的标题可以获得更多的推荐。

2. 小红书内容的发布与运营

（1）小红书内容发布。打开小红书 App，点击页面下方正中的"+"，进入内容编辑。选择要发布的照片或视频，可以点击"智能成片"，也可以点击"下一步"，自行编辑照片或视频。最后编辑标题和正文，输入或者搜索话题，提升内容的话题度，点击"发布笔记"即可完成内容发布。

（2）小红书内容运营。小红书的目标用户特征明显，90%是女性，其中1990年之后出生的用户占70%以上。因此，年轻女性是小红书的主要目标用户。小红书内容运营要围绕目标用户展开。小红书的细分内容很多，年轻女性普遍关注的美妆、穿搭、时尚、减肥等内容比较容易成为热门。

1）利用平台资源。不管是视频还是图文，小红书都有十分清楚的结构。新用户在发布笔记时，不需要思考放哪些内容，怎么放，小红书已经提供了模板。笔记的结构包括用户信息、图片、标签、标题、正文、赞、评论、收藏、相关笔记，部分笔记还包括可购买产品和类似产品推荐。

2）把握推送时间。作为一个偏向休闲娱乐的内容型平台，推送内容的时间应避开用户的上班时间，而选择用户的休息时间。

3）遵守平台规则。注意不要打官腔，应口语化。合理利用表情符号，适当的表情符号可以用来区分段落。完成笔记后，可以选择与内容接近的标签，方便精准推送。

4）@官方账号。在内容下方，可以@官方账号，如美食方面的"吃货薯"、娱乐方面的"娱乐薯"、美妆方面的"美妆薯"等。尽量选择与自己内容相近的官方账号，更容易得到推荐。

5）保持较高的更新频率。如果做不到每天一更，至少也要保证每周二三更，稳定的高频率的更新，更有可能成为热门。

三、视频类新媒体平台内容的发布与运营

1. 抖音内容的发布与运营

（1）抖音内容发布。打开抖音 App，点击页面底部中间的"+"，进入拍摄页面。在圆形拍摄键上方可以选择照片、视频和文字3种展现形式。拍摄键下方有AI 创作、分段拍、快拍、模板和开直播6种拍摄模式。其中快拍最长可以拍摄 15 s 视频，分段拍可以拍摄最短 15 s 最长 3 min 的视频。在所选时长内，可以拍摄若干片段，通过拍摄键控制开拍和暂停，拍摄结束后，系统会按拍摄的顺序自动

合成视频。拍摄键左侧是各种制作特效，右侧可以进入本地相册选择照片或视频。完成视频拍摄后，可以选择"发日常"或者"下一步"，选择"发日常"不能编辑文字信息，选择"下一步"则可以编辑文案，添加话题。

使用直播功能，可以点击拍摄键下方的"开直播"，然后选择"开始视频直播"。需要进行实名认证才能开通直播。直播方式有视频、语音、手游和电脑4种可选。直播内容包括音乐、舞蹈、聊天互动、户外、文化才艺等多种类型。直播前，还需要完成一些基本的设置，如美颜滤镜设置、DOU+投放、直播间设置、商品橱窗开通等。需要注意的是，商品橱窗的电商权限不是注册账号就有的，需要经过一段时间的内容运营，符合要求才能开通。

（2）抖音内容运营。在抖音不管是短视频运营还是直播运营都要做到以下几点。

1）明确内容定位。以内容吸引用户，用户对内容感兴趣，想要看到更多类似的内容才会点赞关注。抖音会根据内容给创作者打标签，使内容推送更精准，更容易成为热门。内容定位会影响粉丝群体，决定账号的商业价值，也就是变现能力。

2）做好数据分析。抖音和今日头条都出自字节跳动，因此两者的推荐机制很相似，都是在冷启动阶段，由平台分配基础推荐量，之后根据基础推荐的数据表现，评估内容质量。数据表现越好，内容质量越高，获得的二次推荐量越多，反之则推荐量减少甚至没有，以此循环往复。

数据分析的指标有完播率、观看时长、点赞、评论、分享、关注、不感兴趣。除了不感兴趣，其他的指标越高，内容质量越高，就能得到越多流量。

3）关注同领域内的热门视频和账号。关注同领域内的热门视频和百万粉丝的账号，通过分析，总结同类内容的成功经验。

4）善用发布技巧

①带话题。热门话题可以让视频更容易被抖音识别，从而推荐给更精准的用户群。

②关注封面。有的创作者认为抖音的刷屏方式使推荐成为用户获取信息的主要渠道，因而忽视了封面。事实上，如果一个视频火了，用户有很大概率会进入创作者的主页查看其他视频，从而带火其他视频。这时候，封面直接决定了用户是否点击、观看视频内容。好的封面可以让用户明确地知道视频内容，并且引导用户点击。

③找准发布时间。选择网络社交的黄金时间发布内容，具体来说就是用户睡前和饭后的时间。一般这些时间是用户放松休闲的时间，很多人喜欢用来观看视频、直播。

2. 快手内容的发布与运营

（1）快手内容发布。打开快手 App，点击页面底部中间的"+"，进入拍摄页面。下方红色圆圈为拍摄键，拍摄形式有拍照、视频和文字，拍摄功能有图文、多段拍、随手拍、模板和开直播。同时拍摄键左侧有美化特效，右侧可以选择音乐和相册。拍摄完成后，还可以进行剪辑，选择封面、特效、涂鸦、贴纸等素材内容。完成拍摄制作后，点击"下一步"，完善封面、话题和文字描述内容，即可发布。

快手的直播功能也需要实名认证，包括视频、语音、聊天室、游戏、电脑5种类型。直播前，可以设置直播预告、标题、互动玩法、常用功能等，点击"开始视频直播"即可开播。

（2）快手内容运营。同为短视频直播平台，快手的内容运营和抖音有相似的地方，也有不同之处。

快手的"关注"和"发现"为同级版块，"发现"页以双列瀑布流形式呈现，用户对于内容有更多的选择。快手具有很强的社交属性，"说说"和"群聊"功能帮助进一步增加粉丝互动和增强用户黏性，用户更看重发布内容的人。快手强调"公平普惠"的产品逻辑，进行去中心化内容分发，小号也有机会获得大量关注。快手内容分发主要基于用户社交关注和兴趣调控，主打推荐内容为"关注页"。根据相关数据，快手用户有三四成的机会可以看到关注用户的内容。

四、图文的排版

在新媒体平台内容发布的过程中，图文排版是非常重要的，同时又是最容易被忽视的一个环节。合理的图文排版可以优化图文结构，提高信息获取的效率，提升用户的阅读体验。不同的新媒体平台在排版的要求上也不同，这里以公众号的排版为例。

1. 图文排版基础

在图文排版过程中，需要着重关注字体和字号、行间距、字间距、段间距、页边距、颜色、图片等要素。

（1）字体和字号。很多公众号在排版时喜欢使用微信公众平台默认的字体和字号。事实上，可以根据公众号的内容、用户群的特点，选择合适的字体和字号。

字体分为标题字体、正文字体、注释字体3种类型。除了默认字体，还可以通过第三方编辑器选择不同的字体。对于正文字体，推荐使用微软雅黑，同等字号微软雅黑的字体看起来更大，用户体验感更好。

字号的顺序是标题字号＞正文字号＞注释字号。其中，正文字号一般使用微信公众平台默认的17 px，最小不小于12 px，最大不大于18 px。标题字号和注释字号根据正文字号调整。

（2）行间距。行间距是指行与行之间的距离，微信公众平台默认的行间距是1.6，可以根据需要调整，一般控制在1.5～2.0。

（3）字间距。字间距是指字与字之间的距离，如果距离过近，文字就会显得过于集中，容易视觉疲劳。如果距离过远，会让人产生松散拖沓的感觉，也会增加内容篇幅，降低阅读兴趣。微信公众平台默认的字间距为0，建议将字间距设置为1或2。

（4）段间距。段间距是指前后段落之间的距离，包括段前距和段后距。微信公众平台默认的段后距为24。段间距也是一种留白的处理方式，可以缓解视觉疲劳，提升阅读体验。

（5）页边距。页边距是指一行文字首尾两端距离页面边缘的距离。在微信公众平台，可以通过两端缩进调整页边距，一般使用默认的页边距即可。

（6）颜色。微信公众平台默认的底色为白色、字体为黑色，是最常用的配色。有的公众号为了突出段落的小标题，会将小标题字体设置为黑色，正文字体设置为深灰色。也可以通过不同的字体颜色或者底色强调重点内容，但颜色不宜过多，一般不超过3种。

（7）图片。为了满足用户在移动设备上阅读的需要，公众号不宜采用纯文字的内容，否则会造成视觉疲劳，降低阅读兴趣。所以，几乎所有的公众号都是以图文的形式推送内容的。图片的选择要与公众号的内容统一，图文混排，图片与前后文字之间要留白，基本保持在每3～5段文字中插1张图片的频率。

2. 图文排版优化

在满足图文排版基本要求的前提下，还可以进一步优化图文排版。

（1）添加美化效果。枯燥的文字内容很难长时间吸引用户的注意，这时候可以添加一些美化效果，如给段落加边框、文字特效、动态背景等。因微信公众平台没有这些功能，需要通过第三方编辑器实现。

（2）优化开头和结尾。在开头，可以通过引导语或者图片，第一时间吸引用户的注意，让用户有读下去的欲望。

在结尾，可以通过优化，引导用户点击"关注"或者"阅读原文"。

（3）突出重点。越长的内容，越需要通过各种方法突出重点，帮助用户快速获取信息。常用的方法有将重点文字加粗、加大字号、加下划线、改变字体、改变文字颜色或底色等。

3. 图文排版注意事项

新媒体平台的图文排版总体上以简洁明了为原则，在此基础上，还需注意以下几点。

（1）段落布局。段与段之间要空一行，有足够的留白空间，以缓解视觉疲劳；手机屏幕空间有限，因此段首一般不缩进；控制每段文字的长度，一般不超过手机一屏。

（2）善用第三方编辑器。对于前文提到的一些图文排版技巧，微信公众平台编辑器是不支持的，如文字边框、字体选择等，这时可以使用第三方编辑器。常用的第三方编辑器有新榜编辑器、新媒体管家、135编辑器等。

（3）化繁为简。图文排版应简洁明了，尽量避免过度修饰。例如，过多的文字特效、动态背景很可能会吸引用户的注意，影响用户获取信息。

 **相关链接**

简单好用的图文排版工具

1. 135编辑器

135编辑器是一款在线图文排版工具。用135编辑器排版的图文不仅可以用于公众号，还可以用于微博、头条号、豆瓣、小红书等各种自媒体，提升图文的美观度。同时135编辑器具备表单制作、信息采集等功能，是一款效率高、界面简洁的排版工具。

2. 秀米

秀米是一款专用于公众号的图文编辑工具。秀米拥有很多的原创模板素材，排版风格多样化、个性化。秀米可以设计专属风格的图文排版。秀米内置了秀制作及图文排版2种制作模式，页面模板及组件更丰富多样化。目前，秀米也拓展了其他平台的图文编辑功能。

3. i排版

i排版微信编辑器是一款可以在计算机上对微信内容进行编辑排版以及美化的软件。用户通过i排版可以轻松编辑适用于微信以及公众号的内容。i排版操作方便简单，支持全文编辑、实时预览、一键样式、一键添加签名等。

五、H5页面制作

1. H5的概念

H5是指第五代HTML（超文本标记语言），也指用H5语言制作的一切数字产品。用户在互联网上看到的网页，多数是由HTML写成的。

H5页面不同于传统的企业网站，需要大量网页共同组成一个完整的网站，H5页面只有一个自上而下的页面，也可以简单理解为一个单网页，只不过搭配了各种图片、视频、文字等有趣的设计。用户在滑动页面的同时，大量文字或图片会自动加载，造成一种动态的美感，非常适合移动设备。高质量的H5页面通过音乐、图片、视频，在滑动页面的同时调动用户的视觉、触觉、听觉，从而达到产品推广的效果及提高传播效率。

2. H5页面的优点

（1）灵活的跨平台性。H5页面不需要下载安装额外的软件，就能够实现多功能界面。H5页面有良好的交互效果，可以直接通过移动设备上的各种浏览器访问。

（2）推广成本低。只需要一个链接或者二维码，就可以宣传推广H5页面。可以将H5页面直接分享到朋友圈进行宣传，有利于提升流量，降低推广成本。

（3）开发成本低，周期短。H5页面的技术含量不高，操作简单。不需要学习复杂的计算机语言，通过各种H5页面制作工具即可在线制作。后期维护更新也比较容易，不需要更新客户端，只要在制作工具中更新即可，并且兼容iOS和安卓系统。

3. H5页面的功能

（1）吸引用户主动分享，帮助企业营销推广。H5页面可以宣传企业文化、产品信息、品牌理念等，将这些内容制作成 H5 页面，使用移动设备转发分享，可以帮助企业营销推广，提高知名度。

（2）增加曝光率。H5 页面在传播性上远远优于传统的图文形式，其形式更加新颖，互动性强，用户更愿意主动传播分享。在 H5 页面上，可以设置点击跳转的功能，用户点击链接可以跳转到相应的页面，增加企业或产品的曝光率。

4. H5 页面的展现形式

（1）图文效果。简单的图文效果是早期 H5 页面最典型的展现形式。图片的形式可以是照片、插图、GIF 文件格式文件等。通过简单的交互操作，如翻页，达到像幻灯片一样的图文效果。

（2）电子贺卡、电子邀请函。用 H5 页面可以制作电子贺卡、电子邀请函，既可以展现图文信息，还可以展现视频、音乐等形式，不光适用于企业，个人也可以使用。例如，现在很多年轻人的婚礼邀请函就是利用 H5 页面制作电子婚礼邀请函，既新颖生动又经济便捷。

（3）问答型的 H5 页面。问答型的 H5 页面也很常见。首先要设置一条清晰的线索，然后围绕线索设置问题和答案选项。如果能辅以精彩的视觉效果和文案，就能极大地减少回答问题的无聊感。

（4）H5 互动游戏。H5 互动游戏因其操作简单、互动性强的特点，一度在朋友圈走红。现在依然有很多手游喜欢采用 H5 互动游戏的展现形式。

5. H5 页面的设计

通过 H5 页面制作工具，即使没学过计算机语言也可以轻松完成 H5 页面的设计。H5 页面制作工具包括易企秀、兔展、MAKA 等。下面以易企秀为例，介绍 H5 页面的设计。

（1）选择模板。在易企秀首页选择 H5，按照用途、行业、风格、功能等，划分模板类别，根据自己的需求选择合适的模板类别。需要注意的是，有一部分模板是免费的，一部分是收费的。也可以在搜索栏中直接搜索模板关键词。

（2）编辑内容。选择模板后，就可以编辑内容，如图 5-1 所示。点击想要编辑的 H5 页面，在右侧选择删除或添加当前页。点击 H5 页面中的任意文本框，可以进行文字内容编辑。点击上方工具栏中的"文本"，可以进行样式、动画和触发的设置，同时，易企秀自带图片、音乐、视频的素材库，可以根据需要添加。

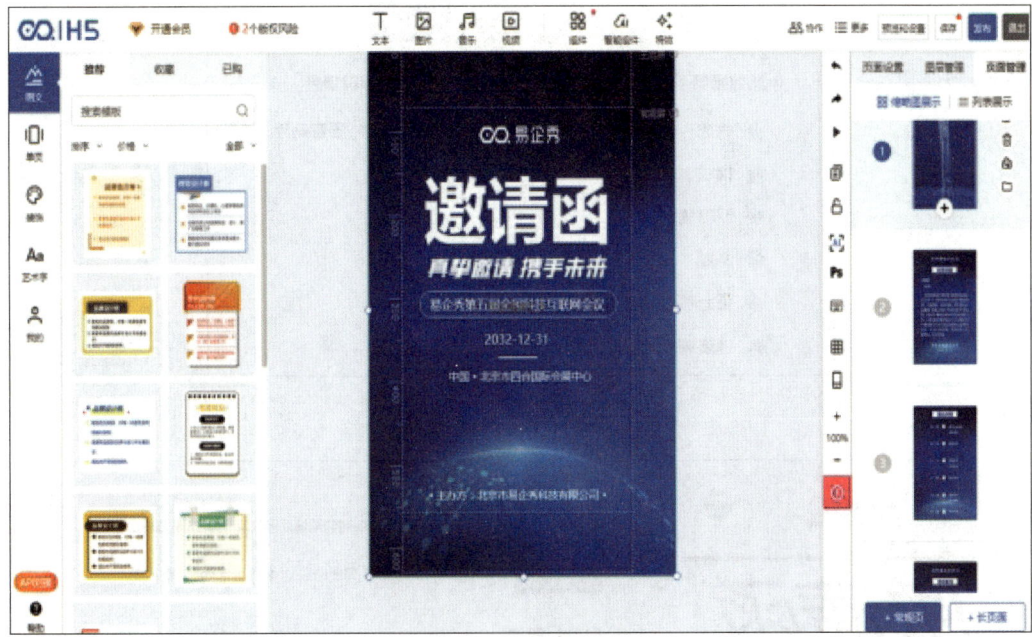

图 5–1　H5 页面编辑

（3）H5 页面优化。除了编辑内容，易企秀还可以进行 H5 页面优化，如添加丰富多样的组件（见图 5–2）和特效（见图 5–3），添加滤镜效果等。

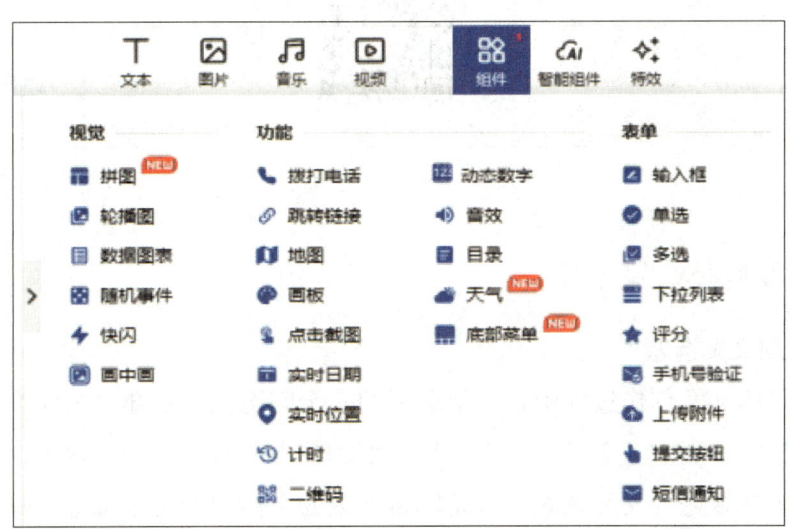

图 5–2　H5 页面组件添加

（4）预览保存。完成设计后，生成预览，扫描二维码能够在移动设备上看到预览效果。点击"保存"后发布。可以通过扫描二维码和复制链接，分享 H5 页面（见图 5–4）。

图 5-3　H5 页面特效添加

图 5-4　H5 页面分享设置

六、新媒体文案创作

1. 策划文案选题

在新媒体文案创作过程中，经常遇到的一个问题就是不知道写什么。需要在平时积累素材，通过对素材的筛选发现近期的热点、有价值的线索等，也可以参考同类新媒体账号的文案选题或者是同行业内知名博主的文案选题，筛选若干条文案选题作为候选。

站在用户的角度分析审读文案选题，哪些是用户可能感兴趣的，哪些是用户可能忽略的，然后对候选文案选题进行二次筛选。筛选的依据总结为"三有"，即有关、有用、有趣。也就是说文案选题要与用户有关，对用户来说是有用的信息，并且信息的表达方式是有趣的。只有符合"三有"的文案选题才能够吸引用户。

另外,在筛选文案选题过程中,针对一些周期性的、可以重复利用的文案选题,可以单独建立文案选题的资源库,在遇到同类型文案选题时方便再次使用。

2. 收集文案素材

确定文案选题后,要围绕文案选题收集文案素材。在前期文案选题策划阶段,收集的、有价值的文案素材可以再次使用。另外,还可以通过大量的调研分析,收集第一手的文案素材。文案素材主要有以下来源。

(1)行业素材。行业素材是指来自行业专家、权威机构组织的态度、观点等,一般可以通过专家个人的社交媒体账号(如微博、公众号),机构组织的官网、新媒体账号等获得。

(2)媒体素材。媒体素材是指来自各类媒体平台的素材,包括搜索引擎、门户网站、新闻客户端、热搜榜单等。

(3)个人素材。个人素材既包括创作者个人积累的素材,也包括个人在各类社群、问答平台等分享的内容。

3. 确定文案类型

按照文案内容,可以将常见文案分为以下类型。

(1)知识/技能分享类。这类文案的目的在于传播某个知识或某项技能,因此文案内容主要是知识要点或者技能操作流程。例如,科普类文案内容是科普知识,生活百科类文案内容是生活小妙招。

(2)热点资讯类。这类文案一般都贴合时下的社会热点,因此具有较强的时效性。一般是在热点事件几小时内传播的效果最好,超过这个时间,平台上就会充斥大量同质化的文案。用户看多了,自然失去兴趣。

(3)故事类。故事类文案依靠吸引人的情节推进故事发展,用户对这类文案的接受度比较高,往往不需要其他辅助手段,仅凭情节本身就能吸引用户的注意。通过故事引发用户产生代入感,进而引起情感共鸣。

(4)话题类。首先,这类文案收集具有讨论度的话题;其次,通过文案引出话题,引发用户思考讨论、分享转发;最后,筛选有代表性的用户评论,整理编辑后,再次以文案的形式发布,既可以作为文案话题的总结,也可以作为文案话题的延伸。

(5)价值观引导类。这类文案一般都是引导积极向上的,用户读后充满希望和力量。文案内容尽量接地气,让用户读后感觉"我"也可以做到。

4. 编写文案标题

好的文案标题，可以在第一时间吸引用户的注意，使其有继续阅读的欲望。优秀的文案标题要遵循编写文案标题的基本原则，同时融入编写文案标题的技巧，从而成功地吸引用户的注意。

（1）编写文案标题的基本原则

1）与"我"相关。这里的"我"指的是用户。人总是关注与自己有关的内容，对任何与自己没有直接利益和关系的事情都不太在乎。因此文案标题要想吸引用户的注意，必须与用户的生活相关，与用户的"标签"相关。例如，在文案标题中使用第二人称"你"，可以加强与用户的相关性，获得用户的关注。

2）形成反差。形成反差是指在文案标题中要形成巨大的反差。例如，和用户惯有的认知形成巨大的反差，或者采用解决方案前和采用解决方案后形成巨大的反差，都能吸引用户的注意。

（2）编写文案标题的技巧

1）抓住用户痛点。痛点其实就是用户的深层次需求，要在文案标题中明确可以满足用户的需求。例如，《短腿女孩，你们要的长腿攻略来了》，文案标题明确可以满足身材娇小的女孩想通过穿衣搭配显得腿长的需求，这一部分的用户会被文案标题吸引。

2）设置悬念。这种文案标题一般不会完整概括文案内容，仅传递部分信息。有的时候是直接呈现结果，不描述过程；有的时候是描述过程，不呈现结果，通过设置悬念吸引用户。例如，《做对这五件事，考上清华北大不是梦》，文案标题呈现结果"考上清华北大"，对考上的过程则没有描述，用户会带着好奇心继续阅读。

3）提高辨识度。编写文案标题可以通过引用名人名言、提示目标用户等方式提高辨识度。

4）营造使用场景。编写文案标题，营造使用场景，给用户强烈的代入感和真实感，进而吸引用户的注意。例如，《房间乱得总是找不到东西？学会这五招，房间瞬间变整洁》，文案标题营造了在乱糟糟的房间里找不到东西的使用场景，是生活中很常见的、大多数人都经历过的使用场景，可以瞬间拉近距离，吸引用户。

5. 写作文案正文

正文是文案的主体内容，是整个文案的核心。写作文案正文有以下方法。

（1）观点法。观点法是指在文案开头就表明观点，再围绕观点进行多方面的论述。观点法可以确保文案正文始终围绕观点,同时观点突出,帮助用户迅速获取信息。

(2)倒金字塔法。倒金字塔法是指文案正文仿照新闻写作的结构,在文案开头就讲最重要的信息,再按照信息的重要程度,重要的信息先讲,次要的信息后讲。倒金字塔法可以帮助用户有效地梳理信息。

(3)悬念法。悬念法是指在文案正文的某一部分设置一个疑问或矛盾冲突,使用户急切期待和热烈关注的写作方法。设置悬念的目的是让用户对文案正文产生好奇心,吸引用户阅读。

6. 写作文案结尾

(1)首尾呼应强调主题。很多文案都采用总—分—总的结构,在文案开头提出论点,在文案结尾总结论点,强调主题。这种首尾呼应的文案结尾使整个文案结构更加完整,主题突出,在文案结尾再一次加深用户的印象。有些文案结尾还会在主题的基础上升华,提高文案的立意,使文案水平跃上一个新高度。

(2)设置话题参与互动。在文案结尾设置话题,吸引用户参与。话题可以是文案内容的延伸,也可以是下期文案的预热。用户可以在评论区发表自己的观点,创作者也可以在评论区回复用户,达到良好的互动效果。

(3)引导行动。在文案结尾设置利益点,引导用户行动。例如,在文案结尾引导用户关注,获得免费资料礼包;在文案结尾设置优惠券,用户点击下单可以享受优惠价格;分享到朋友圈可以获得礼品等。

培训模块 六
产品基础知识

培训项目 1

产品质量

培训单元　产品质量概述

1. 产品质量知识。
2. 产品质量要求。

一、产品质量知识

1. 产品质量概念

产品质量的概念有狭义和广义之分，狭义的产品质量是指产品的自然质量，即符合其相应的现行标准的程度，是对产品质量的最低要求和衡量其是否合格的依据。广义的产品质量是指在产品经济范畴内产品的市场质量，即满足消费者需求的程度。从市场观念来看，产品质量包括内在质量、外观质量、社会质量和经济质量等方面的内容，是评价产品所具有的自然属性、社会属性、经济属性的综合及其满足消费者需求的程度。它是一个相对的、动态的、发展的概念，消费者对产品质量的评价受时间、地点、使用对象、用途、社会环境以及竞争环境等综合因素的影响。在互联网时代，消费者对产品质量的要求有了新的变化，"喜欢"与"不喜欢"成为选择产品的标准。

（1）内在质量。内在质量是指产品的实物质量，是产品在生产过程中形成的产品实体本身固有的特性，包括使用性、安全卫生性、审美性、经济性、寿命、可靠性等。它构成了产品的实际物质效用，是最基本的质量要素。

（2）外观质量。外观质量是指产品外观满足消费者需求的属性，一般包括构造、质地、款式、规格、颜色、包装等，是影响消费者选择的重要因素。在互联网时代，消费者对外观质量的需求更加崇尚个性化、新颖化。例如，星巴克推出的猫爪杯以其独特的外观质量，引发消费者彻夜排队购买。

（3）社会质量。社会质量是指产品满足社会利益需求的程度，是产品满足社会属性的体现，也体现了企业的社会责任感，包括是否违反社会道德、是否污染环境、是否浪费资源和能源等。例如，新能源车相比燃油车更具环保性，因此受到年轻消费者的追捧。在互联网时代，消费者的社会意识更加强烈。2021年7月，河南突发暴雨灾害，鸿星尔克在公司处于净亏损状态下捐款5 000万元，引发了"野性消费"热潮，鸿星尔克的直播间和实体店相继断货，说明消费者对于有社会责任感的企业更加青睐。

（4）经济质量。经济质量是指消费者根据其需求，希望以尽可能低的价格，获得尽可能优质的产品，并且在消费或使用中付出尽可能低的使用和维护成本，即物美价廉的统一程度。

内在质量是由产品的自然属性决定的；外观质量、社会质量和经济质量则是由产品的社会属性决定的，受诸多社会因素影响。产品质量也是一个动态的概念，其表现为具有时间性、空间性和消费对象性。不同时代的、不同地区的消费者，对同一产品有不同的质量要求。进入21世纪，随着我国人民生活水平的提高，消费者对产品质量的评价标准发生了变化，由追求耐用性、使用性等实用价值，转变为追求实用价值的同时又要符合审美标准，追求实用与精神的双重享受。

2. 互联网时代产品质量观

传统的产品质量观注重内在质量，互联网时代的产品质量观更多地认为产品质量即消费者满意的质量，包括产品的制造质量和服务质量。它是指在一定条件下，评价产品所具有的自然属性、社会属性、经济属性的综合及其满足消费者需求的程度，是一个相对的、动态的、发展的概念，因此，产品质量追求无止境，消费者满意应成为评价产品质量的标准。

二、产品质量要求

1. 产品质量的影响因素

（1）人的因素。人的因素是产品质量最基本的和最重要的影响因素，人的因素包括人的质量意识、责任感、文化水平、技术水平、质量管理水平等。其中，人的质量意识、技术水平和质量管理水平对产品质量的影响更为重要。

人的质量意识是产品质量的关键影响因素。人的行为取决于人的意识，人的质量意识是产品质量、服务质量和工作质量在人头脑中的反映。为了保证优良的产品质量，人必须具备正确的质量意识。人的质量意识、质量思维能否跟上时代，能否满足消费者的需求也会影响产品质量。

（2）生产过程中的因素。农、林、牧、渔等产业的天然产品的质量受选择的品种、栽培或饲养的方法、生长的自然环境、收获的季节及方法等因素影响。工业产品的生产过程是指在企业范围内全部生产活动协调配合的运行过程，包括市场调研、开发设计、原材料、生产工艺、质量检验及包装等环节。

1）市场调研。通过市场调研可以了解消费者的需求，是企业进行产品开发设计的基础。只有以市场需求为出发点的产品开发设计，才能使产品具有前瞻性和市场竞争力。例如，消费者对食品质量的需求，由吃饱，发展到吃好、有营养，再发展到健康、养生。

2）开发设计。开发设计是保证产品质量的前提。开发设计影响产品生产工艺的标准化程度、产品能否实现规模化生产、产品运输过程中的流程化程度等。不合理的开发设计会给产品质量留下隐患。开发设计包括原材料的配方，产品的结构、性能、样式、外观以及包装设计等。

频繁的汽车召回事件，如日本三菱汽车刹车系统失灵事件、丰田汽车召回事件等，都是因为开发设计缺陷。惠普计算机主板发热问题、三星手机的字库事件等，问题都出在开发设计环节。开发设计问题导致的信誉损失和经济损失远超一般的产品质量问题。

很多企业为了更好地满足消费者的需求，鼓励用户参与产品开发设计。例如，小米手机在开发设计时采纳用户的意见，用户的集体智慧帮助小米打造一代又一代令人惊艳的产品。

3）原材料。原材料是生产产品的物质基础。在其他条件相同的情况下，原材料是产品质量的重要影响因素。因此，在分析和衡量产品质量时，首先要对原材料进行分析。例如，用铁离子含量较高的硅砂为原材料生产的玻璃制品，其透明度和色泽都较差；用牛脂、羊脂为原材料生产的肥皂，去污力强且耐用。

企业在选购原材料时，要研究其对产品质量的影响，详细全面地了解原材料的各种属性。在保证产品质量的前提下，选购原材料还应考虑资源的合理利用，以及原材料对环境是否具有危害性等因素。

当下，产品同质化趋势明显，原材料成为产品差异化的重要因素。例如，哈根达斯冰激凌采用100%纯天然的原材料，并取自世界各地，如马达加斯加的香草、比利时的巧克力、波兰的草莓。

4）生产工艺。产品的使用性及其外观、结构等，都是在生产过程中形成的，因此生产工艺对产品质量发挥决定性的作用。生产工艺是指产品在生产过程中所采用的生产工具、设备、操作规程以及生产技术等。同样的原材料在不同的生产工艺下可以生产不同品种和质量的产品。生产工艺不仅可以提高产品质量，还可以改变产品质量。例如，同样的茶叶原材料，因生产工艺不同，可以生产绿茶、黄茶、白茶、黑茶等风格各异的茶叶；用机器压制的玻璃杯和人工吹制的玻璃杯在厚度、透明度、耐温急变性等方面都不同；采用浮法工艺生产的平板玻璃的平度好，不容易走形，明亮，透明度好，手感平滑。

5）质量检验。质量检验是根据相关产品标准和其他技术文件的规定，判断产品及包装质量是否合格。对于大批量生产的产品，重要的质量特征、安全及外观项目要100%检验，其他项目可以采用分批抽样或连续抽样的检验方法，对不合格返修的产品需要重新检验。互联网营销对质量检验的要求更高，因为在售前，消费者没有看到产品实体，对产品质量的期望值较高，如果质量检验不严格，会严重影响消费者的感受，降低其回购率。

6）包装。包装是产品不可缺少的附加物，包装是产品质量的重要影响因素。良好的、合理的包装不仅有利于产品的储存保护，可以保证产品质量，还有利于产品的销售与使用，增强产品的市场竞争力。

（3）流通过程中的因素

1）运输与装卸。运输与装卸是产品从企业手中转移到消费者手中，进入流通领域的必经过程。运输工具、运输环境、运输路途、运输时间等因素都会影响产品质量。

产品运输方式有铁路运输、公路运输、水路运输、航空运输等。产品运输方式的选择必须充分考虑产品的性质，才能降低产品在运输过程中外界因素的影响，保证产品质量。例如，对于生鲜产品，因其新鲜易腐，适宜选择短途运输，甚至选择冷链运输；对于煤矿石等，可以选择长途运输；对于价值高的、体积较小的产品，可以选择航空运输。

在运输与装卸过程中，不能随便抛扔，不能风吹、日晒、雨淋等，避免发生碰撞、挤压、破碎、散失、受潮等问题，以保证产品质量。例如，对于玻璃、陶瓷等易碎品，在运输与装卸过程中要做好防摔等处理。

2）储存。储存是产品进入流通领域的一个重要环节，产品储存期间的内外环境条件（温度、湿度、氧气、水分、微生物、害虫等）、储存技术、管理手段等因素会导致产品质量发生变化。例如，生鲜产品易霉变、腐烂，对储存条件和储存技术要求较高；对于茶叶、樟脑丸、服装等产品，应分开储存以免串味；对于易受潮的产品，要注意防潮和通风。

3）销售服务。销售服务包括售前服务、售中服务、售后服务。销售服务中的进货验收、入库短期存放、产品陈列、提货搬运、装配调试、包装服务、送货服务、技术咨询、维修和退换货等工作都影响产品质量。以售中服务为例，产品的陈列、拆零、分装等会使产品质量发生变化。

（4）使用过程中的因素。使用过程直接影响产品质量。产品的使用环境、使用方法、安装方法、保养条件和保养方法等都会影响产品质量。例如，药品的存放环境，农药、化肥的使用方法，电器的安装方法，丝制品、毛制品的洗涤方法与保养方法等都对产品质量有一定程度的影响。

如果使用方法不当、使用条件不利，不仅会损坏产品，降低产品的使用价值，还可能危及人身安全。所以，企业要认真编写产品使用（食用）说明书，并通过多种方式向消费者宣传产品使用（食用）和养护知识。在互联网时代，对于产品的使用（食用）方法、安装方法等，可以通过视频及直播的方式更加直观地展现给消费者。

2. 产品质量的要求

（1）使用性。使用性是指产品为满足一定的用途所必须具备的各种性能，是构成产品使用价值的基本条件。例如，空调的制冷功能、制热功能，钟表的准确计时性能，汽车的驾驶性能等。原材料性产品或半成品的使用性还意味着易加工。使用性除了产品用途所要求的基本性能，还包括产品在该用途方面应尽量符合人体工程学原理，满足使用方便性等要求。例如，产品的结构要与人体尺寸、形状及各个部位相适应，产品要与人的视觉能力、听觉能力、触觉能力、味觉能力、嗅觉能力、知觉能力以及信息再处理能力相适应，复杂产品的使用操作要符合简单、易掌握、不易出错等要求。

（2）安全卫生性。安全卫生性是指产品在生产、流通和使用过程中，满足人身安全和健康不受危害，以及环境不受污染、不造成公害的要求，是评价产品质量的重要指标。

1）食品的安全卫生性。食品的安全卫生性是指食品中不应含有或超过允许限量的、对人体有害的物质和微生物等，是食品质量最基本的要求。食品安全卫生关系消费者的身体健康和生命安全，甚至影响子孙后代。因此，食品必须符合有关的卫生规定和标准，若不符合，其他质量要求也失去意义。食品的有害物质通常包括食品本身产生的毒素、其他物质对食品的污染、加工中混入的毒素、保管不善产生的毒素、环境或化学药物造成的污染等。

2）纺织品的安全卫生性。纺织品的安全卫生性是指纺织品保证人体健康和人身安全应具备的性质，主要包括卫生无害性、抗静电性等。卫生无害性不仅要求纺织品纤维对人体无害，还要求纺织品在加工和染色过程中使用的染料防缩剂、防皱剂、柔软剂、增白剂等化学物质对人体无害。这些物质如果残留在纺织品表面，就可能对皮肤造成刺激。吸湿性差的涤纶、腈纶、氯纶、丙纶等合成纤维容易产生静电。减少静电的方法：一是在纺织品中混入纤维，二是将静电剂加入合成纤维或固着在纤维表面。

3）日用工业品的安全卫生性。日用工业品的安全卫生性是指日用工业品在流通、使用过程中，保证人身安全、健康和环境免遭危害所需要的各种性能。例如，化妆品、玩具等产品应具有无毒性和无刺激性，电器产品应具备防人身触电、防引起火灾、防危害人身安全等性能。

产品的安全卫生性要求除了保证产品使用者的安全卫生，还包括对第三方的人身安全和健康不造成危害的社会要求，如空气污染、噪声污染、土壤污染、水源污染、辐射等。社会要求体现了企业的社会责任，也越来越受重视。

（3）审美性。审美性是指产品满足消费者审美需要的属性，即产品在形态、色泽、质地、结构、品种等方面满足消费者审美需要的属性。现代社会消费者对产品的需求不仅在于满足物质需求，还有更高层次的精神需求，形成物质需求与精神需求的高度统一，产品的审美性已成为增强产品竞争力的重要手段。例如，选择灯具时，美观成为影响消费者的重要因素。

1)食品的审美性。食品的审美性要求食品具备良好的色、香、味、形,对引起消费者的食欲、购买欲等有重要的影响。

2)服装的审美性。现代社会消费者对服装的需求,不再是为了遮体御寒,对美的追求已成为消费者对服装的主流需求。服装的审美性要求包括内在美要求、外在美要求和流行美要求。内在美要求服装能体现一定的文化内涵。外在美要求服装在款式、面料、装饰、工艺、色彩、图案等方面具有时代特色和整体美。流行美要求服装能够满足消费者对流行、时尚与艺术等方面的需求。

3)日用工业品的审美性。日用工业品的审美性是指日用工业品的外观造型、装饰等属性满足消费者的审美要求,主要表现在产品的外观不能有瑕疵;产品的外观具有艺术性、装饰性、时尚性等,如造型新颖、色彩丰富、质地考究等。

4)包装的审美性。包装除了具备基本的使用性能,还要具有一定的审美性和文化性。精美的包装可以提高产品的附加值,增强产品的市场竞争力。

(4)经济性。经济性是指企业用尽可能低的费用获得较高的产品质量,从而获得最大的经济效益。物美价廉是多数消费者对产品的价值追求,追求产品的经济性会使消费者感到物美价廉。经济性反映了产品在生命周期内成本与质量最佳水平的匹配程度。它包括两方面的内容:一是在物美价廉基础上的最适度质量;二是产品价格与使用费用的最佳匹配。

(5)寿命。寿命是产品的基本特性,通常是指产品的使用寿命,表明了产品的耐用性。耐用性是指产品在规定的使用条件下,保持正常使用性能的程度。

(6)可靠性。可靠性是指产品在整个生命周期内,在规定的使用条件下,保持性能不变的能力。它是产品在使用过程中性能稳定性的表现,是评价机电类产品质量的重要指标之一。不同产品的可靠性的表现不同:钟表的可靠性表现为走时的准确性和精度的稳定性;纺织品的可靠性表现为耐磨性和色牢度。可靠性可以细分为耐用性、易维修性和设计可靠性。

1)耐用性是指产品在规定期限内保持规定功能而不发生故障或寿命较长的质量特性,是评价高档耐用品质量的重要指标。

2)易维修性表示产品可接受维修的能力,是指产品在发生故障后迅速修复,恢复其功能的能力。

3)设计可靠性是指减少产品设计的失误,提高产品的易操作性、易维修性,或降低后续使用中发生故障的概率,从而将损害控制在最低限度。

培训项目 2 产品管理

培训单元 1 选 品

1. 选品依据、选品要点。
2. 直播选品注意事项。

一、选品依据

互联网营销选品在注重区域优势、货源优势、渠道优势的前提下,还应考虑以下方面。

1. 根据市场趋势选品

互联网营销和传统营销一样,首先要把握市场趋势,有针对性地根据市场趋势选品。例如,冬天是羽绒服、取暖电器的销售旺季,夏天是空调的销售旺季等。

2. 根据行业风向选品

传统电商可以借助大数据以及第三方工具,分析并选择近期热销的产品。直播销售员可以借助直播数据分析工具,查看电商类直播平台上产品与行业的信息,掌握热销产品的数据信息,进而选择产品。例如,通过抖音电商排行榜可以快速找到热销的产品,也可以通过灰豚数据查看直播产品的销售情况。

3. 根据用户画像选品

传统电商可以根据自身产品定位、特性以及用户画像选品。例如，唯品会根据"关注性价比，有品更悦己"中产女性的用户画像选品，实现快速崛起。

直播销售员可以分析粉丝的用户画像，了解粉丝群体的性别、年龄、地域分布，以及兴趣、购物偏好等属性特征。根据粉丝的属性特征，选择满足粉丝要求的产品。例如，以男性粉丝居多的直播销售员，可以选择科技数码类、游戏设备类产品；以女性粉丝居多的直播销售员，可以选择美妆类、服饰类、鞋包类、美食类产品。

4. 根据时效性选品

选择时效性的产品可以在短期内带来利润，并且容易出爆款。

5. 根据热点事件选品

例如，电子竞技比赛中某俱乐部夺冠，游戏类直播销售员可以据此选品。

6. 根据热度选品

网红产品的热度高时，销售量都不错，如星巴克的猫爪杯等。

7. 根据直播销售员的人设定位选品

根据直播销售员的人设定位选品主要是指以客单价为指标选品。客单价是指每一个消费者平均购买产品的金额，即平均交易金额。客单价可以分为低客单价、中客单价和高客单价。一般认为低客单价的产品价格在50元以下，中客单价的产品价格在50～100元，高客单价的产品价格在100元以上。泛娱乐达人、专业达人和专家学者等类型的直播销售员根据自身的人设，选择不同客单价的产品。

（1）泛娱乐达人选品。泛娱乐达人选品一般以低客单价为主，中客单价为辅。低客单价的产品具有价格优势，目标消费者数量多、转化率高，但一般利润空间不大。

（2）专业达人选品。专业达人选品一般以中客单价为主，低客单价为辅。有一定消费能力的消费者往往不会选择过于低价或高价的产品，他们更倾向于选择中价位的产品，以获得一定的品质保障。这类消费者一般比较理性，更加注重产品的使用性。

（3）专家学者选品。专家学者选品一般以高客单价为主，中客单价为辅。高客单价产品的利润高，具有专业性且目标消费者精准，但转化率低，转化周期长。消费者一般很理性，特别重视品牌和品质。

8. 根据直播账号的内容垂直度选品

在直播行业中，很多头部直播销售员已发展为多品类销售，非头部直播销售员则不适宜多品类或跨品类销售。经营垂直内容（经营某一个领域的内容）的直播销售员，虽然在选品上会受到一定的限制，但目标消费者更加精准。例如，育儿类直播销售员可以选择与亲子、育儿相关的产品，如奶瓶、奶粉、纸尿裤、睡袋、儿童保温杯等。美食类直播销售员可以选择与美食相关的食材、调味品、厨房用品、炊具等产品。

二、选品要点

互联网营销选品要注意以下要点。

1. 品牌

一般来说，品牌产品的转化率高于非品牌产品，且知名度越高的品牌转化率越高。选择品牌产品能够提高转化率，同时产品质量和售后服务也更有保障。

2. 品相

互联网营销尤其是直播销售是具有场景感、沉浸感的互动式销售方式，品相好的产品能够在外观、质地、使用效果等方面，对消费者形成强烈的冲击，更能引起消费者的购买欲望。

3. 品质

无论是传统电商还是直播销售，是选择低客单价的产品还是选择中、高客单价的产品，增强消费者的黏性，提高消费者的复购率，都必须保证产品具有良好的品质。消费者收到产品后，如果品质上佳，实际使用效果超出预期，售后体验良好，就会对直播销售员产生信任感，从而继续购买，成为忠诚的消费者。

4. 多样性

有些产品有一定的使用周期，如果在一段时间内产品种类不足、重复度高，尤其是直播销售员反复推荐同一类产品，很容易造成消费者审美疲劳。因此，选品要重视产品的多样性，保持消费者的新鲜感，从而整体提高转化率。

5. 直播销售人数

如果产品只有1个直播销售员销售，说明是独家产品；如果有2~10个直播销售员销售，说明产品具有一定的稀缺性，很有可能成为爆款；如果超过50个直播销售员销售，说明该产品不具有稀缺性，成为爆款的可能性非常低。

三、直播选品注意事项

1. 服装类产品

服装类产品对于刚开始直播的直播销售员不适合,除非直播销售员有完善的供应链,因为服装类产品的退货率较高。

2. 零食类产品

零食类产品的种类多、需求大、成本低,成为头部直播销售员必不可少的一个销售品类。非头部直播销售员不适合选择此类产品,因其相较头部直播销售员不具备价格优势。

3. 标准价格的产品

对于头部直播销售员,有严格的价格控制,适合选择具有标准价格的产品。非头部直播销售员选择标准价格的产品要慎重,因为不具备价格优势。

4. 体验性强的产品

一直以来,传统电商平台销售珠宝玉石类产品不理想,因为传统的图文形式无法介绍珠宝玉石的特点,如宝石的成色、价格差异的原因等,所以需要专业的销售人员与消费者深入沟通。而直播成为降低沟通成本的有效方式,显著提升了珠宝玉石类产品的转化率和线上渗透率。

5. 争议较大的产品

不论是什么品类的产品,只要存在缺陷、争议,如山寨产品、残次品、二手物品等,除了质量原因,还容易引发侵权甚至违法。尤其是国家明令禁止售卖的产品,或者有年龄限制及不符合主流道德观的产品,更是不能选择。

6. 附加服务

选品时,不要忽视产品的附加服务。不少直播销售员因服务差被消费者投诉,甚至遭到了粉丝的声讨。

培训单元 2　产品分类与编码

1. 产品分类。
2. 产品编码。

一、产品分类

1. 产品分类概述

产品分类是指为了一定的目的或满足某种需要，根据产品的某种属性或特征，选择适当的产品分类标志，将产品划分为不同的类别并形成系统的过程。

产品分类既要考虑分类对象的属性、特征，也要考虑分类对象在管理上的需要和要求，有时还要兼顾分类对象在传统上已经习惯的管理范围和管理方法等。

我国通常将产品划分为门类、大类、中类、小类、品种、细目等。门类是指按国民经济行业共性对产品进行分门别类，属最高类别。我国将产品分为20个门类。大类是指按产品生产和流通过程中的行业划分，将产品在门类的基础上分为97个大类，如五金类、交电类、日用百货类、钟表类、针纺织品类、印刷品类等。中类即产品种类，也称品类或品目，是若干具有共同性质或特征的产品总称，包括针棉织品、塑料制品、橡胶制品等。小类是指按产品的某些特点和性质进一步划分，如针棉织品又可以分为针织内衣类、针织外衣类、羊毛衫类等。品种是指按产品的性质、成分等特征划分，是具体产品的名称，如西服、洗衣机、皮鞋、啤酒等。细目是指对品种的详细划分，包括花色、规格、品级等。

产品分类为政府、行业、企业进行各项管理活动和实现信息化管理奠定了基础，也可以在生产、交换、流通过程中，应用科学的方法将成千上万种产品条理化、系统化，以实现产品使用的合理化和流通管理的现代化。因此，产品分类对发展生产、促进流通、满足消费、提高现代经营管理水平等发挥重要作用。

在不同的时期，产品的范围、分类对象并不完全相同，因此，产品分类的层次也不一样。通常将产品分为大类、中类、品种和细目4个层次。

2. 产品分类方法

（1）线分类法。线分类法也称层级分类法，是指将确定分类的产品集合总体按照一定的产品分类标志或属性，逐次地分为相应的若干个层级，并排列成一个有层次的、逐级展开的产品分类体系。它的一般表现形式是大类、中类、小类、细类等，将分类对象一层一层地进行具体划分。在产品分类体系中，每个层级只能选择一个产品分类标志，各层级的产品分类标志可以不同，同一层级的各类目之间构成并列关系，称为同位类，上下层级的各类目之间构成隶属关系，称为上下位类。

线分类法属于传统的产品分类方法，适用范围广泛，在国际贸易和国内流通领域中，线分类法经常被采用。例如，可以采用线分类法分类家具，见表6-1。

表6-1 采用线分类法分类家具

大类	中类	小类
家具制造业产品	木制家具 金属家具 塑料家具 竹藤家具	床 椅 凳 桌 箱 架 橱柜

线分类法的优点是信息容量大、层次性好、逻辑性强，符合传统应用的习惯，既对手工处理有较好的适应性，又便于计算机处理；缺点是结构弹性差。所以，采用线分类法编制产品目录时，必须预留足够的容量。

（2）面分类法。面分类法又称平行分类法，是指把分类对象按不同的产品分类标志划分为相互之间没有隶属关系的若干个分类集合（面），每个分类集合（面）中都包含一组类目。将某个分类集合（面）中的一个类目与另一个分类集合（面）中的一个类目组配在一起，即形成一个复合类目。例如，服装分类就是采用面分类法，把服装的面料、样式和款式分为3个相互之间没有隶属关系的面，每个面又分为一组表示不同范畴的独立类目。使用时，将有关类目组配起来，便形成一个复合类目，如羊毛男式中山装、中长纤维女式西装等，见表6-2。

表6-2　采用面分类法分类服装

面料	样式	款式
纯棉	男式	中山装
羊毛		唐装
中长纤维		连衣裙
毛涤	女式	儿童套装
丝绸		西装

面分类法具有结构弹性好、适应性强等优点，但不能充分利用容量，组配的结构太复杂，不便于手工处理。目前，一般都把面分类法作为线分类法的辅助方法。

3. 产品分类标志

产品分类标志是表明产品特征的、用以识别产品不同类别的记号，是编制产品目录和产品分类体系的依据和基准。

（1）以用途为产品分类标志。用途既是体现产品使用价值的标志，也是评价产品质量的重要依据，所以以用途为产品分类标志，在实际中应用最广泛。它不仅适用于产品大类划分，也适用于产品种类、品种等详细划分。例如，以用途为产品分类标志，将产品分为生产资料与生活资料两大类；生活资料又分为食品类、衣着用品类、家用电器类、日用品类等；日用品类可以分为鞋类、玩具类、洗涤用品类、化妆品类等；化妆品类可以再分为皮肤用化妆品和毛发用化妆品；在此基础上，还可以细分，如毛发用化妆品可以分为清洁类、护发养发类、染发剂类等。

以用途为产品分类标志，便于对相同用途的产品质量进行分析比较；有利于消费者按用途选购产品；有利于企业提高产品质量，开发新品种；有利于商家进行产品的经营管理。对于多用途的产品，不宜采用该产品分类标志。

（2）以原材料为产品分类标志。原材料的种类和质量在很大程度上决定产品的性能和质量。以原材料为产品分类标志是重要的产品分类方法之一。例如，以原材料为产品分类标志，纺织品分为棉织品、麻织品、丝织品、毛织品、化纤织品、混纺织品等；以原材料为产品分类标志，皮鞋分为牛皮鞋、猪皮鞋、羊皮鞋等。

以原材料为产品分类标志，产品分类清楚，但对于由多种原材料生产的产品，不宜采用该产品分类标志，如电冰箱、电视机、钟表等。

（3）以加工方法为产品分类标志。对于很多产品，即使采用相同的原材料生产，加工方法不同，产品的质量、性能、特征等也有明显差异。因此，对采用相同原材料的、可以选用多种加工方法生产的产品，适宜以加工方法为产品分类标志。酒类以酿造方法为产品分类标志，可以分为蒸馏酒、发酵酒、配制酒；茶叶以加工方法为产品分类标志，可以分为发酵茶、半发酵茶和不发酵茶等。

对于虽然加工方法不同，但质量、特征不会有实质性区别的产品，则不宜采用该产品分类标志。

（4）以化学成分为产品分类标志。许多产品的性能、质量、用途往往由产品的化学成分决定，其中尤为重要的是组成产品的主要成分或特殊成分，因此，以化学成分为产品分类标志，可以通过产品的主要成分或特殊成分说明其性能、质量和用途。塑料制品以其主要成分——合成树脂为产品分类标志，分为聚乙烯塑料制品、聚氯乙烯塑料制品、聚苯乙烯塑料制品、聚丙烯塑料制品等；玻璃的主要成分是二氧化硅，以其特殊成分为产品分类标志，可以分为钠玻璃、钾玻璃、铅玻璃、硼硅玻璃等。

但对化学成分复杂的产品或化学成分不明显的产品，则不宜采用以化学成分为产品分类标志。

（5）其他产品分类标志。除上述产品分类标志外，产品的形状、结构、尺寸、颜色、质量、产地、产季等均可以作为产品分类标志。其他产品分类标志更容易被消费者接受，其特点是概念清楚、形象直观、特征具体、通俗易记、便于区别。

 **相关链接**

商场经营小妙招

一家商场生意红火，所经营的超市有两层，经营品种齐全。超市的二层设置多个出入口，三层却只有入口，没有出口。

商场对产品做了分类，将日化产品、生鲜食品、儿童游乐设施等设置在三层，而将服装、家电、玩具等消费频率低的产品均设置在二层。消费者要去三层购物必须经过二层。这种设置实现了让消费者"顺便把产品带回家"的经营理念。

二、产品编码

1. 产品目录

产品目录是国家或部门经营管理的产品总明细目录。产品目录是产品分类的具体体现,科学编制的产品目录有利于实现产品管理的科学化、现代化。

产品目录是指在产品逐级分类的基础上,用表格、符号和文字全面记录产品分类体系和编排顺序的书本式工具。产品目录是产品分类的体现,只有根据产品的科学分类编制产品目录,才能做到层次分明、条理清晰。

从表现形式分析,产品目录是在产品分类和产品编码的基础上,用表格、符号和文字等全面记录和反映相关产品集合总体综合信息的文件;从内容结构分析,产品目录一般是产品名称、产品分类代码、产品分类体系三方面信息的有机结合。建立科学的、实用的产品分类体系和产品目录是研究产品分类的主要内容和最终目的。产品目录不是一成不变的,它应随着产品生产和商品经济的发展、消费者需求的变化、地区商业企业之间经营品种的变化以及国家经济政策的调整,及时进行修订,从而发挥其对产品经营的指导作用。

2. 产品分类代码

(1) 产品分类代码的含义。产品分类代码是在产品分类的基础上,对各类、各种产品赋予一定规律性的符号。产品分类代码通常是产品目录的组成部分,产品分类与产品分类代码共同构成了产品目录的完整内容。

(2) 产品分类代码的种类

1) 数字型代码。数字型代码是用一个或若干个阿拉伯数字表示分类对象(产品)的代码,其特点是结构简单、使用方便、易于推广、便于计算机处理。

2) 字母型代码。字母型代码是用一个或若干个字母表示分类对象的代码,其特点是便于记忆,比同样位数的数字型代码的容量大,可以提供便于人们识别的信息,但不便于计算机识别与处理,并且适用于分类对象数量较少的情况。

3) 混合型代码。混合型代码是由数字和字母混合组成的代码,兼有数字型代码和字母型代码的优点,结构严密,具有直观性和良好的表达性,同时符合使用习惯。混合型代码的组成形式复杂,不便于计算机输入,录入效率低,错码率高。

4) 条码。条码是由一组规则排列的条、空组成的,表示一定信息的产品标识。

（3）产品分类代码的编制方法

1）层次编码法。层次编码法是指按照产品类目在产品分类体系中的层次、顺序，依次进行编码的一种编制方法，主要采用线分类法。

2）平行编码法。平行编码法是指以产品分类面编码的一种编制方法，即为每个产品分类面确定一定数量的码位，各代码之间是并列平行的关系。

3）混合编码法。混合编码法是层次编码法与平行编码法的结合运用的一种编制方法。

4）顺序编码法。顺序编码法是指按产品类目在产品分类体系中出现的先后次序，依此进行顺序编码的一种编制方法。一般用于容量不大的编码对象集合体。在编码时，应留有一定的空码（备用码），以便增加新类目。

3. 产品编码

（1）产品编码含义。产品编码是指用一组有序的代表符号标识产品分类体系中不同类目产品的过程，即赋予某种或某类产品一个或一组有序的符号排列，是便于人和计算机识别与处理产品的代表符号。产品编码中所使用的代表符号即产品分类代码。代表符号可以由数字、字母和特殊标记组成。

（2）产品编码原则

1）唯一性原则。每一个编码对象只能有一个产品编码。

2）简明性原则。产品编码应尽可能简明、易记。

3）可扩展性原则。在产品编码结构中要留有足够的备用码，以满足新类目增加和旧类目删减的需要，使扩充新产品编码成为可能。

4）稳定性原则。产品编码要在一定时期内保持稳定，不能频繁变更。

（3）条码概述。条码（bar code）是国际物品编码组织规定的，将宽度不等的多个黑条和空白，按照一定的编码规则排列，用以表达一组信息的图形标识符。常见的条码是由反射率相差很大的黑条（简称条）和空白（简称空）排成的平行线图案。条码可以标出物品的生产国、制造厂家、产品名称、生产日期、图书分类号、邮件起止地点、类别、日期等许多信息，因而在产品流通、图书管理、邮政管理、银行系统等许多领域得到广泛的应用，如图6-1所示。

图6-1 条码

1）条码技术的优点。条码技术是迄今为止最经济实用的一种自动识别技术。条码技术具有以下优点。

①输入速度快。条码输入速度是键盘输入速度的 5 倍，并且能实现即时数据输入。

②可靠性高。键盘输入的出错率为 1/300，利用光学字符识别的出错率为 1/10 000，而条码输入的出错率低于 1/1 000 000。

③采集信息量大。传统的一维条码一次可以采集数十个字符的信息，二维条码可以采集数千个字符的信息，并有一定的自动纠错能力。

④灵活实用。条码既可以作为一种自动识别技术单独使用，也可以和有关识别设备组成一个系统，实现自动化识别，还可以和其他控制设备连接起来实现自动化管理。

另外，条码标签易于制作，对设备和材料没有特殊要求，识别设备操作容易，不需要特殊培训，且相对便宜。

2）条码技术的应用范围

①商业自动化系统。商业是最早应用条码技术的领域。在商业自动化系统中，条码是关键。POS（point of sale）是一个销售时点系统。该系统以条码为手段，计算机为中心，实现产品进销存管理，快速反馈进销存各个环节的信息，为经营决策提供信息。

②仓储管理。立体仓库是现代工业生产中的重要组成部分，应用条码技术，可以完成仓库货物的导向、定位、入库操作，提高识别速度，减少人为差错，从而提高仓储管理水平。

③其他管理领域。条码技术还广泛应用于交通管理、金融文件管理、商业文件管理、病历管理、血库血液管理以及各种分类技术方面，条码技术作为数据标志和数据自动输入的一种手段已被人们广泛应用，渗透计算机管理的各个领域。

3）常用条码简介

① EAN 码（european article number）。EAN 码是国际物品编码组织制定的一种产品用条码，全世界通用。EAN 码有标准版（EAN13）和缩短版（EAN8）2 种，我国的通用条码与其等效。日常购买的产品包装上的条码一般都是 EAN 码。EAN 码是当今世界上广为使用的条码，已成为电子数据交换（EDI）的基础。

② UPC 码（universal product code）。UPC 码是美国统一代码委员会制定的一种产品用条码，主要用于美国和加拿大。

③ 39 码。39 码是一种可以表示数字、字母等信息的条码，目前主要用于工业、图书及票证的自动化管理，使用极为广泛。

④ 库德巴条码（Codabar barcode）。库德巴条码可以表示数字和字母信息，主要用于医疗卫生、图书情报、物资等领域的自动识别系统。

条码的种类很多，常见的有 20 多种，除以上列举的一维条码外，二维条码已经迅速发展，并在许多领域得到了应用。

4）条码的结构。EAN 码有 2 种版本——标准版和缩短版。标准版由 13 位数字表示，又称 EAN13 码，缩短版由 8 位数字表示，又称 EAN8 码。2 种条码的最后一位为校验码，由前面的 12 位或 7 位数字计算得出。EAN 码标准版的结构，如图 6-2 所示。

图 6-2　EAN 码标准版结构图

EAN 码由前缀码、厂商识别码、产品项目代码和校验码组成。前缀码是国际物品编码组织标志各会员组织的代码，我国 EAN 组织的代码为 690、691 和 692；厂商识别码是国际物品编码组织在前缀码的基础上分配给厂商的代码；产品项目代码由厂商自行编码；校验码用于校验代码的正确性。在编制产品项目代码时，厂商必须遵守产品编码的基本原则：对同一产品项目的产品，必须编制相同的产品项目代码；对不同产品项目的产品，必须编制不同的产品项目代码。保证产品项目与其代码一一对应，即一个产品项目只能有一个产品项目代码，一个产品项目代码只标志一个产品项目。例如，听装健力宝饮料的条码为 6901010101098，其中 690 代表我国 EAN 组织，1010 代表广东健力宝股份有限公司，10109 是听装饮料的产品项目代码，8 是校验码。这样的编码方式保证了无论何时何地，6901010101098 均是唯一对应该产品的条码。

另外，图书和期刊作为特殊的产品采用 EAN13 码，分别表示为 ISBN 和 ISSN，前缀 977 用于期刊号 ISSN，前缀 978 用于图书号 ISBN。我国被分配使用 7 开头的 ISBN，因此，我国出版社出版图书的条码全部为 9787 开头。

从 20 世纪 40 年代开始，条码技术至今已有 80 多年的历史。1970 年美国统一代码委员会制定了通用产品代码 UPC 码，UPC 码的使用成功促使了欧洲编码系统（EAN）的产生。到 1981 年，EAN 已发展成为一个国际性的组织，且 EAN 码与 UPC 码兼容。

随着国外条码技术的应用，我国于 20 世纪 70 年代末到 80 年代初开始对其进行研究，并在部分行业完善了条码管理系统，如邮电、银行、连锁店、图书馆、交通运输及各大企事业单位等。1988 年 12 月，我国成立了中国物品编码中心，并于 1991 年 4 月 19 日正式加入国际物品编码组织。近年来，我国的条码事业发展迅速，条码技术得到了广泛的应用。为了规范条码的应用，保证条码质量，加快条码普及，促进经济发展，原国家质量监督检验检疫总局发布了《商品条码管理办法》。

培训模块 七
安全基础知识

培训项目 1

网络信息安全

培训单元 1　网络信息安全概述

1. 网络信息安全的基本概念。
2. 网络信息安全的重要性。
3. 网络信息安全威胁。

一、网络信息安全的基本概念

1. 网络信息安全的定义

网络信息安全的发展经历了通信保密、计算机安全、信息保障、可信计算等阶段。狭义的网络信息安全特指网络信息系统的各组成要素符合基本属性的要求，即机密性、完整性、可用性、抗抵赖性、可控性。广义的网络信息安全是包括国家安全、城市安全、经济安全、社会安全、生产安全、人身安全等的"大安全"。网络信息安全通常简称为网络安全。根据《中华人民共和国网络安全法》中的用语含义，网络安全是指通过采取必要措施，防范对网络的攻击、侵入、干扰、破坏和非法使用以及意外事故，使网络处于稳定可靠运行的状态，以及保障网络数据的完整性、保密性、可用性的能力。

围绕网络信息安全问题，保障网络信息安全的对象内容、理念方法、持续时间都在不断变化，表现在三方面：一是保障内容从单维度向多维度转变，保障的维度包含网络空间域、物理空间域、社会空间域；二是保障措施从单一性（技术）向综合性（法律、政策、技术、管理、产业等）转变；三是保障时间要求涵盖网络信息系统的整个生命周期，保障响应时间要求不断缩短。网络信息安全没有战时、平时之分，而是时时刻刻保持高度警惕。

2. 网络信息安全的基本属性

网络信息安全的基本属性主要有机密性、完整性、可用性、抗抵赖性和可控性。

（1）机密性。机密性是指网络信息不泄露给非授权用户、实体或程序，防止非授权用户获取信息的属性。例如，在网络信息系统中传递口令、敏感信息，一旦非授权用户通过监听手段获取，就有可能危及网络信息系统的整体安全，而网络管理账号、口令信息泄露将会导致网络设备失控。机密性是网络信息系统 CIA 三性之一，其中 C 代表机密性（confidentiality）。机密性是军事信息系统、电子政务信息系统、商业信息系统等的重点要求，一旦信息泄露，所造成的影响难以计算。

（2）完整性。完整性是指网络信息或网络信息系统未经授权不能进行更改的属性。例如，保证电子邮件在存储或传输过程中不被删除、修改、伪造、插入等。完整性也是网络信息系统 CIA 三性之一，其中 I 代表完整性（integrity）。完整性对于金融信息系统、工业控制系统非常重要，可谓失之毫厘，谬以千里。

（3）可用性。可用性是指授权用户能够及时获取网络信息或服务的属性。例如，网站能够给授权用户提供正常的网页访问服务，防止拒绝服务攻击。可用性是网络信息系统 CIA 三性之一，其中 A 代表可用性（availability）。对于国家关键信息基础设施而言，可用性至关重要，如电力信息系统、电信信息系统等，要求保持业务连续运行，尽可能避免中断服务。

（4）抗抵赖性。抗抵赖性是指防止网络信息系统相关用户否认其活动行为的属性。例如，通过网络审计和数字签名，可以记录和追溯用户在网络信息系统中的活动。抗抵赖性也称为不可否认性（non-repudiation），不可否认性的目的是防止用户对其行为进行否认。该属性常用于电子合同、数字签名、电子取证等。

（5）可控性。可控性是指网络信息系统责任主体对其具有管理、支配能力的属性，能够根据授权规则对网络信息系统进行有效掌握和控制，有效地控制网络信息系统的行为和信息的使用，符合网络信息系统运行目标。

除了上述的基本属性，网络信息安全的属性还包括真实性、时效性、合法合规性、公平性、可靠性、可生存性和隐私性等，这些属性适用于不同类型的网络信息系统，其要求程度有所差异。

二、网络信息安全的重要性

1. 信息时代信息的价值

随着信息技术的快速发展，全球信息化正在引发当今世界的深刻变革。信息逐渐成为一种和能源一样具有价值的资源。如何更加健康、和谐、高效地利用信息资源，成为未来维持、强化世界有序性、优化社会生产管理和促进人类发展进步的重要研究课题。信息的价值与信息的属性相关，信息的真实度越高，越能减少信息使用过程中的不确定性及损失，其价值也越高。同时由于信息的时效性，需要及时更新、使用信息，否则信息会因使用时间滞后而贬值。信息的价值，也与信息的共享性相关，信息如果不能被分享和交流，其存储和使用就失去了价值。

2. 网络信息安全重要性认识

随着网络信息化应用的深入，网络空间已经成为支撑关键行业开展业务的基础平台，网络信息安全将直接影响业务的正常运转，关系国家安全、社会稳定和数字经济的发展。目前，网络信息安全形势日益严峻，新型威胁不断出现，国家政治、经济、文化、社会、国防安全及公民在网络空间的合法权益面临多种风险与挑战。国际上争夺和控制网络空间战略资源、抢占规则制定权和战略制高点，谋求战略主动权的竞争日趋激烈。

从不同角度对网络信息安全的具体理解和需求也不同。

（1）国家安全和保密部门角度。从国家安全和保密部门的角度，要对网络上传播的、非法的、有害的或涉及国家机密的信息进行监测、过滤和处置，避免有害信息传播、重要信息泄露，避免国家关键信息基础设备遭受破坏，避免对国家、社会产生危害或造成巨大损失。

（2）社会教育和意识形态角度。从社会教育和意识形态的角度，要对在网络上传播的、有害的、低俗的、暴力的信息进行治理、管理和引导。这些不良信息会对社会秩序的稳定和人类的发展造成阻碍，避免接触不良信息，抵制有害信息传播，提升网络文化的底蕴与内涵。

（3）网络运行和管理者角度。从网络运行和管理者的角度，要对网络建设、运营，管理信息系统的访问、读写等操作进行保护和控制，避免后门、计算机病毒、非法存取、拒绝服务、资源非法占用和非法控制等网络威胁和网络攻击。

（4）网络用户角度。从网络用户的角度，要对在网络上传播的、涉及个人隐私或商业利益的信息进行机密性、完整性和真实性保护，避免他人利用窃听、冒充、篡改、抵赖等手段，侵犯或损坏用户的利益和隐私，避免他人对用户自身的设备或使用的网络信息系统进行非法访问和破坏。

 **相关链接**

网络信息安全防护等级

网络信息安全防护等级应当根据网络信息在国家安全、社会生活中的重要程度，以及网络遭到破坏后对国家安全、社会秩序和公共利益、公民法人和其他组织合法权益的损害程度等因素确定。目前我国网络信息安全防护分为5个等级，从第一级到第五级逐级增高（见表7-1）。

表7-1 网络信息安全防护的5个等级

等级	对象	损害客体	损害程度	监管强度
第一级	一般网络信息系统	公民法人和其他组织合法权益	损害	自主保护
第二级		公民法人和其他组织合法权益	严重损害	指导
		社会秩序和公共利益	损害	
第三级	重要网络信息系统	社会秩序和公共利益	严重损害	监督检查
		国家安全	损害	
第四级		社会秩序和公共利益	特别严重损害	强制监督检查
		国家安全	严重损害	
第五级	极其重要网络信息系统	国家安全	特别严重损害	专门监督检查

三、网络信息安全威胁

1. 常见的网络信息安全威胁类型

安全威胁是指对安全的潜在危害。网络信息安全威胁是指对网络信息安全的机密性、完整性、可用性、抗抵赖性及可控性等方面所造成的危险。

在网络信息系统中,常见的网络信息安全威胁有以下类型。

(1)信息泄露。信息泄露是指未授权的实体(用户或程序)获取了传递或存储的信息,造成了信息泄露,破坏信息的机密性。这种安全威胁主要来自窃听、搭线等信息探测攻击。

(2)信息破坏。信息破坏是指通过非授权的增删、修改或破坏,使信息的完整性遭到破坏。

(3)服务欺骗。服务欺骗是指伪装成合法系统或系统的合法组件,引诱并欺骗用户使用。例如,通过相似的网址、界面,欺骗用户。

(4)业务拒绝。业务拒绝是指攻击者通过对信息资源的干扰、非法占用、超负荷使用等手段,阻止用户对信息资源的正常使用,妨碍用户获取服务或信息传递等。

(5)非授权使用。非授权使用是指未经授权使用信息资源或以未授权的方式使用信息资源,主要包括非法用户进入网络或网络信息系统进行违法操作和合法用户以未授权的方式进行操作。

 **相关链接**

欺诈性域名如何伪装自己

域名伪装是指将域名(如常见的 com、top 等域名)通过一系列技术手段伪装成与指定域名相同或相似的域名,欺骗用户,达到某种目的的行为。域名伪装大体上可以分为网站域名伪装和邮箱域名伪装。

例如,网站域名伪装可以细分为顶级域名伪装、二级域名伪装、三级域名伪装,最不容易识别的是顶级域名伪装。例如,众所周知,10086 是中国移动的客服电话,顶级域名是 cn。一些带有 10086 的域名,无论是 com、net

还是其他的，其实都是网站域名伪装。还有一些更加难以识别，如数字1和字母l，字母O和数字0，多一个S，少一个S，加-或者_符号，重复或者少字母，把2个字母调换位置等。

2. 网络信息安全威胁产生的原因

（1）环境因素。环境因素产生的网络信息安全威胁：水、火、雷、电、风暴、烟尘、虫害、鼠害、海啸和地震等产生的威胁；系统环境和场地条件，如温度、湿度、电源、接地线和其他防护设施不良产生的网络信息安全威胁；电磁辐射和电磁干扰产生的威胁；硬件设备自然老化、可靠性下降产生的网络信息安全威胁等。

（2）人为因素。人为因素又分为无意破坏和故意破坏。无意破坏包括操作失误、意外损失、编程缺陷、意外丢失、管理不善等行为产生的网络信息安全威胁；故意破坏包括恶意的攻击和各种计算机犯罪等产生的网络信息安全威胁，如用户（恶意的或无恶意的）和软件的入侵。入侵网络信息系统的用户也称为黑客，黑客可能是某个无恶意的人，其目的仅仅是破译和进入网络信息系统，既不破坏也不窃取信息资源；或者是某个心怀不满的员工，其目的是对网络信息系统实施破坏；也可能是一个犯罪分子，其目的是非法窃取信息资源，对信息进行未授权的修改或破坏网络信息系统。

（3）网络自身因素

1）网络本身存在安全缺陷。互联网从建立就缺乏安全的总体构想和设计；TCP/IP协议是在可信环境下为网络互连专门设计的，在安全方面考虑得不够周全。

2）操作系统存在安全问题。操作系统是所有软件运行的基础，操作系统自身的安全性低，开发设计不周而留下的漏洞，都会对网络信息安全产生威胁。

3）网络的开放性。所有信息资源通过网络共享、远程访问为各种攻击提供了方便的途径。

四、网络信息安全中的非技术因素

网络信息安全管理中采用的技术和网络信息系统的操作都是人来完成的。不仅如此，网络信息系统的设计、实施和验证也不能离开人，人在网络信息安全管理中占据中心地位。因此，人的专业能力、安全防范意识、法律法规意识、思想道德素质以及人的组织与管理，对使网络免受攻击发挥重要作用。

1. 组织与管理

任何信息系统的核心都是人。在网络信息安全领域，这一点尤其突出。如果人不按照操作指南操作网络信息系统，可能轻而易举地跳过技术控制。例如，在网络信息系统中一般是通过口令来识别用户的，如果用户提供正确的口令，则网络信息系统自动认为该用户是授权用户。假设一个授权用户把他的用户名/口令告诉了其他人，那么非授权用户就可以假冒授权用户，而且无法被网络信息系统发现。

未受训员工通常会给组织的网络信息安全带来风险。例如，未受训员工不知道将文件备份到磁盘上之前需要验证。当网络信息系统遭到攻击后，才发现他所备份的文件无法使用。这是错误的流程造成信息丢失。如果系统管理员在网络信息安全的相关配置上出现错误，或未能及时查看安全日志，或用户未正确采用安全机制保护信息，都会大大减弱网络信息系统的防御能力。未受训除了指技术方面，还指社会工程学方面。

网络信息安全不仅要求组织和员工有安全技术知识、安全意识和领导层对安全的重视，还必须制定一整套明确责任的、明确审批权限的安全管理制度，以及建立专门的安全管理机构，从根本上保证所有员工规范化操作网络信息系统。另外，在一个组织中，对员工的行为进行适当的记录是一个行之有效的方法。

2. 法规与道德

法律限制网络信息安全防护中可用的技术以及技术的使用范围，因此决定安全策略或选用安全机制的时候需要考虑法律或条例的规定，如《商用密码管理条例》的相关要求。

此外，社会道德会对网络信息安全产生影响。一些技术方法或管理办法在一些国家或地区可能没有问题，但在另一些地区可能受到抵制。例如，密钥托管在一些国家实施不困难，而在另一些国家就被认为侵犯了人权。网络信息安全的实施与所处的社会环境有紧密的联系，不能鲁莽地照搬他人的经验。

人们的行为习惯或心理承受能力对网络信息安全也是很重要的。例如，一个组织要求员工提供 DNA 样本进行身份识别，虽然在一些国家没有法律问题，但得不到员工的认可。采用这种安全机制，比没有采用任何安全机制还糟糕。这使用户错误地认为信息资源受到了保护，而忽略了在技术上或管理上的补救措施，导致信息资源没有得到任何保护。

培训单元 2　网络信息安全防护

1. 数据加密与应用。
2. 认证技术。

一、数据加密与应用

1. 密码技术概述

（1）密码学与密码。密码学主要包括密码编码学和密码分析学两部分。密码编码学的主要目的是保持明文的秘密以防止攻击者获知，而密码分析学则是在不知道密钥的情况下识别明文的科学。所谓明文是指需要采用密码技术进行保护的消息。密文是指用密码技术处理明文的结果，通常称为加密消息。将明文变换为密文的过程称为加密，其逆过程，即由密文恢复为明文的过程称为解密。加密过程所使用的一组操作运算规则称为加密算法，而解密过程所使用的一组操作运算规则称为解密算法。加密算法和解密算法的操作通常都是在密钥控制下进行的，分别称为加密密钥和解密密钥，如图 7-1 所示。

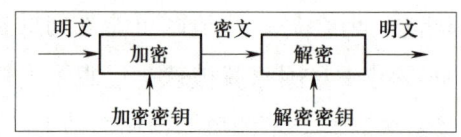

图 7-1　加密与解密

密码是密码学的重要应用，是通信双方按约定的法则进行信息特殊变换的一种重要保密手段。一般情况下，密码是为保护一个系统不被未授权用户使用而设置的。密码在网络信息安全防护中发挥重要作用，是实现登录、认证、加密、解密等密码学应用的保护口令。

网络技术与信息技术的发展极大地带动了密码学的应用需求，如电子政务、电子商务、网上银行、个人信息等领域的安全防护都普遍采用了密码技术。密码技术直接影响国家安全，关系公民、法人和其他组织的合法权益。目前，密码技术成为网络与信息安全的核心技术和基础支撑，密码学的应用得到社会广泛认同，正影响网络技术与信息技术的发展。

（2）密码安全设置。很多人为了容易记忆而将密码设置得十分简单，这样的密码非常容易被破解。表7-2显示了常见的低安全性密码。

表7-2 常见的低安全性密码

类型	常见的低安全性密码
数字	123456、123123、111111、出生年月数字、身份证号码后6位
英文	monkey、admin、password、sunshine、iloveyou
混合	abc123、adobe123、姓名拼音+123、姓名拼音+生日、姓名拼音+出生年份

因此，在设置密码时要注意以下问题。

1）减少设置弱密码，如生日、电话号码、身份证号码、QQ号等与个人信息有明显联系的数字，单词，默认密码，键盘排列，短密码等。

2）不要在多个场合使用同一个密码，尤其是有关财务的网上银行、网上支付等账户，避免一个账户密码被盗，其他账户密码也被轻易破解。

3）尽量不要长期使用固定密码，可以以3个月或半年为周期修改密码。

4）妥善保存密码。避免把密码保存在计算机、U盘、笔记本、书籍中。如果保存密码，要采取安全防护措施。

2. 数据加密应用

人们工作、生活中的每一天都会生产、传输很多的数据，大部分以文件作为基本单位保存。对文件加密或者在存储、传输前设置密码是比较有效的安全防护措施。

（1）本地文档加密。在用户使用Microsoft 365组件、压缩工具等办公软件时，可以通过设置密码达到安全防护的目的。Microsoft 365的各个组件都有安全防护方法，下面以Word为例，介绍安全防护方法。

Word保护文档的方法包括始终以只读方式打开、用密码进行加密、限制编辑、限制访问、添加数字签名、标记为最终等，在"文件"→"信息"菜单下，单击"保护文档"选项。

在"保护文档"菜单中，选择"用密码进行加密"，实现文档加密，如图7-2所示。

可以选择"限制编辑"，勾选"格式化限制"或"编辑限制"。在"启动强制保护"对话框设置密码，如图7-3所示。

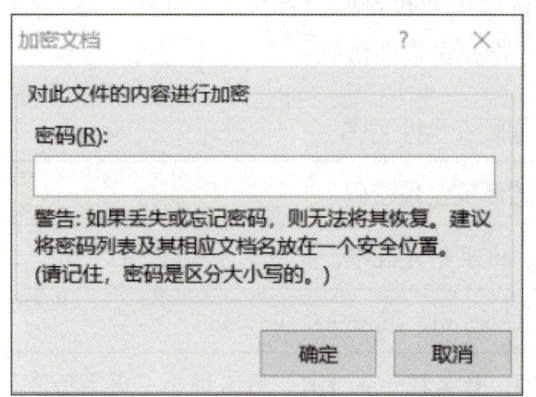
图7-2 在"加密文档"对话框输入密码

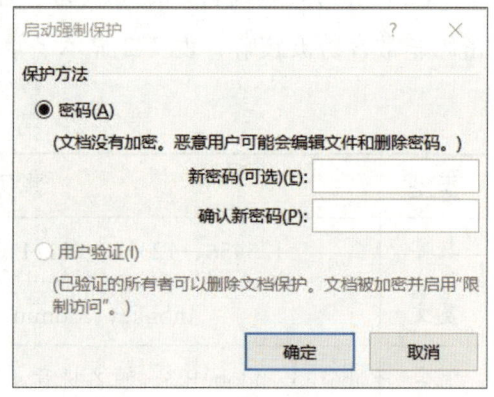
图7-3 "启动强制保护"对话框

保存文档时，在"另存为"对话框中，选择"工具"菜单的"常规选项"，对要保护的文档设置"打开文件时的密码""修改文件时的密码"，如图7-4所示。然后，在"确认密码"对话框的"请再次键入打开文件时的密码""请再次键入修改文件时的密码"文本框中，输入相应的密码并且确认，如图7-5所示。

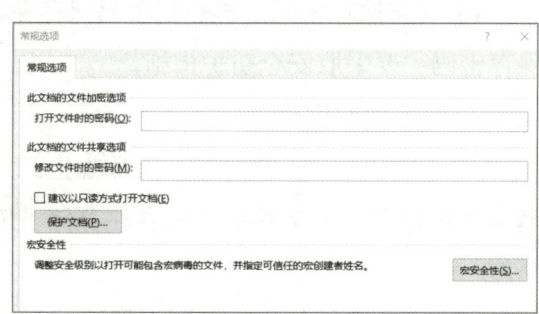

图7-4 在"常规选项"对话框中设置密码

（2）网络传输文件加密。除了存储文件可以通过设置密码等方式进行安全防护，对网络传输文件也应该进行安全防护。WinRAR工具是很多用户常用的软件工具之一。它包括压缩和加密2个功能，可以对网络传输的文件或文件夹进行安全防护。下面简要介绍WinRAR的安全防护方法。

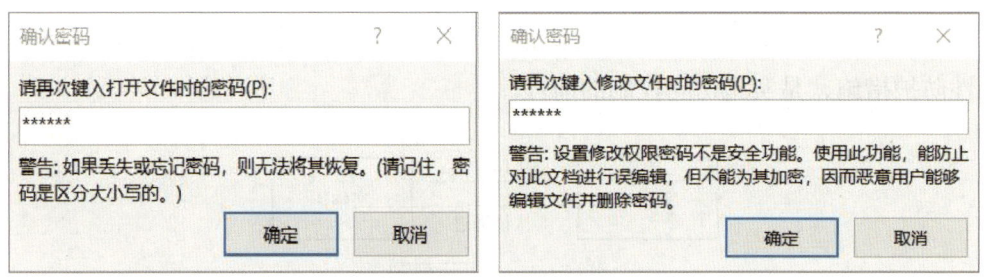

图 7-5 "确认密码"对话框

右击要加密的文件或文件夹，在菜单中选择"添加到压缩文件"，在对话框中，单击"添加密码"（有的版本显示"设置密码"）。在"添加密码"对话框中，输入 2 次相同的密码，并且确认，如图 7-6 所示。

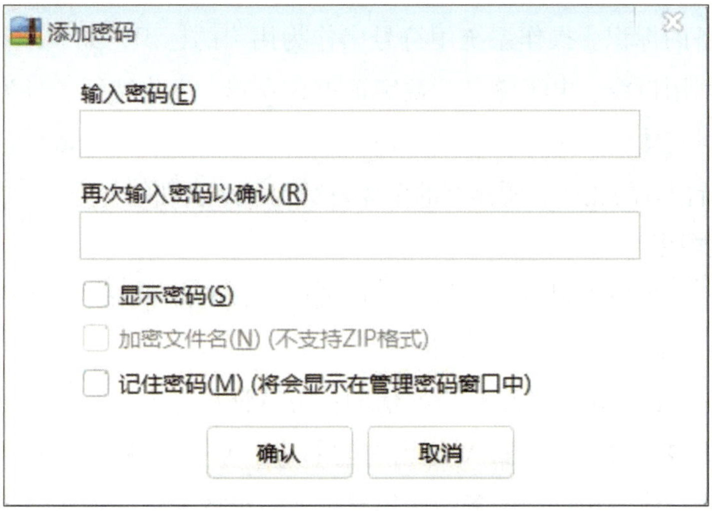

图 7-6 "添加密码"对话框

加密完成后，就可以通过网络传输加密压缩文件到其他用户的计算机中。在解压加密压缩文件时，必须输入压缩时设置的密码。

二、认证技术

1. 认证概念

认证是一个实体向另一个实体证明其所声称的身份的过程。在认证过程中，需要被证实的实体是声称者，负责检查确认声称者的实体是验证者。在通常情况下，双方要按照一定的规则，声称者传递可以区分其身份的证据给验证者，验证者根据所接收到的声称者的证据进行判断，证实声称者的身份，如图 7-7 所示。实体 A（声称者）告知实体 B（验证者）口令，实体 B 验证实体 A 出具的口令。若口令正确，则实体 B 认证实体 A 的身份。认证机制是网络信息安全的基础性防护措施，是实施访问控制的前提。

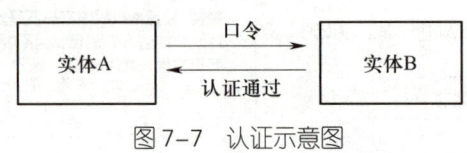

图 7-7 认证示意图

认证一般由标识（identification）和鉴别（authentication）两部分组成。标识是用来代表实体对象（如人员、设备、数据、服务、应用）的身份标志，确保实体的唯一性和可辨识性，同时与实体存在强关联。标识一般用名称和标识符（ID）表示。唯一标识符可以代表实体。例如，网络管理人员常用 IP 地址、网卡地址作为计算机设备的标识。操作系统用符号串作为用户的标识，如 root、guest 等。鉴别一般是指利用口令、电子签名、数字证书、令牌、生物特征、行为表现等相关数字化凭证对实体所声称的属性进行识别认证的过程。鉴别的依据包括所知道的秘密信息、所拥有的凭证、所具有的个体特征以及所表现的行为。

2. 认证类型

按照认证过程中鉴别双方参与的角色及所依赖的外部条件，认证类型可以分为单向认证、双向认证和第三方认证。

（1）单向认证。单向认证是指通信的一方认证另一方的身份。例如，服务器在为用户提供服务之前，先要认证用户是授权用户，但是服务器不需要向用户证明自己的身份；或者相反，服务器向用户证明自己的身份，而用户不需要向服务器证明身份。

（2）双向认证。双向认证是指通信双方互相认证对方的身份。在认证过程中，双向认证要求服务器和用户互相认证，可以解决服务器的真假识别问题。双向认证是最常用的认证类型。

（3）第三方认证。第三方认证是指 2 个实体的认证过程通过可信的第三方实现。可信的第三方简称 TTP（trusted third party）。

3. 常见的身份认证方式

身份认证是网络应用中鉴别用户身份的认证技术，是网络信息系统认证用户身份的过程，同时确定该用户是否具有某种资源的访问和使用权限，保证系统和数据的安全性及授权用户的合法性。目前常见的有以下身份认证方式。

（1）基于口令的身份认证方式。口令就是人们平时使用的密码，常见的口令包括静态口令和动态口令。

1）静态口令，即用户在注册时自己设定的口令。一般用户在登录时输入正确的口令，网络信息系统就认为是授权用户。目前，为了保证口令安全，网络服务提供商要求用户遵循口令生成安全策略，即口令设置要符合口令安全生成规则，同时对生成的口令进行安全强度评测，促使用户选择安全强度较高的口令。

2）动态口令，即随时变化的口令，每次输入的口令都不固定。随着移动互联网的发展，动态口令如短信密码方式已成为身份认证方式的主流，被广泛应用于企业内部网、网络游戏、金融等领域。

（2）基于智能卡的身份认证方式。智能卡是一种带有存储器和微处理器的集成电路卡，能够安全存储认证信息，并具有一定的计算能力。每个用户持有的智能卡存储用户个性化的秘密信息，同时在认证服务器上也存储一样的秘密信息。在进行认证时，用户输入PIN（个人识别号码）。智能卡认证PIN成功后，可以读出智能卡中的秘密信息，利用秘密信息与服务器进行身份认证。

（3）基于USB Key的身份认证方式。USB Key是一种USB接口的硬件设备，内置单片机或智能卡芯片，有一定的存储空间，可以存储用户的私钥及数字证书。利用USB Key内置的公钥算法实现用户身份认证。

（4）基于生物特征的身份认证方式。生物特征识别技术是利用人体所固有的生理特征或行为特征进行用户身份认证的技术。目前，指纹、人脸、视网膜、语音等生物特征可以用来进行身份认证。人的指纹与生俱来，而且一生不变。视网膜认证是根据人眼视网膜中的血管分布模式认证用户身份。语音认证则是根据人声音的频率认证用户身份。

（5）基于多因素的身份认证方式。基于多因素的身份认证方式就是将多种身份认证方式结合，如口令+验证码、口令+短信密码等，从而进一步提高用户身份认证的安全性。

 **相关链接**

基于人脸识别的智慧酒店

1. 情景描述

在从入住到离店过程的各个环节，客人的身份识别是一个基础性问题，各个业务场景通过不同的技术（包括纸质凭证、身份证、IC 房卡等多种媒介）识别客人，导致酒店内部各系统独立、复杂、数据不统一，客人体验感差。基于人脸识别的智能产品支持的智慧酒店方案，直接以人脸识别为基础，涵盖酒店全场景，入住、就餐以及酒店内其余业务场景（开房门、使用健身房、使用泳池等）。客人在小程序上完成人脸录入与授权，到店即可享受智慧前台服务，刷脸查找订单、人证核验，快速完成，有效缩短办理入住时间。在酒店各业务或交易场景，均可以通过人脸识别身份，客人无须提供房号、房卡。在人脸识别的基础上，整合统一了各场景的数据，提高了酒店的运营效率和提升客人的体验感。具体实现过程如图 7-8 所示。

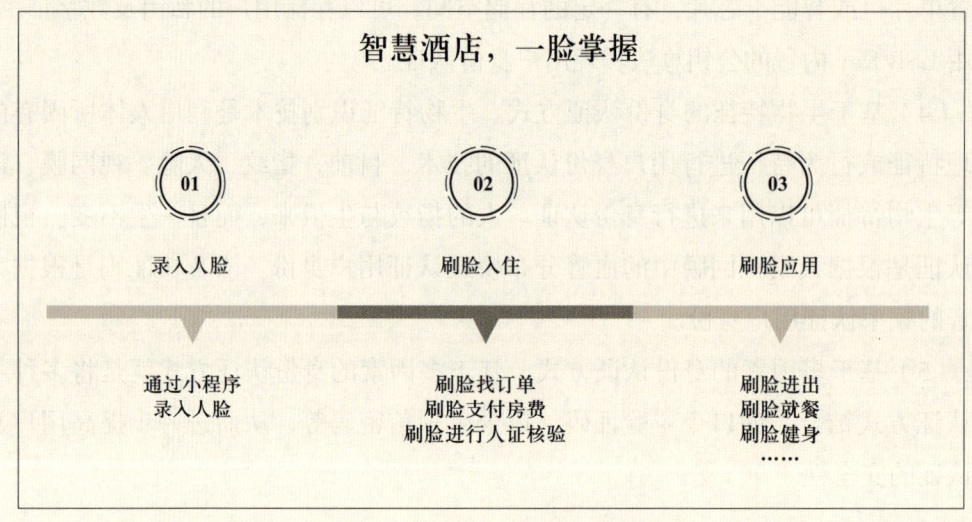

图 7-8 基于人脸识别的智慧酒店

2. 案例分析

人脸识别已广泛应用在日常生活和工作中，俗称"刷脸"，是一种基于生物特征的身份认证方式。在案例中，人脸识别的应用极大地提高了酒店对客人的身份认证效率。

三、其他防护技术

1. 防火墙技术

防火墙技术是网络安全区域边界保护的重要技术。目前，各组织机构都是通过便利的公共网络与用户、合作伙伴进行信息交换的。但是，这些敏感的信息有可能泄露给第三方，并面临黑客的攻击和入侵。为了应对网络威胁，各组织机构将内部网络与公共的、不可信任的网络进行隔离，并在划分安全区域的基础上，通过一种网络安全设备，控制安全区域间的通信，可以隔离有害通信，进而阻断网络攻击。这种安全设备的功能类似于防火使用的墙，因此俗称防火墙。它一般安装在不同的安全区域边界处，用于网络通信安全控制，由专用硬件或软件系统组成。

（1）防火墙技术的特点

1）所有的从外部到内部或从内部到外部的通信都必须经过防火墙。

2）只有内部访问策略授权的通信才能被允许通过。

3）系统本身具有很高的可靠性。

（2）防火墙技术的应用场景。防火墙技术是网络安全保障的重要基础性技术，目前已经广泛应用于网络信息安全防护，常见的有以下应用场景。

1）上网保护。利用防火墙的访问控制及内容过滤功能，保护内部网络和上网计算机安全，防止黑客直接攻击内部网络，过滤恶意网络流量，切断不良信息访问。

2）网站保护。通过 Web 应用防火墙代理客户端对 Web 服务器的所有请求，清洗异常流量，有效控制政务网站应用的各类安全威胁。

3）数据保护。在受保护的区域边界部署防火墙，对数据库服务器或数据存储设备的所有请求和响应进行安全检查，过滤恶意操作，防止数据受到威胁。

4）网络边界保护。在安全区域之间部署防火墙，利用防火墙进行访问控制，限制不同安全区域之间的网络通信，减少安全区域风险。

5）终端保护。在终端设备上部署防火墙，利用防火墙过滤不良网站，防止终端设备受到侵害。

6）网络安全应急响应。利用防火墙，对恶意攻击源及网络通信进行阻断，过滤恶意流量，防止网络安全事件影响扩大。

2. 入侵检测技术

入侵检测技术是网络安全态势感知的关键核心技术，支撑构建网络信息安全保障体系。网络互连互通后，入侵者可以通过网络实施远程入侵。而入侵行为与正常访问或多或少有所差异，通过收集和分析这种差异可以发现大部分入侵行为，入侵检测技术应运而生。

（1）入侵检测技术的作用。入侵检测系统（intrusion detection system，IDS）在网络安全保障过程中，扮演类似安全巡逻员的角色。通过从网络信息系统或网络中的若干关键点收集网络的安全日志、用户行为、数据包和审计记录等信息，并进行分析，检测是否有违反安全策略的行为和遭到入侵攻击的迹象。入侵检测系统根据检测结果，自动做出响应。入侵检测技术的作用表现为以下方面。

1）发现受保护网络信息系统中的入侵行为或异常行为。

2）检验安全防护措施的有效性。

3）分析受保护网络信息系统所面临的威胁。

4）有利于防止网络安全事件影响扩大，及时报警触发网络安全应急响应。

5）可以为网络安全策略的制定提供重要指导。

6）报警信息可以用作网络犯罪取证。

除此之外，入侵检测技术还常用于网络安全态势感知，以获取网络信息系统的安全状况。

（2）入侵检测技术的应用场景。入侵检测技术是网络安全保障的重要基础性技术，目前已经广泛应用于网络信息系统的安全检测和保护，常见的有以下应用场景。

1）上网保护。通过采集域名请求数据及网络威胁情报，利用入侵检测系统检测不良网站，保护上网计算机安全，防止黑客直接攻击内部网络，切断不良信息访问。

2）网站入侵检测与保护。通过入侵检测技术对 Web 服务器的所有请求或 Web 访问日志进行检测，发现网站安全威胁。

3）网络攻击阻断。在受保护的区域边界处，部署入侵检测系统，对受保护设备的网络通信进行安全检测，阻断具有攻击特征的操作，防止攻击行为。

4)客户端/服务器恶意代码检测。在客户端/服务器上部署入侵检测系统或功能模块,检测针对主机/终端设备的攻击行为,防止客户端/服务器受到侵害。

5)网络安全监测预警与应急处置。利用入侵检测系统检测网络信息系统中的异常行为,及时发现入侵事件,追踪恶意攻击源,防止网络安全事件影响扩大。

6)网络信息安全等级防护。入侵检测技术是实现网络信息安全等级防护相关要求的重要支撑。目前,入侵检测技术常用于网络信息安全等级防护中。例如,在关键网络节点处监测网络攻击行为,监测针对无线接入设备的网络扫描、密钥破解和欺骗攻击等。

3. VPN 技术

虚拟专用网(virtual private network,VPN)技术的基本原理是把需要经过公共网络传递的数据包加密处理后,再由公共网络发送到目的地。应用 VPN 技术能够在不可信任的公共网络上构建一条专用的安全通道,使通过 VPN 传输的数据在公共网络上具有机密性。所谓虚拟是指网络连接特性是逻辑的而不是物理的。VPN 是应用密码算法、标识鉴别、安全协议等相关技术,在公共网络上通过逻辑方式构造的安全网络(见图 7-9)。

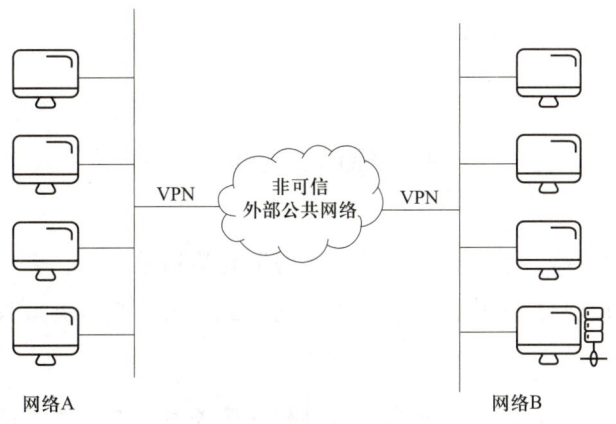

图 7-9　VPN 技术原理示意图

应用 VPN 技术,企业可以在远程用户、分支部门、合作伙伴之间建立一条安全通道,并得到 VPN 技术提供的多种安全服务,从而实现企业内部网络安全。

(1)VPN 技术提供的安全服务

1)机密性服务,防止传输的信息被监听。

2）完整性服务，防止传输的信息被修改。

3）认证服务，提供用户和设备访问认证，防止非法接入。

（2）VPN技术的应用场景

1）远程访问虚拟网。远程访问虚拟网主要解决远程用户的安全办公问题，既要让远程用户获取企业内部网的信息，又要保证远程用户和企业内部网的安全。远程用户应用VPN技术，通过拨号、ISDN等方式接入企业内部网。

2）企业内部虚拟网。随着业务的发展变化，企业不再集中在一个地点办公，而是分布在各个不同的地点，甚至跨越不同的国家。因而，企业的信息环境也随之变化。针对这种情况，企业内部虚拟网的作用是通过公共网络，如互联网，把分散在不同地点的企业办公点的局域网安全互连起来，实现企业内部信息的安全共享和企业办公自动化。

3）企业扩展虚拟网。由于企业合作伙伴的服务器和网络分布在不同的地点，传统上一般通过专线互连实现信息交换，但是网络建设与管理维护都非常困难，造成企业间的商业交易程序复杂化。企业扩展虚拟网应用VPN技术，在公共网络（如互联网）上把合作伙伴的服务器或网络安全连接到企业内部网，以方便企业与合作伙伴共享信息和服务。企业扩展虚拟网解决了企业合作伙伴接入安全和通信安全的问题，同时也降低了网络建设成本。

 **相关链接**

防火墙的发展历程

第一代防火墙。第一代防火墙几乎与路由器同时出现，采用了包过滤技术，利用路由器的访问控制列表实现分组过滤。第一代防火墙只能提供分组过滤的功能。

第二代防火墙。第二代防火墙又称代理服务器，在公共网络向被保护的内部网络申请服务时发挥中间转接的作用。第二代防火墙将过滤功能从路由器中独立，并增加审计和告警功能，提供针对需求的模块化软件包。

第三代防火墙。第三代防火墙是指建立在通用操作系统上的防火墙，包括分组过滤或者借用路由器的分组过滤功能；有专用的代理系统，监控所有协议的数据和指令；保护用户的编程空间和用户可以配置内核参数的设置；提高安全性和速度。

第四代防火墙。第四代防火墙是软件产品。以前的防火墙在访问方式上或者需要用户登录系统，或者需要通过 SOCKS 等路径修改客户端的应用。第四代防火墙应用透明代理技术，降低了系统登录的安全风险和出错概率。

下一代防火墙。下一代防火墙是指全面应对应用层威胁的高性能防火墙。通过深入分析网络流量中的用户、应用和内容，并借助全新的高性能单路径异构并行处理引擎，为用户提供有效的应用层一体化安全防护，帮助用户安全地开展业务并简化用户的网络安全架构。

培训项目 2

设备及环境安全

培训单元 设备实体与环境安全概述

1. 设备实体安全分析与安全防护措施。
2. 存储介质安全分析与安全防护措施。
3. 场地环境安全分析与安全防护措施。
4. 网络通信线路安全分析与安全防护措施。

一、设备实体安全分析与安全防护措施

实体安全是指包括设备、存储介质和环境在内的所有支持网络信息系统运行的硬件的总体安全,是网络信息系统安全可靠、不间断运行的基本保证,并且确保在信息加工、处理、服务、决策支持的过程中,不因设备、存储介质和环境受到人为因素和自然因素的危害,而引起信息丢失、泄露、破坏以及干扰网络信息系统的正常运行。

1. 设备实体安全分析

(1) 设备实体环境安全。设备实体环境安全威胁是指设备实体环境受到物理安全脆弱性影响而引发的设备实体安全问题。例如,机房的空调运行不良,导致设备实体的温度过高引发故障；环境中有电磁干扰，导致设备实体无法运行；停电使设备实体停止工作，从而破坏网络信息系统的可用性；等等。

（2）设备实体被盗或损坏。设备实体缺乏有效的监督管理和访问控制，被外部人员盗窃、错误搬动，以及设备实体跌落、落水等意外损坏。例如，笔记本计算机跌落损坏，手机不慎落水等。当设备实体被盗或损坏时，除了设备实体的损失，更大的损失是失去了有价值的程序和数据，因此防盗、防毁是设备实体安全防护的重要内容。

（3）供应链中断或供应延缓。设备实体的部件供应链出现问题，导致故障无法修复。

（4）设备实体非法外接。非安全使用设备实体，将其接入非安全区域，如将涉密设备接入互联网。

（5）硬件攻击威胁。设备实体的部件受到硬件木马攻击，或者设备实体的CPU存在安全漏洞，导致设备实体损坏。

此外，还有设备实体的部件遭受攻击、控制组件存在安全漏洞等，都属于设备实体安全威胁。

2. 设备实体安全防护措施

（1）设备实体安全防护

1）设备实体的标志和标记，主要包括产品名称、型号或规定的代号，制造企业的名称、商标、安全符号，或国家规定的3C认证标志。

2）设备实体电磁辐射防护，主要包括防止电磁辐射骚扰、电源端口电磁传导骚扰、信号端口电磁传导骚扰以及电磁辐射抗扰、电源端口电磁传导抗扰、信号端口电磁传导抗扰等。

3）设备实体静电及用电安全防护，主要包括静电放电抗扰、电源线浪涌（冲击）抗扰、信号线浪涌（冲击）抗扰、电源端口电快速瞬变脉冲群抗扰、信号端口电快速瞬变脉冲群抗扰、电压暂降抗扰、电压短时中断抗扰、抗电强度、泄漏电流限制、电源线要求、电源适应能力要求和绝缘电阻要求。

4）设备实体磁场抗扰，主要包括工频磁场抗扰、脉冲磁场抗扰。

5）设备实体环境安全防护，主要包括防过热、阻燃、防爆裂。

6）设备实体适应性与可靠性保护，主要包括温度适应性、湿度适应性、冲击适应性、碰撞适应性、可靠性。

7）其他方面。由于网络信息系统的设备实体供应链的复杂性，还需要采取以下安全防护措施。

①设备实体供应链弹性。设备实体供应商来源可靠，有可以替换的设备实体产品，避免设备实体供应中断。

②设备实体安全质量保障。与设备实体供应商签订产品安全质量保证协议，防止设备实体存在硬件木马和安全漏洞。对于智能设备，还要确保嵌入的软件是安全可信的。

③设备实体安全合规。符合《中华人民共和国网络安全法》的相关规定。第二十三条规定，网络关键设备和网络安全专用产品应当按照相关国家标准的强制性要求，由具备资格的机构安全认证合格或者安全检测符合要求后，方可销售或者提供。第三十五条规定，关键信息基础设施的运营者采购网络产品和服务，可能影响国家安全的，应当通过国家网信部门会同国务院有关部门组织的国家安全审查。第三十六条规定，关键信息基础设施的运营者采购网络产品和服务，应当按照规定与提供者签订安全保密协议，明确安全和保密义务与责任。

④设备实体安全审查。根据《网络产品和服务安全审查办法（试行）》相关规定，公共通信和信息服务、能源、交通、水利、金融、公共服务、电子政务等重要行业和领域，以及其他关键信息基础设施的运营者采购网络产品和服务，可能影响国家安全的，应当通过网络安全审查。网络安全审查重点审查网络产品和服务的安全性、可控性。

（2）设备实体硬件攻击防护

1）硬件木马检测。硬件木马检测方法包括反向分析法、功耗分析法、侧信道分析法。

①反向分析法是指通过逆向工程方法将封装（或管芯）的芯片电路打开，逐层扫描拍照电路，然后使用图形分析软件和电路提取软件重建电路结构图，将恢复的设计与原始设计进行对比分析，以检测硬件木马。

②功耗分析法是指通过获取芯片的功耗特征，采用K.L扩展分析法生成芯片指纹，再将待测芯片与"纯净芯片"的功耗特征进行比对，以判断芯片是否被篡改。

③侧信道分析法是指通过比对电路中的物理特性和旁路信息，发现电路的变化，其原理是任何电路的改变都会反映在一些电路参数上，如功率、时序、电磁、热等。

2）硬件漏洞处理。硬件漏洞不同于软件漏洞，其修补具有不可逆性。通常方法是破坏漏洞利用条件，防止漏洞被攻击者利用。

 **相关链接**

3C 认证标志

3C 认证即国家强制性产品认证（China compulsory certification，CCC）（见图 7-10）。3C 认证是中华人民共和国强制规定各类产品进出口、出厂、销售和使用必须取得的认证，只有通过 3C 认证的产品才被认为在安全、环保等方面符合强制要求。

图 7-10　3C 认证标志

3. 存储介质安全分析

存储介质安全包括存储介质本身的安全和存储介质数据的安全。存储介质本身的安全防护是指防盗、防毁等，存储介质数据的安全防护是指防止记录的信息被非法窃取、篡改、破坏或使用。损坏或非法访问存储介质可能造成系统无法启动、信息泄露、数据损坏等安全事故。特别是随着云计算和大数据技术的应用，存储介质及存储设备成为数据资源的重要载体。

（1）存储管理失控。缺少必要的存储管理制度、流程和技术管理措施，使存储介质及存储设备缺少安全保养和维护，存储介质被随意保管、拷贝等。

（2）存储数据泄密。离线的存储介质缺少安全防护措施，容易被非授权拷贝、查看，从而导致存储数据泄密。存储数据没有采取安全删除技术，使攻击者利用数据恢复工具，还原存储介质上的数据。

移动存储介质泄露敏感信息是当前一个非常突出的问题。内外物理隔离等安全技术，在理论上，构筑了一个相对封闭的网络环境，使攻击者企图通过网络攻击获得重要信息的途径被阻断。而移动存储介质在内外网计算机间传递信息，使内外网隔而不离，藕断丝连，很容易造成内部网络敏感信息泄露。

（3）存储介质与存储设备故障。存储介质缺少安全防护措施，不能防止存储操作错误，或者存储介质与存储设备控制系统缺少配合，导致存储设备无法正常运行。

（4）恶意代码攻击。存储介质或存储设备被恶意代码攻击，如勒索病毒，使相关存储操作无法进行。

 **相关链接**

窃取 USB 设备数据的工具——USB Dumper

USB Dumper 是自动在后台拷贝 USB 设备文件的工具。传统的数据窃取都是使用移动存储设备从计算机下载数据。USB Dumper 寄生在计算机中，一旦有 USB 设备连接到计算机，就开始窃取其中的数据。USB Dumper 在后台运行，由于没有界面，所以只能通过任务管理器关闭。USB Dumper 会自动将 USB 设备中的文件拷贝到系统根目录的 USB 文件夹中，支持所有文件格式的文件，包括隐藏文件。如果遇到相同的文件会自动忽略，当然也不会弹出提示框。这使某些不怀好意的人可以轻松窃取数据，甚至使用恢复工具窃取已经删除了的数据。

USB Dumper 对于移动办公族来说，的确是一个不小的挑战，要求对 USB 设备的数据加密，特别是在一个陌生的环境中使用 USB 设备的时候。

4. 存储介质安全防护

（1）存储介质的分类管理。对存储介质进行分类，是为了对那些必须保护的记录提供足够的保护，而对那些不重要的记录不提供多余的保护。记录按其重要性和机密性，可以分为以下类型。

1）关键性记录。这类记录对系统的功能来说是最重要的、不可替换的，是火灾或其他灾害发生后立即需要的，不能再复制的记录，如关键性程序、主记录、设备分配图表及加密算法和密钥等机密性很高的记录。

2）重要记录。这类记录对系统的功能来说很重要，可以在不影响系统最主要功能的情况下进行复制，如某些程序，存储及输入、输出数据记录等。

3）有用记录。这类记录丢失可能引起极大的不便，可以很快复制，如已留有备份的程序。

4）不重要记录。这类记录在系统调试和维护中很少使用。

对各类记录应添加明显的分类标志,可以在封装上以鲜艳的颜色编码表示,也可以做磁记录标志。

(2)存储介质安全防护措施。一般来说,常用的有以下存储介质安全防护措施。

1)强化存储安全管理

①设有专门区域存放存储介质,并由专人负责保管维护。

②借用存储介质,必须办理审批和登记手续。

③将存储介质分类存放,对重要数据应备份2份以上,分开备份,以备不时之需。

④对敏感数据、重要数据和关键数据,应采取贴密封条或其他的安全防护措施,防止被非法拷贝。

⑤对报废的光盘、磁盘、磁带、硬盘、移动硬盘,必须按规定程序完全消除敏感数据。

2)数据存储加密保存。对有很高使用价值或很高机密性的数据,应加密保存。目前,操作系统都支持加密文件。

3)容错容灾存储技术。对于重要的数据及系统,采取磁盘阵列、双机在线备份、离线备份等综合安全防护措施,保护数据及保证系统正常运行。

 **相关链接**

云 存 储

云存储(cloud storage)是在云计算概念上延伸和发展而来的。与传统的存储设备相比,云存储不仅是一个硬件,而且是一个由网络设备、存储设备、服务器、应用软件、公用访问接口等多个部分组成的系统。云存储提供存储服务,即通过网络将本地数据存放在存储服务提供商(SSP)所提供的在线存储空间中。需要存储服务的用户无须建立自己的数据中心,只需向 SSP 申请存储服务即可。

目前,云存储服务提供商提供广泛的与安全相关的功能,包括数据加密、跟踪敏感数据的能力等。

二、场地环境安全分析与安全防护措施

1. 选址安全要求

（1）环境安全性。选址应避开危险来源区。为了防止遭到周围不利环境的意外侵害，应尽量避免选址在易燃易爆的场所，避开环境污染区、盐雾区、落雷区；应避开强振动源和强噪声源；应避免选址在建筑物的高层以及用水设备的下层或隔壁。

（2）地质可靠性。不要选址在杂填土、淤泥、流沙层以及地层断裂的地质区域上。选址在山区，应避开滑坡、泥石流、雪崩和溶洞等地质不牢靠的区域；选址在矿区，应避开采矿崩落区地段，也应避开有开采价值的矿区。选址应避开低洼、潮湿区域。

（3）场地抗电磁干扰性

1）选址应避开或远离无线电干扰源和微波线路的强电磁场干扰场所，如广播电视发射台、雷达站。

2）选址应避开强电流冲击和强电磁干扰的场所，应距离电气化铁路、高压传输线、高频炉、大电机、大功率开关等设备 200 m 以上。

此外，应尽量选择电力、水源充足，环境清洁，交通和通信方便的地方。对于机要部门网络信息系统的机房，还应考虑机房中的信息射频不易泄露和被窃取。如果不能避开上述不利因素，则应采取相应的安全防护措施。

2. 场地环境安全防护措施

场地环境安全是计算机设备、网络设备正常运行的保障。场地环境安全防护包括防火、防水、防震、防盗、防鼠虫害、防雷、防电磁辐射、防静电和安全供电。

（1）防火。火灾是比较普遍的、对机房危害较大的灾害之一。火灾的原因主要有电线破损、电源短路、抽烟失误、蓄意放火、接线错误、外部火情蔓延到机房内以及技术上或管理上的原因等。为了避免火灾发生或在发生火灾时将损失降到最小，通常应采取以下安全防护措施。

1）消除火灾隐患。对机房的构件，如墙壁、地板、屋顶、隔断、保温材料、消音材料都应采用难燃或不燃材料。同时，安装保护装置，避免电源及导线引起火灾，禁止在机房内放置易燃物品。

2）设置火灾报警系统。为了尽早发现火灾，必须在机房内、活动地板下、吊

顶内、空调管道内、易燃物附近以及工作人员不经常出入或视线达不到的地方，安装探测器等火灾报警系统。

3）配置灭火设备。在机房的关键区域，安放灭火设备，以备发生火灾时使用。

4）加强防火管理。为了确保安全，应加强防火管理，并经常对工作人员进行消防教育和训练，定期维护保养灭火设备和火灾报警系统。

（2）防水。水灾不仅会浸泡电缆，破坏绝缘，甚至导致计算机设备短路或损坏，为此应采取安全防护措施。

1）在机房内，不得铺设水管和蒸汽管道。若必须铺设，则要采取防渗漏措施。

2）机房墙壁、天花板、地面应防水、防潮。

3）在有水管的地方，应设置止水阀和排水沟。

4）不要把机房设置在楼房底层或地下室，以防水侵蚀或受潮。

5）如有通往机房的电缆沟，要防止下雨时电缆沟进水漫到机房。通往机房的墙壁和地面应防水、防渗透。

（3）防震。震动会对网络设备造成不同程度的损坏，特别是高速运行的网络设备。防震是保护网络设备的重要安全防护措施之一。通常采取以下安全防护措施。

1）机房所在的建筑物应防震。

2）机柜和网络设备要固定牢靠，并安装防震装置。

3）加强安全操作管理，如禁止搬动正在运行的网络设备。

（4）防盗。当网络设备被盗时，损失难以估计，重则造成网络信息系统瘫痪。因此，防盗是场地环境安全防护的重要内容。通常采取以下安全防护措施。

1）报警器。在网络信息系统周围设置报警器，当有人进入时，会报警。

2）锁定装置。在网络信息系统中，特别是在个人计算机中设置锁定装置，以防盗窃，如使用机箱锁扣、防盗电缆、机箱电磁锁、智能网络传感设备等，都能在一定程度上保障网络设备的安全。

3）摄像监控。在重点区域安装摄像头，实时监控人员活动情况。

4）严格物理访问控制。划定重点区域，限制非授权人员进入。例如，通过刷卡工作人员才能进入重点区域。

5）安全监控。例如，采用人脸识别，防止非授权人员进入重点区域。

(5) 防鼠虫害。鼠虫害也是造成网络设备故障的因素之一，其主要危害有以下方面。

1) 鼠虫啃食电缆造成漏电、电源短路。

2) 鼠虫筑窝、排粪，造成断线、短路、部件腐蚀、接触不良。

(6) 防雷。雷电是伴有闪电和雷鸣的一种放电现象，每年的六七月份是雷电多发期，尤其是南方雷电频发，网络设备遭雷击的事件层出不穷。雷击对网络设备以及网络设备运行有直接影响，雷击有时会损坏网络设备，中断网络通信。

常见的有以下安全防护措施。

1) 在网络设备所处的环境中安装避雷针。

2) 将网络设备安全接地，并将接地线连通机房的接地网，以确保其安全防护作用。

3) 为重要的网络设备安装专用防雷装置。

(7) 防电磁辐射。电磁辐射不仅会影响网络设备运行，而且会引起信息泄露。因此，防电磁辐射包含两方面：一是防止电磁干扰影响网络设备的正常运行；二是防止电磁辐射造成信息泄露。通常采取以下安全防护措施。

1) 采用接地的方法，防止外界电磁干扰和网络设备寄生耦合干扰。

2) 采用屏蔽方法，对信号线、重要网络设备进行电磁屏蔽，减少外部设备的瞬间干扰，以及防止电磁信号泄露。

3) 选择合适的场地，远离电磁干扰源。

(8) 防静电。静电也会影响网络信息系统运行，因此重要网络设备的安全防护至关重要。为了防止静电损坏网络设备，通常采取以下安全防护措施。

1) 采用不易产生静电的材料制作服装，采用低阻值材料制作工作鞋。

2) 控制机房的温度、湿度，使其保持在不易产生静电的范围内。

3) 对机房中使用的各种工作台、工作柜等，应选择较少产生静电的材料。

4) 在操作网络设备时，应戴防静电手套。

(9) 安全供电。电源直接影响网络信息系统的可靠运行，电源安全威胁因素包括电压瞬变、瞬时停电和电压不足等。为了确保网络信息系统可靠运行，通常采取以下安全防护措施。

1) 专用供电线路。对重要的网络设备、服务器使用专用供电线路供电，避免干扰。

2) 不间断电源（UPS）。使用 UPS 为重要的网络设备供电，不仅能解决停电问题，还能应对电压瞬变、噪声、电压下降。但是，UPS 的供电时间有限，不能长时间供电。

3）备用发电机。在长时间断电，而网络信息系统必须运行时，启动备用发电机。

三、网络通信线路安全分析与安全防护措施

1. 网络通信线路安全分析

网络通信线路连接网络信息系统的各节点，是信息的传输通道、信息和数据交换的基础。常见的有以下网络通信线路安全威胁。

（1）网络通信线路被切断。网络通信线路被切断是指网络通信线路被鼠虫咬断、人为割断、自然灾害损坏等。

（2）网络通信线路被干扰。网络通信线路被干扰是指网络通信线路受到电磁干扰影响而非正常传输信息。

（3）网络通信线路泄露信息。网络通信线路泄露信息是指网络通信线路泄露电磁信号，导致在网络通信线路上传输的信息泄露。

2. 网络通信线路安全防护措施

目前，为了实现网络通信安全，一般从网络通信设备和网络通信线路两方面采取安全防护措施。

（1）网络通信设备方面。对重要的网络通信设备，如路由器、交换机，为了防止其出现单点故障，一般采取设备冗余，即网络通信设备之间互为备份。

（2）网络通信线路方面。对网络通信线路，采取多路通信的方式，防止网络通信线路中断。

培训模块 八
相关法律、法规知识

培训项目 1

法律法规基本知识

培训单元　法律法规概述

1. 互联网营销法律法规的立法范围。
2. 互联网营销中各方的法律关系。

一、法律法规知识介绍

1. 法律体系

（1）基本法律。基本法律是指由全国人民代表大会制定和修改的法律。基本法律比较全面地规定和调整国家及社会生活某一方面的基本社会关系，包括刑事、民事、国家机构的和其他的基本法律，如《中华人民共和国刑法》《中华人民共和国民法典》《中华人民共和国刑事诉讼法》《中华人民共和国民事诉讼法》等。

（2）普通法律。普通法律是指由全国人民代表大会常务委员会制定和修改的法律。《中华人民共和国立法法》规定，全国人民代表大会常务委员会制定和修改除应当由全国人民代表大会制定的法律以外的其他法律。普通法律包括《中华人民共和国劳动法》《中华人民共和国劳动合同法》《中华人民共和国电子商务法》《中华人民共和国广告法》《中华人民共和国产品质量法》等。

（3）行政法规。行政法规是指国务院为领导和管理国家各项行政工作，根据宪法和法律，按照《行政法规制定程序条例》制定的政治、经济、教育、科技、文化、外事等各类法规的总称。行政法规一般以条例、办法、实施细则、规定等形式组成，如《互联网直播服务管理规定》《网络直播营销管理办法（试行）》《网络主播行为规范》等。

（4）地方性法规。地方性法规是指法定的地方国家权力机关依照法定的权限，在不同宪法、法律和行政法规相抵触的前提下，制定和颁布的在本行政区域范围内实施的规范性文件，如《上海市网络直播营销活动合规指引》《浙江省广告管理条例》等。

（5）部门规章。部门规章是指国务院各部、委员会、中国人民银行、审计署等根据法律和国务院的行政法规、决定、命令，在本部门的权限范围内制定和发布的，调整本部门范围内的行政管理关系的，并不得与宪法、法律和行政法规相抵触的规范性文件。部门规章的主要形式是命令、指示、规定等。

2. 法的效力

（1）法的对象效力。法的对象效力是指中国公民、法人和其他组织在中国领域内一律适用中国法，在国外仍受中国法的保护并履行中国法定义务，同时也遵守所在国的法。

我国法律对外国人的适用包括2种情况。

1）在中国领域内的外国人，除享有外交特权和豁免权或法有另外规定者外，一律适用我国法律。

2）外国人在中国领域外对中国国家或者公民犯罪，按《中华人民共和国刑法》规定的最低刑为3年以上有期徒刑的，可以适用本法，但是按照犯罪地的法律不受处罚的除外。

（2）法的空间效力。我国从维护国家主权和领土完整以及国家统一出发，将法的空间效力分为3种情况。

1）在全国范围内生效。凡是中央国家机关制定的法律在全国有效，如全国人民代表大会制定的宪法和基本法、全国人民代表大会常务委员会制定的法律及国务院制定的行政法规均在全国范围内生效。

2）在局部地区内生效。凡是地方国家机关制定的法规只能在制定机关所管辖的范围内生效，如各省、自治区、直辖市人民代表大会及其常委会制定的地方性法规或自治条例，仅在局部地区内生效。

3）在境外生效。有的法律不但在中国境内有效，在一定条件下可以在境外生效。

（3）法的时间效力。法的时间效力是指法律何时生效、何时终止效力，以及法律对其生效以前的事件和行为有无溯及力。

1）法的生效时间。法的生效时间有3种：一是自法律公布之日起生效；二是由该法律规定具体生效时间；三是规定法律公布后符合一定条件时生效。

2）法终止生效的时间。法终止生效的时间有2种：一是明示的废止，即在新法或其他法律文件中明文规定废止旧法；二是默示的废止，即在适用法律中，出现新法与旧法冲突时，适用新法而使旧法事实上被废止。

3. 法律关系

（1）法律关系主体。法律关系主体是指法律关系的参加人，即在法律关系中享有权利或承担义务的人，享有权利的一方是权利人，承担义务的一方是义务人。法律关系主体主要包括以下内容。

1）公民（自然人）。公民既指中国公民，也指居住在中国境内或在境内活动的外国公民和无国籍人。

2）机构或组织（法人）。一是各种国家机关，如立法机关、行政机关和司法机关等；二是各种企事业组织和在中国境内设立的中外合资经营企业、中外合作经营企业和外资企业；三是各政党和社会团体。

3）国家。在特殊情况下，国家可以作为一个整体成为法律关系主体。

（2）法律关系内容。法律关系内容是指法律关系主体所享有的权利和承担的义务，即法律权利和法律义务。

（3）法律关系客体。法律关系客体又称权利客体，是指法律关系主体的权利和义务指向的对象。一般来说，法律关系客体包括物、非物质财富和行为结果。

二、互联网营销法律法规的立法范围

1. 互联网营销法律法规的调整对象

法律的调整对象，又称法的对象，是指法所调整的、一定的、能够体现为意志关系的具体社会关系。互联网营销法律法规的调整对象包括以下三方面。

（1）信息网络。信息网络是信息资源开发利用和信息技术应用的基础，是信息传输、交换和共享的必要手段，信息网络是现代化国家的重要基础设施。

（2）销售产品和提供服务。销售产品和提供服务是指以销售、租赁或其他任何方式向第三方提供产品或服务，达到满足用户特定需求或解决用户特定问题的行为。

（3）经营活动。经营活动是指企业投资活动和筹资活动以外的所有交易和事项。经营活动包括销售产品、提供劳务、经营性租赁、购买产品、接受劳务、广告宣传、推销产品、缴纳税款等。

2. 互联网营销法律法规所涉及的技术范围

（1）互联网信息服务。互联网信息服务是指通过互联网向上网用户提供信息的服务活动。互联网信息服务分为经营性和非经营性两类。从事经营性互联网信息服务，应当获得电信主管部门颁发的互联网信息服务增值电信业务经营许可证；从事非经营性互联网信息服务，应当在电信主管部门备案。

（2）网络交易服务。网络交易服务是指网络产品经营者和网络服务经营者在中华人民共和国境内从事网络产品交易及有关服务的行为。网络交易服务利用计算机技术、网络技术和远程通信技术，实现整个商务过程的电子化、数字化和网络化。

3. 互联网营销法律法规所涉及的商务范围

（1）电子商务的概念。电子商务是指通过互联网等信息网络销售产品或者提供服务的经营活动。狭义的电子商务主要是指借助计算机网络进行的商务活动，而广义的电子商务不仅包括企业内部的电子商务，如生产、管理、财务等，也包括企业对外的电子商务。电子商务的要素主要有以下三类。

1）电子商务经营者。电子商务经营者是指通过互联网等信息网络从事销售产品或者提供服务的经营活动的自然人、法人和非法人组织，包括电子商务平台经营者、平台内经营者，以及通过自建网站、其他网络服务销售产品或者提供服务的电子商务经营者。

①电子商务平台经营者是指在电子商务中为交易双方或者多方提供网络经营场所、交易撮合、信息发布等服务，供交易双方或者多方独立开展交易活动的法人或者非法人组织。

②平台内经营者是指通过电子商务平台销售产品或者提供服务的电子商务经营者。

2）电子商务支付系统。电子商务当事人可以约定采用电子支付方式支付价款。电子支付是指单位、个人直接或授权他人通过电子终端发出支付指令，实现货币支付与资金转移的行为。常见的电子商务支付系统包括网上银行支付和第三方支付。

①网上银行支付，即利用网上银行设立的网络购物协助服务完成电子支付，如商业银行网银支付等。

②第三方支付，即利用非银行的第三方机构搭建的商家和银行之间的网上支付平台，实现从消费者到金融机构及商家的电子支付，如支付宝支付等。

3）电子商务物流系统。电子商务当事人可以约定采用快递物流方式交付产品。常见的快递物流方式包括自营物流、第三方物流和物流联盟。

①自营物流，即企业自建物流运输设备、仓储等基础设施，经营管理整个物流运作过程的方式，如京东、亚马逊等。

②第三方物流，即将物流服务委托第三方专业企业的方式，如当当网、淘宝网等。

③物流联盟，即企业间为了实现共同的物流战略目标，通过协议形成物流网络组织的方式，如菜鸟联盟。

（2）网络直播营销。网络直播营销是指通过网站、应用程序、小程序等，以视频直播、音频直播、图文直播或多种直播相结合等形式开展营销的商务活动。网络直播营销是互联网营销的一种形式，以直播平台为载体达到营销目的，实现品牌推广与产品促销目标的营销。

1）网络直播营销主体

①商家。商家是指在网络直播营销中销售产品或者提供服务的商业主体。

②主播。主播是指在网络直播营销中与用户直接互动交流的人员，包括但不限于直播销售员。

③直播平台。直播平台是指在网络直播营销中提供直播服务的各类平台。

2）网络直播营销团队

①主播。在网络直播营销团队中，主播负责在开播前，熟悉直播流程、产品信息，以及直播脚本内容；直播时，介绍展示产品，与用户互动，活跃直播间气氛，介绍直播间福利；直播结束后，做好复盘，总结话术、情绪、表情、声音。

②副播。在网络直播营销团队中，副播负责协助主播介绍产品，介绍直播间福利，主播不在时担任临时主播。

③助理。在网络直播营销团队中，助理负责准备产品、使用道具等；协助配合主播工作，做主播的模特、互动对象、完成画外音互动等。

④策划。在网络直播营销团队中，策划负责规划直播内容、确定直播主题、

准备产品、直播前的预热宣传、规划开播时间、直播间外部导流和内部用户留存等。

⑤编导。在网络直播营销团队中，编导负责直播内容的设计与策划，包括编写产品脚本、活动脚本、关注话术脚本、控评话术脚本等。

⑥场控。在网络直播营销团队中，场控负责调试直播软硬件、操作中控台、接收并传达指令等。

⑦运营。在网络直播营销团队中，运营负责营销任务分解、产品组成、品类规划、结构规划、陈列规划、直播间数据运营、活动宣传推广、粉丝管理等。

⑧客服。在网络直播营销团队中，客服负责配合主播互动答疑、修改产品价格、上线优惠链接、转化订单、解决发货及售后等问题。

3）网络直播营销行为合规要求

①坚持正确导向。平台内经营者、直播间运营者、主播及直播营销人员服务机构开展网络直播营销宣传，应当坚持正确导向。

②禁止恶意营销。平台内经营者、直播间运营者、主播等从事网络直播营销应当合法合规营利，不得开展恶意营销。不得借未成年人、患病或残障人士、孤寡老人等进行带货牟利，不得编造演绎虚假猎奇剧情进行欺诈销售，不得营造"卖惨"人设博取同情进行产品推广。

③确保公平竞争。直播平台、平台内经营者、直播间运营者、主播等从事网络直播营销，应当符合《中华人民共和国反不正当竞争法》等的规定，不得实施扰乱市场竞争秩序、损害其他经营者或者消费者合法权益的不正当竞争行为。

④不得虚假宣传。平台内经营者、直播间运营者、主播等从事网络直播营销，应当符合《中华人民共和国反不正当竞争法》的规定，不得对产品或服务的性能、功能、质量、销售状况、用户评价等作虚假或者引人误解的商业宣传，欺骗、误导消费者。

⑤规范广告发布。平台内经营者、直播间运营者、主播等在网络直播营销中发布广告，应当按照《中华人民共和国广告法》的规定严格审核把关。

⑥明码标价。平台内经营者、直播间运营者、主播等从事网络直播营销，应当符合《中华人民共和国价格法》的规定，以消费者方便和有效获悉的形式进行明码标价，公开标示销售产品的品名、价格、计价单位，以及服务收费的服务项目、内容、价格、计价单位。规格、等级、产地等对产品和服务的价格形成有重要影响的因素，应当明确标示。

⑦规范促销活动。平台内经营者、直播间运营者、主播等开展网络直播营销促销活动时,促销活动有附加条件或者期限的,应当明确公示条件或者期限。促销活动有限量要求的,应当明示促销产品的具体数量,促销产品售完后,应当即时明示。以抽奖、附赠、积分换购等方式进行促销的,应当如实表示有奖销售信息、赠送物品的品名和数量或者换购的条件,奖品、赠品、换购的产品均应符合质量要求,不得给消费者造成损害。

⑧保护知识产权。平台内经营者、直播间运营者、主播等从事网络直播营销,应当符合《中华人民共和国商标法》《中华人民共和国专利法》等的规定,不得销售侵犯他人知识产权的产品或者提供侵犯他人知识产权的服务,不得发布侵犯他人知识产权的产品和服务信息。

⑨保护未成年人。直播平台、平台内经营者、直播间运营者应当建立健全未成年人保护机制。利用网络直播推销以不满十四周岁的未成年人为对象的产品或服务,不得劝诱其要求家长购买或者含有可能引发其模仿不安全行为的内容,不得无依据随意冠以"婴幼儿专用""儿童专用"等标识进行差别化宣传和高价销售,不得面向未成年人无底线营销含有色情、暴力、不良诱导内容的产品或服务,不得含有炫富拜金、奢靡享乐等危害未成年人身心健康的信息。不得利用不满十周岁的未成年人作为广告代言人。

⑩保护老年人。直播平台、平台内经营者、直播间运营者应当保证涉老产品或服务的质量和安全,维护老年人合法权益。利用网络直播推销以老年人为对象的产品或服务,不得以介绍健康、养生知识等形式变相发布"神医""神药"等虚假医疗、药品、医疗器械、保健食品广告,不得发布以投资养老、以房养老等名义非法集资或者变相非法集资的违法广告。

⑪保障消费者知情权和选择权。平台内经营者、直播间运营者、主播等从事网络直播营销,应当符合《中华人民共和国消费者权益保护法》的规定,全面、真实、准确、及时地披露产品或服务信息,保障消费者享有知悉产品或服务的真实情况以及自主选择的权利,不得夸大或隐瞒与消费者有重大利害关系的信息误导消费者。不得谎称"秒光""秒杀"虚构库存数据,制造紧俏稀缺的错觉,诱导消费者非理性消费,不得以删除、屏蔽相关不利评价等方式欺骗、误导消费者。

(3)互联网直播服务。互联网直播是指基于互联网,以视频、音频、图文等形式向公众持续发布实时信息的活动。在互联网直播服务中,互联网直播发布者和用户是互联网直播服务使用者,提供直播平台服务的主体是互联网直播服务提供者。

1）直播平台的类型

①综合类直播平台。综合类直播平台是指包含户外、生活、娱乐、教育等多种直播类目的平台，用户在这类平台上可以观看的内容较多。目前，具有代表性的综合类直播平台有斗鱼、虎牙直播、YY直播、花椒直播、一直播、映客等。

②电商类直播平台。电商类直播平台主要是指淘宝直播、京东直播、多多直播等，是以为用户提供产品营销渠道为主的平台。

③短视频类直播平台。短视频平台主要以输出短视频为主，随着直播形式的发展，很多短视频平台也提供了直播功能。用户在这些平台上不仅可以发布自己创作的短视频，还能通过直播展示才艺、销售产品。比较典型的短视频类直播平台有抖音、快手、视频号、美拍、西瓜视频等。

④教育类直播平台。教育类直播平台支持知识分享者采取视频直播或语音直播的形式与用户分享知识。在直播过程中，知识分享者可以与用户进行实时互动，针对用户提出的一些问题进行在线解答。网易云课堂是在原有平台、原有功能的基础上增加了直播功能，而千聊、荔课、小鹅通等平台则属于独立开发的教育类直播平台。

2）互联网直播服务的各方责任

①直播平台主体责任。直播平台提供互联网直播信息服务，应当严格遵守法律法规和国家有关规定；严格履行直播平台法定职责义务，落实直播平台主体责任清单，对照直播行业主要问题清单建立健全和严格落实总编辑负责、内容审核、用户注册、跟帖评论、应急响应、技术安全、主播管理、培训考核、举报受理等内部管理制度。

②主播法律责任。自然人和组织机构利用直播平台开展直播，应当严格按照《互联网用户账号名称管理规定》等有关要求，落实网络实名制注册账号并规范使用账号名称。主播依法依规开展直播，不得从事危害国家安全、破坏社会稳定、扰乱社会秩序、侵犯他人合法权益、传播淫秽色情信息等法律法规禁止的活动；不得超许可范围发布互联网新闻信息；不得接受未经其监护人同意的未成年人充值打赏；不得从事平台内或跨平台违法违规交易；不得组织、煽动用户实施网络暴力；不得组织赌博或变相赌博等线上线下违法活动。

③用户行为规范。用户参与直播互动时，应当严格遵守法律法规，文明互动、理性表达、合理消费；不得在直播间发布、传播违法违规信息；不得组织、煽动

对主播或用户的攻击和谩骂；不得利用机器软件或组织"水军"发表负面评论和恶意"灌水"；不得营造斗富炫富、博取眼球等不良互动氛围。

三、互联网营销中各方的法律关系

1. 电子商务中买卖双方当事人的权利和义务

买卖双方之间的法律关系实质上表现为买卖双方当事人的权利和义务。买卖双方当事人的权利和义务是对等的。卖方的义务就是买方的权利，反之亦然。

（1）卖方的义务

1）按照合同的规定提交标的物及单据。

2）对标的物的权利担保。

3）对标的物的质量担保。

（2）买方的义务

1）按照网络交易规定的方式支付价款。

2）按照合同规定的时间、地点和方式接受标的物。

3）对标的物进行验收。

（3）对买卖双方不履行合同义务的救济

1）卖方不履行合同义务主要是指卖方不交付标的物或单据或交付迟延，交付的标的物不符合合同规定以及第三者对交付的标的物存在权利或主张权利等。当发生上述违约行为时，买方可以选择以下救济方法。

①要求卖方实际履行合同义务，交付替代物或对标的物进行修理、补救。

②减少支付价款。

③对迟延或不履行合同的要求损失赔偿。

④解除合同，并要求损害赔偿。

2）买方不履行合同义务包括买方不按合同规定支付价款和不按规定收取货物。在这种情况下，卖方可以选择以下救济方法。

①要求买方支付价款、收取货物或履行其他义务，为此可以规定一段合理的额外延长期限，以便买方履行合同义务。

②要求损害赔偿，要求买方支付合同价格与转售价之间的差额。

③解除合同。

2. 互联网营销活动主体的法律责任

（1）网络平台的法律责任。网络平台为采用网络营销方式销售产品或提供服务的经营者提供网络经营场所、交易撮合、信息发布等服务，供交易双方或多方独立开展交易活动的，特别是网络平台开放直播推广服务经营者入驻功能、为采用直播方式推广产品或服务的经营者提供直播技术服务的，应按照《中华人民共和国电子商务法》规定履行电子商务平台经营者的责任和义务。

网络平台为产品经营者（含服务提供者，下同）或主播提供付费导流等服务，对网络直播营销进行宣传、推广，构成商业广告的，应按照《中华人民共和国广告法》规定履行广告发布者或广告经营者的责任和义务。

网络平台以其他方式为其用户提供直播技术服务，应根据网络平台是否参与运营、分佣、网络平台对用户的控制力等具体情形，适用《中华人民共和国电子商务法》关于电子商务平台经营者的相关责任和义务，或适用法律法规关于网络服务提供者的责任和义务。

（2）产品经营者的法律责任。产品经营者通过直播销售产品或提供服务，应按照《中华人民共和国电子商务法》《中华人民共和国消费者权益保护法》《中华人民共和国反不正当竞争法》《中华人民共和国产品质量法》《中华人民共和国食品安全法》《中华人民共和国广告法》《中华人民共和国价格法》《中华人民共和国商标法》《中华人民共和国专利法》等相关法律规定，履行相应的责任和义务。

根据《中华人民共和国消费者权益保护法》第四十八条，经营者提供商品或者服务有下列情形之一的，除《中华人民共和国消费者权益保护法》另有规定外，应当依照其他有关法律、法规的规定，承担民事责任。

1）商品或者服务存在缺陷的。

2）不具备商品应当具备的使用性能而出售时未作说明的。

3）不符合在商品或者其包装上注明采用的商品标准的。

4）不符合商品说明、实物样品等方式表明的质量状况的。

5）生产国家明令淘汰的商品或者销售失效、变质商品的。

6）销售的商品数量不足的。

7）服务的内容和费用违反约定的。

8）对消费者提出的修理、重作、更换、退货、补足商品数量、退还货款和服务费用或者赔偿损失的要求，故意拖延或者无理拒绝的。

9）法律、法规规定的其他损害消费者权益的情形。经营者对消费者未尽到安全保障义务，造成消费者损害的，应当承担侵权责任。

（3）主播的法律责任。主播采用直播方式对产品或服务的性能、功能、质量、销售状况、用户评价、曾获荣誉等作宣传，应当真实、合法，符合《中华人民共和国反不正当竞争法》有关规定。直播内容构成商业广告的，应按照《中华人民共和国广告法》规定履行广告发布者、广告经营者或广告代言人的责任和义务。主播因在直播平台上出售产品而被认定为互联网营销中的经营者，则也被认定为《中华人民共和国消费者权益保护法》所规定的经营者，应承担相应的法律责任。主播作为广告发布者或广告代言人，要对消费者承担赔偿责任，必须是明知或应知广告虚假。

1）民事责任。主播作为推广行为的主体，其角色并非唯一，当其被定性为广告代言人时，符合一定条件时就需要与广告主承担连带责任。发布虚假广告，欺骗、误导消费者，使购买产品或者接受服务的消费者生命健康受到损害的，广告代言人等应当与广告主承担连带责任。其他产品或者服务的虚假广告，造成消费者损害的，广告代言人，明知或者应知广告虚假仍设计、制作、代理、发布或者作推荐、证明的，应当与广告主承担连带责任。

"自产自销型"的主播兼具多重身份，除了需要遵守《中华人民共和国广告法》的要求，还要遵守《中华人民共和国消费者权益保护法》《中华人民共和国产品质量法》《中华人民共和国食品安全法》等法律中关于生产者、销售者的有关规定。如果提供的产品或者服务有欺诈行为，需要承担3倍赔偿责任；如果生产或销售的产品不符合食品安全标准，需要承担10倍赔偿责任。

2）刑事责任。广告主、广告经营者、广告发布者违反国家规定，利用广告对产品或者服务作虚假宣传，情节严重的，处2年以下有期徒刑或者拘役，并处或者单处罚金。销售明知是假冒注册商标的产品，违法所得数额较大或者有其他严重情节的，处3年以下有期徒刑，并处或者单处罚金。违法所得数额巨大或者有其他特别严重情节的，处3年以上10年以下有期徒刑，并处罚金。如果主播利用直播，以非法占有为目的发布虚假信息，骗取他人财物，其行为构成诈骗罪的，需要承担诈骗罪的刑事责任。

3. 互联网营销中各方的权利和义务

（1）直播平台的权利和义务。直播平台是指在网络直播营销中提供直播服务的各类平台，包括互联网直播服务平台、互联网音视频服务平台、电子商务平台等。

1）直播平台应当依法依规履行备案手续，并按照有关规定开展安全评估。从事网络直播营销，依法需要取得相关行政许可的，应当依法取得行政许可。

2）直播平台应当建立健全账号及直播营销功能注册注销、信息安全管理、营销行为规范、未成年人保护、消费者权益保护、个人信息保护、网络和数据安全管理等机制、措施。

直播平台应当配备与服务规模相适应的直播内容管理专业人员，具备维护互联网直播内容安全的技术能力，技术方案应符合国家相关标准。

3）直播平台应当依据相关法律法规和国家有关规定，制定并公开网络直播营销管理规则、平台公约。

直播平台应当与直播营销人员服务机构、直播间运营者签订协议，要求其规范直播营销人员招募、培训、管理流程，履行对直播营销内容、产品和服务的真实性、合法性审核义务。

直播平台应当制定直播营销产品和服务负面目录，列明法律法规规定的禁止生产销售、禁止网络交易、禁止商业推销宣传以及不适宜以直播形式营销的产品和服务类别。

4）直播平台应当对直播间运营者、直播营销人员进行基于身份证件信息、统一社会信用代码等真实身份信息认证，并依法依规向税务机关报送身份信息和其他涉税信息。直播平台应当采取必要措施保障处理的个人信息安全。

直播平台应当建立直播营销人员真实身份动态核验机制，在直播前核验所有直播营销人员身份信息，对与真实身份信息不符或按照国家有关规定不得从事网络直播发布的，不得为其提供直播发布服务。

5）直播平台应当加强网络直播营销信息内容管理，开展信息发布审核和实时巡查，发现违法和不良信息，应当立即采取处置措施，保存有关记录，并向有关主管部门报告。

直播平台应当加强直播间内链接、二维码等跳转服务的信息安全管理，防范信息安全风险。

6）直播平台应当建立健全风险识别模型，对涉嫌违法违规的高风险营销行为采取弹窗提示、违规警示、限制流量、暂停直播等措施。直播平台应当以显著方式警示用户平台外私下交易等行为的风险。

7）直播平台提供付费导流等服务，对网络直播营销进行宣传、推广，构成商业广告的，应当履行广告发布者或者广告经营者的责任和义务。

直播平台不得为直播间运营者、直播营销人员虚假或者引人误解的商业宣传提供帮助、便利条件。

8）直播平台应当建立健全未成年人保护机制，注重保护未成年人身心健康。网络直播营销中包含可能影响未成年人身心健康内容的，直播平台应当在信息展示前以显著方式作出提示。

9）直播平台应当加强新技术新应用新功能上线和使用管理，对利用人工智能、数字视觉、虚拟现实、语音合成等技术展示的虚拟形象从事网络直播营销的，应当按照有关规定进行安全评估，并以显著方式予以标识。

10）直播平台应当根据直播间运营者账号合规情况、关注和访问量、交易量和金额及其他指标维度，建立分级管理制度，根据级别确定服务范围及功能，对重点直播间运营者采取安排专人实时巡查、延长直播内容保存时间等措施。

直播平台应当对违反法律法规和服务协议的直播间运营者账号，视情采取警示提醒、限制功能、暂停发布、注销账号、禁止重新注册等处置措施，保存记录并向有关主管部门报告。

直播平台应当建立黑名单制度，将严重违法违规的直播营销人员及因违法失德造成恶劣社会影响的人员列入黑名单，并向有关主管部门报告。

11）直播平台应当建立健全投诉、举报机制，明确处理流程和反馈期限，及时处理公众对于违法违规信息内容、营销行为的投诉举报。

消费者通过直播间内链接、二维码等方式跳转到其他平台购买产品或者接受服务，发生争议时，相关直播平台应当积极协助消费者维护合法权益，提供必要的证据等支持。

12）直播平台应当提示直播间运营者依法办理市场主体登记或税务登记，如实申报收入，依法履行纳税义务，并依法享受税收优惠。直播平台及直播营销人员服务机构应当依法履行代扣代缴义务。

（2）直播间运营者的权利和义务。直播间运营者是指在直播平台上注册账号或者通过自建网站等其他网络服务，开设直播间从事网络直播营销的个人、法人和其他组织。

1）直播间运营者为自然人的，应当年满十六周岁；十六周岁以上的未成年人申请成为直播间运营者的，应当经监护人同意。

2）直播间运营者从事网络直播营销，应当遵守法律法规和国家有关规定，遵循社会公序良俗，真实、准确、全面地发布产品或服务信息，不得有下列行为。

①违反《网络信息内容生态治理规定》第六条、第七条规定的。

②发布虚假或者引人误解的信息，欺骗、误导用户。

③营销假冒伪劣、侵犯知识产权或不符合保障人身、财产安全要求的产品。

④虚构或者篡改交易、关注度、浏览量、点赞量等数据流量造假。

⑤知道或应当知道他人存在违法违规或高风险行为，仍为其推广、引流。

⑥骚扰、诋毁、谩骂及恐吓他人，侵害他人合法权益。

⑦传销、诈骗、赌博、贩卖违禁品及管制物品等。

⑧其他违反国家法律法规和有关规定的行为。

3）直播间运营者发布的直播内容构成商业广告的，应当履行广告发布者、广告经营者或者广告代言人的责任和义务。

4）直播间运营者应当加强直播间管理，在下列重点环节的设置应当符合法律法规和国家有关规定，不得含有违法和不良信息，不得以暗示等方式误导用户。

①直播间运营者账号名称、头像、简介。

②直播间标题、封面。

③直播间布景、道具、产品展示。

④直播营销人员着装、形象。

⑤其他易引起用户关注的重点环节。

5）直播间运营者应当依据直播平台服务协议做好语音和视频连线、评论、弹幕等互动内容的实时管理，不得以删除、屏蔽相关不利评价等方式欺骗、误导用户。

6）直播间运营者应当对产品和服务供应商的身份、地址、联系方式、行政许可、信用情况等信息进行核验，并留存相关记录备查。

7）直播间运营者应当依法依规履行消费者权益保护责任和义务，不得故意拖延或者无正当理由拒绝消费者提出的合法合理要求。

8）直播间运营者与直播营销人员服务机构合作开展商业合作的，应当与直播营销人员服务机构签订书面协议，明确信息安全管理、产品质量审核、消费者权益保护等义务并督促履行。

9）直播间运营者使用其他人肖像作为虚拟形象从事网络直播营销的，应当征得肖像权人同意，不得利用信息技术手段伪造等方式侵害他人的肖像权。对自然人声音的保护，参照适用前述规定。

（3）直播营销人员的权利和义务。直播营销人员是指在网络直播营销中直接向社会公众开展营销的个人。

1）直播营销人员为自然人的，应当年满十六周岁；十六周岁以上的未成年人申请成为直播营销人员的，应当经监护人同意。

2）直播营销人员发布的直播内容构成商业广告的，应当履行广告发布者、广告经营者或者广告代言人的责任和义务。

3）直播营销人员不得在涉及国家安全、公共安全、影响他人及社会正常生产生活秩序的场所从事网络直播营销。

直播营销人员应当加强直播间管理，在下列重点环节的设置应当符合法律法规和国家有关规定，不得含有违法和不良信息，不得以暗示等方式误导用户。

①直播间运营者账号名称、头像、简介。

②直播间标题、封面。

③直播间布景、道具、产品展示。

④直播营销人员着装、形象。

⑤其他易引起用户关注的重点环节。

4）直播营销人员应当依据直播平台服务协议做好语音和视频连线、评论、弹幕等互动内容的实时管理，不得以删除、屏蔽相关不利评价等方式欺骗、误导用户。

5）直播营销人员应当依法依规履行消费者权益保护责任和义务，不得故意拖延或者无正当理由拒绝消费者提出的合法合理要求。

6）直播营销人员与直播营销人员服务机构合作开展商业合作的，应当与直播营销人员服务机构签订书面协议，明确信息安全管理、产品质量审核、消费者权益保护等义务并督促履行。

7）直播营销人员使用其他人肖像作为虚拟形象从事网络直播营销的，应当征得肖像权人同意，不得利用信息技术手段伪造等方式侵害他人的肖像权。对自然人声音的保护，参照适用前述规定。

（4）直播营销人员服务机构的权利和义务。直播营销人员服务机构是指为直播营销人员从事网络直播营销提供策划、运营、经纪、培训等的专门机构。提供互联网直播服务，应当遵守法律法规，坚持正确导向，大力弘扬社会主义核心价值观，培育积极健康、向上向善的网络文化，维护良好网络生态，维护国家利益和公共利益，为广大网民特别是青少年成长营造风清气正的网络空间。

1）直播营销人员服务机构应当依法取得相应经营主体资质，按照直播平台规则与网络直播营销主体签订协议，明确各方权利义务。

2）直播营销人员服务机构与直播平台开展合作，应确保本机构以及本机构签约主播向合作直播平台提交的主体资质材料、登录账号信息等真实、有效。

直播营销人员服务机构应当建立健全内部管理规范，签约具备相应资质和能力的主播，并加强对签约主播的管理；开展对签约主播基本素质、现场应急能力的培训，提升签约主播的业务能力和规则意识；督导签约主播加强对法律、法规、规章和有关规定及标准规范等的学习。

直播营销人员服务机构应当与直播平台积极合作，落实合作协议与直播平台规则，对签约主播的内容发布进行事前规范、事中审核、违规行为事后及时处置，共同营造风清气正的网络直播营销内容生态。

3）直播营销人员服务机构应当规范经营，不得出现下列行为。

①获取不正当利益，如向签约主播进行不正当收费等。

②未恰当履行与签约主播签署的合作协议，或因显失公平、附加不当条件等与签约主播产生纠纷，未妥善解决，造成恶劣影响。

③违背承诺，不守信经营，如擅自退出已承诺参与的直播平台活动等。

④扰乱网络直播营销秩序，如数据造假或作弊等。

⑤侵犯他人权益，如不当使用他人权利、泄露他人信息、骗取他人财物、骚扰他人等。

⑥故意或者疏于管理，导致实际参与网络直播营销的主播与直播营销人员服务机构提交的主播账户身份信息不符。

培训项目 2

互联网营销师相关的法律法规

培训单元1　相关法律问题

互联网营销相关的法律问题。

一、网络交易主体法律责任

《中华人民共和国网络安全法》强调了网络运营者的主体责任，第二十四条规定，网络运营者为用户办理网络接入、域名注册服务，办理固定电话、移动电话等入网手续，或者为用户提供信息发布、即时通信等服务，在与用户签订协议或者确认提供服务时，应当要求用户提供真实身份信息。用户不提供真实身份信息的，网络运营者不得为其提供相关服务。国家实施网络可信身份战略，支持研究开发安全、方便的电子身份认证技术，推动不同电子身份认证之间的互认。

二、网络交易的监管问题

1. 网络交易经营者的监管问题

（1）网络交易经营者不得以下列方式，作虚假或者引人误解的商业宣传，欺骗、误导消费者。

1）虚构交易、编造用户评价。

2）采用误导性展示等方式，将好评前置、差评后置，或者不显著区分不同产品或者服务的评价等。

3）采用谎称现货、虚构预订、虚假抢购等方式进行虚假营销。

4）虚构点击量、关注度等流量数据，以及虚构点赞、打赏等交易互动数据。

网络交易经营者不得实施混淆行为，引人误认为是他人产品、服务或者与他人存在特定联系。网络交易经营者不得编造、传播虚假信息或者误导性信息，损害竞争对手的商业信誉、产品声誉。

（2）网络交易经营者发送商业性信息时，应当明示其真实身份和联系方式，并向消费者提供显著的、简便的、免费的拒绝继续接收的方式。消费者明确表示拒绝的，应当立即停止发送，不得更换名义后再次发送。

（3）网络交易经营者以直接捆绑或者提供多种可选项方式向消费者搭售产品或者服务的，应当以显著方式提醒消费者注意。提供多种可选项方式的，不得将搭售产品或者服务的任何选项设定为消费者默认同意，不得将消费者以往交易中选择的选项在后续独立交易中设定为消费者默认选择。

2. 网络交易平台经营者的监管问题

（1）网络交易平台经营者应当要求申请进入网络交易平台销售产品或者提供服务的经营者提交其身份、地址、联系方式、行政许可等真实信息，进行核验、登记，建立登记档案，并至少每6个月核验更新一次。

网络交易平台经营者应当对未办理市场主体登记的平台内经营者进行动态监测，对超过规定额度的，及时提醒其依法办理市场主体登记。

网络交易平台经营者应当依照法律、行政法规的规定，向市场监督管理部门报送有关信息。

（2）网络交易平台经营者应当分别于每年1月和7月向住所地省级市场监督管理部门报送平台内经营者的相关信息。

（3）网络交易平台经营者不得违反《中华人民共和国电子商务法》第三十五

条的规定，对平台内经营者在平台内的交易、交易价格以及与其他经营者的交易等进行不合理限制或者附加不合理条件，干涉平台内经营者的自主经营。

3. 市场监督管理部门的监管责任

（1）网络交易监督管理坚持鼓励创新、包容审慎、严守底线、线上线下一体化监管的原则。

（2）市场监督管理部门引导网络交易经营者、网络交易行业组织、消费者组织、消费者共同参与网络交易市场治理，推动完善多元参与、有效协同、规范有序的网络交易市场治理体系。

（3）县级以上地方市场监督管理部门应当在日常管理和执法活动中加强协同配合。网络交易平台经营者住所地省级市场监督管理部门应当根据工作需要，及时将掌握的平台内经营者身份信息与其实际经营地的省级市场监督管理部门共享。

（4）市场监督管理部门在依法开展监督检查、案件调查、事故处置、缺陷消费品召回、消费争议处理等监管执法活动时，可以要求网络交易平台经营者提供有关的平台内经营者身份信息，产品或者服务信息，支付记录、物流快递、退换货以及售后等交易信息。网络交易平台经营者应当提供，并在技术方面积极配合市场监督管理部门开展网络交易违法行为监测工作。

为网络交易经营者提供宣传推广、支付结算、物流快递、网络接入、服务器托管、虚拟主机、云服务、网站网页设计制作等服务的经营者（以下简称其他服务提供者），应当及时协助市场监督管理部门依法查处网络交易违法行为，提供其掌握的有关数据信息。法律、行政法规另有规定的，依照其规定。

市场监督管理部门发现网络交易经营者有违法行为，依法要求网络交易平台经营者、其他服务提供者采取措施制止的，网络交易平台经营者、其他服务提供者应当予以配合。

（5）市场监督管理部门应当采取必要措施保护网络交易经营者提供的数据信息的安全，并对其中的个人信息、隐私和商业秘密严格保密。

（6）市场监督管理部门依法对网络交易经营者实施信用监管，将网络交易经营者的注册登记、备案、行政许可、抽查检查结果、行政处罚、列入经营异常名录和严重违法失信企业名单等信息，通过国家企业信用信息公示系统统一归集并公示。对存在严重违法失信行为的，依法实施联合惩戒。以上信息还可以通过市场监督管理部门官方网站、网络搜索引擎、经营者从事经营活动的主页面显著位置等途径公示。

三、快递服务及安全问题

快递业在高速发展的同时，也面临以下现实问题。

1. 硬件问题

快递业发展中还面临一些实际困难，如快递末端网点的办照成本较高、快递车辆通行难、快递基础设施薄弱等。

2. 安全问题

快递安全形势比较严峻，危害公共安全和用户信息安全的情况时有发生。

3. 秩序问题

快递市场经营秩序不够规范，存在服务质量相对较低、责任界定不清等问题。

4. 规范问题

快递服务的有关规则不够明确，容易引起争议等。

5. 费用问题

快递服务虽然能够在极短的时间内将物品运送到目标地点，但是运量相对较小，运费较高。由于要经过不同的站点，几经周折，易使物品丢失或损坏，安全系数相对较低。

四、网上支付问题

1. 网上支付安全问题

网上支付通过信用卡支付和虚拟银行的电子资金划拨来完成，而实现这一过程涉及网上银行与网络交易用户之间的协议、网上银行与网站之间的合作协议以及安全保障问题。

（1）泄露支付密码。一旦攻击者通过某种方式得到支付密码，就可以轻易冒充持卡人，通过互联网进行消费，给持卡人带来损失。

（2）篡改支付数据。在缺乏必要的安全防范措施的情况下，攻击者可以修改互联网传输的支付数据。例如，攻击者可以修改付款银行卡号、修改支付金额、修改收款人账号等实现牟利。

（3）骗取支付手段。攻击者可以采用"钓鱼"方式达到目的。具体方式有假冒网站、虚假短信（电子邮件）等。这些网站页面、短信或电子邮件是他们的"诱饵"。不能识别这些诈骗手段的持卡人容易被攻击者诱骗，进而向其泄露银行卡的支付密码。

（4）截取支付终端。攻击者可以在持卡人计算机上发布恶意软件（如木马软件）。这些软件能在持卡人输入支付密码时悄无声息地将其捕获，并偷偷发送出去。

（5）截获网络密码。攻击者在支付终端和其他网络设备等节点通过智能识别和密钥破解手段得到支付密码。

2. 支付机构网上支付问题

第三方支付沟通银行和商家之间，拥有巨大的资金沉淀，但是第三方支付不是银行，只有一个虚拟的账户，所以系统本身存在很大的安全隐患，很容易受到攻击者的攻击，如用户账户、密码等信息泄露，引发安全危机。

消费者的用户信息，包括账户、姓名、性别、密码等交易信息在第三方支付平台留存。如果这些信息泄露，被攻击者利用，容易造成金融危机、诱发消费者的各种安全问题。

五、网上不正当竞争与网上无形财产保护问题

1. 网上不正当竞争问题

（1）以网络为传播媒介的行为：虚假广告、泄露商业秘密和侵犯名誉。
（2）侵犯域名权的行为：抢注和混淆。
（3）侵犯网页著作权的行为：抄袭和淡化。
（4）侵犯内容著作权的行为：网络传播和复制。
（5）以链接为手段的行为：深层链接和加框链接。

2. 网上无形财产保护问题

网上新形态的知识产权或无形财产权的保护存在安全问题，特别是对于域名、网页、数据库等引起的传统法律体系中未曾涉及的一些不正当竞争行为，更需要探讨新的法律规则。实际上，保护网上无形财产是维持一个有序的电子商务运营环境的重要措施。

六、网络隐私问题

1. 人格权问题

人格权是指民事主体专属享有，以人格利益为客体，为维护民事主体的独立人格所必备的固有民事权利。简言之，将构成人格的不同人格利益要素用权利的方法予以法律保护的民事权利，就是人格权。

一般人格权是指自然人享有的，概括人格独立、人格自由和人格尊严全部内

容的一般人格利益，并由此产生和规定具体人格权，对具体人格权不能保护的其他人格利益进行保护的抽象人格权。

网络人格权是传统人格权在网络环境中的表现形态。所谓网络人格权是指民事主体在互联网的虚拟空间中所体现出来的生命、健康、姓名、名誉、隐私、肖像等人格利益的权利。网络人格权侵权是指侵权人通过互联网，运用各种形式侵害他人人格权的行为。由于网络科技的发展，侵害网络人格权的行为越来越多，侵权认定及追责日益复杂。

2. 个人信息保护问题

个人信息是以电子或者其他方式记录的与已识别或者可识别的自然人有关的各种信息，不包括匿名化处理后的信息。个人信息的处理包括个人信息的收集、存储、使用、加工、传输、提供、公开、删除等。

为了保护个人信息权益，规范个人信息处理活动，促进个人信息合理利用，全国人民代表大会常务委员会于2021年8月20日通过《中华人民共和国个人信息保护法》，自2021年11月1日起施行。自然人的个人信息受法律保护，任何组织、个人不得侵害自然人的个人信息权益。

培训单元2 典型的法律法规

典型的互联网营销法律法规。

一、合同相关的法律法规

1.《中华人民共和国劳动法》相关知识

《中华人民共和国劳动法》由第八届全国人民代表大会常务委员会第八次会议于1994年7月5日通过，于2018年12月29日第二次修正。《中华人民共和国劳动法》旨在保护劳动者的合法权益，调整劳动关系，建立和维护适应社会主义市场经济的劳动制度，促进经济发展和社会进步。在中华人民共和国境内的企业、个体经济组织和与之形成劳动关系的劳动者，适用《中华人民共和国劳动法》。国家机关、事业组织、社会团体和与之建立劳动合同关系的劳动者，依照《中华人民共和国劳动法》执行。

劳动者享有平等就业和选择职业的权利、取得劳动报酬的权利、休息休假的权利、获得劳动安全卫生保护的权利、接受职业技能培训的权利、享受社会保险和福利的权利、提请劳动争议处理的权利以及法律规定的其他劳动权利。劳动者应当完成劳动任务，提高职业技能，执行劳动安全卫生规程，遵守劳动纪律和职业道德。用人单位应当依法建立和完善规章制度，保障劳动者享有劳动权利和履行劳动义务。国家采取各种措施，促进劳动就业，发展职业教育，制定劳动标准，调节社会收入，完善社会保险，协调劳动关系，逐步提高劳动者的生活水平。

2.《中华人民共和国劳动合同法》相关知识

《中华人民共和国劳动合同法》由第十届全国人民代表大会常务委员会第二十八次会议于 2007 年 6 月 29 日通过，于 2012 年 12 月 28 日修正。《中华人民共和国劳动合同法》旨在完善劳动合同制度，明确劳动合同双方当事人的权利和义务，保护劳动者的合法权益，构建和发展和谐稳定的劳动关系。中华人民共和国境内的企业、个体经济组织、民办非企业单位等组织（以下称用人单位）与劳动者建立劳动关系，订立、履行、变更、解除或者终止劳动合同，适用《中华人民共和国劳动合同法》。国家机关、事业单位、社会团体和与其建立劳动关系的劳动者，订立、履行、变更、解除或者终止劳动合同，依照《中华人民共和国劳动合同法》执行。订立劳动合同，应当遵循合法、公平、平等自愿、协商一致、诚实信用的原则。依法订立的劳动合同具有约束力，用人单位与劳动者应当履行劳动合同约定的义务。

3.《中华人民共和国民法典》相关知识

《中华人民共和国民法典》由第十三届全国人民代表大会第三次会议于 2020 年 5 月 28 日通过，自 2021 年 1 月 1 日起施行。《中华人民共和国民法典》合同编旨在调整因合同产生的民事关系。合同是民事主体之间设立、变更、终止民事法律关系的协议。《中华人民共和国民法典》合同编主要规范以下方面的内容。

（1）合同的订立。当事人订立合同，可以采用书面形式、口头形式或者其他形式。书面形式是合同书、信件、电报、电传、传真等可以有形地表现所载内容的形式。以电子数据交换、电子邮件等方式能够有形地表现所载内容,并可以随时调取查用的数据电文,视为书面形式。

（2）合同的内容。合同的内容由当事人约定,一般包括下列条款。

1）当事人的姓名或者名称和住所。

2）标的。

3）数量。

4）质量。

5）价款或者报酬。

6）履行期限、地点和方式。

7）违约责任。

8）解决争议的方法。

（3）合同的订立方式。当事人订立合同,可以采取要约、承诺方式或者其他方式。要约是希望与他人订立合同的意思表示。要约邀请是希望他人向自己发出要约的表示。承诺是受要约人同意要约的意思表示。承诺应当以通知的方式作出。承诺应当在要约确定的期限内到达要约人。要约以信件或者电报作出的,承诺期限自信件载明的日期或者电报交发之日开始计算。

（4）合同的效力。依法成立的合同,自成立时生效,但是法律另有规定或者当事人另有约定的除外。

（5）合同的履行。当事人应当按照约定全面履行自己的义务。

二、电子商务相关的法律法规

1.《中华人民共和国电子商务法》相关知识

《中华人民共和国电子商务法》由第十三届全国人民代表大会常务委员会第五次会议于2018年8月31日通过,自2019年1月1日起施行。《中华人民共和国电子商务法》旨在保障电子商务各方主体的合法权益,规范电子商务行为,维护市场秩序,促进电子商务持续健康发展。中华人民共和国境内的电子商务活动,适用《中华人民共和国电子商务法》。《中华人民共和国电子商务法》所称电子商务,是指通过互联网等信息网络销售商品或者提供服务的经营活动。

电子商务经营者从事经营活动,应当遵循自愿、平等、公平、诚信的原则,遵守法律和商业道德,公平参与市场竞争,履行消费者权益保护、环境保护、知识产权保护、网络安全与个人信息保护等方面的义务,承担产品和服务质量责任,接受政府和社会的监督。

2.《中华人民共和国广告法》相关知识

《中华人民共和国广告法》由第八届全国人民代表大会常务委员会第十次会议于1994年10月27日通过，于2021年4月29日第二次修正。《中华人民共和国广告法》旨在规范广告活动，保护消费者的合法权益，促进广告业的健康发展，维护社会经济秩序。在中华人民共和国境内，商品经营者或者服务提供者通过一定媒介和形式直接或者间接地介绍自己所推销的商品或者服务的商业广告活动，适用《中华人民共和国广告法》。《中华人民共和国广告法》界定了广告主、广告经营者、广告发布者、广告代言人等概念，规定了广告应当真实、合法，以健康的表现形式表达广告内容，符合社会主义精神文明建设和弘扬中华优秀传统文化的要求。广告不得含有虚假或者引人误解的内容，不得欺骗、误导消费者。广告主应当对广告内容的真实性负责。广告主、广告经营者、广告发布者从事广告活动，应当遵守法律、法规，诚实信用，公平竞争。

3.《中华人民共和国产品质量法》相关知识

《中华人民共和国产品质量法》由第七届全国人民代表大会常务委员会第三十次会议于1993年2月22日通过，于2018年12月29日第三次修正。《中华人民共和国产品质量法》旨在加强对产品质量的监督管理，提高产品质量水平，明确产品质量责任，保护消费者的合法权益，维护社会经济秩序。在中华人民共和国境内从事产品生产、销售活动，必须遵守《中华人民共和国产品质量法》。《中华人民共和国产品质量法》所称产品是指经过加工、制作，用于销售的产品。

产品质量应当检验合格，不得以不合格产品冒充合格产品。可能危及人体健康和人身、财产安全的工业产品，必须符合保障人体健康和人身、财产安全的国家标准、行业标准。生产者应当对其生产的产品质量负责，产品或者其包装上的标识必须真实。销售者应当建立并执行进货检查验收制度，验明产品合格证明和其他标识。销售者应当采取措施，保持销售产品的质量。销售者不得销售国家明令淘汰并停止销售的产品和失效、变质的产品。

三、互联网直播相关的法律法规

1.《互联网直播服务管理规定》相关知识

《互联网直播服务管理规定》由国家互联网信息办公室发布，自2016年12月1日起施行。《互联网直播服务管理规定》旨在加强对互联网直播服务的管理，保护公民、法人和其他组织的合法权益，维护国家安全和公共利益。在中华人民共和国境内提供、使用互联网直播服务，应当遵守《互联网直播服务管理规定》。《互联网直播服务管理规定》所称互联网直播，是指基于互联网，以视频、音频、图文等形式向公众持续发布实时信息的活动；《互联网直播服务管理规定》所称互联网直播服务提供者，是指提供互联网直播平台服务的主体；《互联网直播服务管理规定》所称互联网直播服务使用者，包括互联网直播发布者和用户。

提供互联网直播服务，应当遵守法律法规，坚持正确导向，大力弘扬社会主义核心价值观，培育积极健康、向上向善的网络文化，维护良好网络生态，维护国家利益和公共利益，为广大网民特别是青少年成长营造风清气正的网络空间。

2.《网络直播营销管理办法（试行）》相关知识

《网络直播营销管理办法（试行）》由国家互联网信息办公室、公安部、商务部、文化和旅游部、国家税务总局、国家市场监督管理总局及国家广播电视总局七部门联合发布，自 2021 年 5 月 25 日起施行。《网络直播营销管理办法（试行）》旨在加强网络直播营销管理，维护国家安全和公共利益，保护公民、法人和其他组织的合法权益，促进网络直播营销健康有序发展。

《网络直播营销管理办法（试行）》明确了直播营销平台、直播间运营者、直播营销人员等概念，为相应法律法规的适用奠定了基础。《网络直播营销管理办法（试行）》具体规定了直播营销平台的职责与义务，对直播间运营者和直播营销人员的行为规范和责任规范作了明确规定，并明确了有关监督管理问题。

3.《市场监管总局关于加强网络直播营销活动监管的指导意见》相关知识

《市场监管总局关于加强网络直播营销活动监管的指导意见》是市场监管总局依据《中华人民共和国电子商务法》《中华人民共和国消费者权益保护法》《中华人民共和国反不正当竞争法》《中华人民共和国广告法》《中华人民共和国产品质量法》《中华人民共和国食品安全法》《中华人民共和国价格法》《中华人民共和国商标法》《中华人民共和国专利法》等相关法律法规，于 2020 年 11 月制定出台的指导意见。《市场监管总局关于加强网络直播营销活动监管的指导意见》旨在加强网络直播营销活动监管，保护消费者合法权益，促进直播营销新业态健康发展，依据有关法律、行政法规和市场监管部门职责。

（1）总体要求。以习近平新时代中国特色社会主义思想为指导，全面贯彻党的十九大和十九届二中、三中、四中、五中全会精神，认真落实党中央、国务院决策部署，坚持依法行政，坚持包容审慎，创新监管理念，积极探索适应新业态特点、有利于各类市场主体公平竞争的监管方式，依法查处网络直播营销活动中侵犯消费者合法权益、侵犯知识产权、破坏市场秩序等违法行为，促进网络直播营销健康发展，营造公平有序的竞争环境、安全放心的消费环境。

（2）压实有关主体法律责任。主要对网络直播营销活动中的三大主体的责任进行梳理，分层次进行责任划分。一是针对直播平台跳转至传统电子商务平台的网络直播营销模式，明确直播平台履行电子商务平台经营者的责任和义务；二是针对网络平台提供付费导流服务，构成商业广告的，应履行广告发布者或广告经营者的责任和义务；三是明确网络直播者应按照《中华人民共和国反不正当竞争法》履行经营者的责任和义务，构成商业广告的还应根据具体情形履行广告发布者、广告经营者或广告代言人的责任和义务。

（3）严格规范网络直播营销行为。主要对建立并执行产品进货检查验收制度、禁止销售的产品或服务、禁止在大众媒介发布的商业广告、规范广告审查发布等方面作了规定。同时，针对保障消费者知情权和选择权，从公示有关资质、提供基本经营信息和网络平台提供技术支持等方面提出明确要求。

（4）依法查处网络直播营销违法行为。主要列举目前网络直播营销活动中的电子商务违法行为、侵犯消费者合法权益违法行为、不正当竞争违法行为、产品质量违法行为、侵犯知识产权违法行为、食品安全违法行为、广告违法行为、价格违法行为等八大重点违法行为，并明确应依据相应的法律予以查处。

4.《网络主播行为规范》相关知识

《网络主播行为规范》是国家广播电视总局、文化和旅游部于2022年6月22日联合发布的规范。《网络主播行为规范》旨在进一步加强网络主播职业道德建设，规范从业行为，强化社会责任，树立良好形象，共同营造积极向上、健康有序、和谐清朗的网络空间。通过互联网提供网络表演、视听节目服务的主播人员，包括在网络平台直播、与用户进行实时交流互动、以上传音视频节目形式发声出镜的人员，应当遵照《网络主播行为规范》。利用人工智能技术合成的虚拟主播及内容，参照《网络主播行为规范》。

《网络主播行为规范》共包括十八条，包括网络主播应当坚持正确政治方向、舆论导向和价值取向，崇尚社会公德、恪守职业道德、修养个人品德；坚持健康的格调品位，自觉摒弃低俗、庸俗、媚俗等低级趣味，自觉反对流量至上、畸形审美、"饭圈"乱象、拜金主义等不良现象，自觉抵制违反法律法规、有损网络文明、有悖网络道德、有害网络和谐的行为；应当引导用户文明互动、理性表达、合理消费,共建文明健康的网络表演、网络视听生态环境等重要内容。《网络主播行为规范》还指出,网络主播在提供网络表演及视听节目服务过程中,不得出现的 31 种行为。

四、互联网安全相关的法律法规

1.《中华人民共和国网络安全法》相关知识

《中华人民共和国网络安全法》由第十二届全国人民代表大会常务委员会第二十四次会议于 2016 年 11 月 7 日通过,自 2017 年 6 月 1 日起施行。《中华人民共和国网络安全法》旨在保障网络安全,维护网络空间主权和国家安全、社会公共利益,保护公民、法人和其他组织的合法权益,促进经济社会信息化健康发展。在中华人民共和国境内建设、运营、维护和使用网络,以及网络安全的监督管理,适用《中华人民共和国网络安全法》。

《中华人民共和国网络安全法》是我国第一部全面规范网络空间安全管理方面问题的基础性法律,是我国网络空间法治建设的重要里程碑,是依法治网、化解网络风险的法律重器,是让互联网在法治轨道上健康运行的重要保障。

2.《互联网信息服务管理办法》相关知识

《互联网信息服务管理办法》由国务院于 2000 年 9 月 20 日通过,自 2000 年 9 月 25 日公布施行。《互联网信息服务管理办法》旨在规范互联网信息服务活动,促进互联网信息服务健康有序发展。在中华人民共和国境内从事互联网信息服务活动,必须遵守《互联网信息服务管理办法》。《互联网信息服务管理办法》所称互联网信息服务是指通过互联网向上网用户提供信息的服务活动。

互联网信息服务分为经营性和非经营性两类。经营性互联网信息服务,是指通过互联网向上网用户有偿提供信息或者网页制作等服务活动。非经营性互联网信息服务,是指通过互联网向上网用户无偿提供具有公开性、共享性信息的服务活动。国家对经营性互联网信息服务实行许可制度;对非经营性互联网信息服务实行备案制度。未取得许可或者未履行备案手续的,不得从事互联网信息服务。

3.《互联网新闻信息服务管理规定》相关知识

《互联网新闻信息服务管理规定》是国家互联网信息办公室根据《中华人民共和国网络安全法》《互联网信息服务管理办法》《国务院关于授权国家互联网信息办公室负责互联网信息内容管理工作的通知》制定,自 2017 年 6 月 1 日起施行的规定。《互联网新闻信息服务管理规定》旨在加强互联网信息内容管理,促进互联网新闻信息服务健康有序发展。在中华人民共和国境内提供互联网新闻信息服务,适用《互联网新闻信息服务管理规定》。

《互联网新闻信息服务管理规定》所称新闻信息,包括有关政治、经济、军事、外交等社会公共事务的报道、评论,以及有关社会突发事件的报道、评论。提供互联网新闻信息服务,应当遵守宪法、法律和行政法规,坚持为人民服务、为社会主义服务的方向,坚持正确舆论导向,发挥舆论监督作用,促进形成积极健康、向上向善的网络文化,维护国家利益和公共利益。国家互联网信息办公室负责全国互联网新闻信息服务的监督管理执法工作。地方互联网信息办公室依据职责负责本行政区域内互联网新闻信息服务的监督管理执法工作。通过互联网站、应用程序、论坛、博客、微博客、公众账号、即时通信工具、网络直播等形式向社会公众提供互联网新闻信息服务,应当取得互联网新闻信息服务许可,禁止未经许可或超越许可范围开展互联网新闻信息服务活动。

4.《网络信息内容生态治理规定》相关知识

《网络信息内容生态治理规定》是国家互联网信息办公室根据《中华人民共和国国家安全法》《中华人民共和国网络安全法》《互联网信息服务管理办法》等法律、行政法规制定,于 2019 年 12 月 15 日公布,自 2020 年 3 月 1 日起施行的规定。《网络信息内容生态治理规定》旨在营造良好网络生态,保障公民、法人和其他组织的合法权益,维护国家安全和公共利益。中华人民共和国境内的网络信息内容生态治理活动,适用《网络信息内容生态治理规定》。

《网络信息内容生态治理规定》全文八章四十二条,深入贯彻习近平新时代中国特色社会主义思想,全面贯彻落实党的十九届四中全会精神,坚持系统治理、依法治理、综合治理、源头治理,系统规定了网络信息内容生态治理的根本宗旨、责任主体、治理对象、基本目标、行为规范和法律责任,为依法治网、依法办网、依法上网提供了明确可操作的制度遵循。《网络信息内容生态治理规定》所称网络信息内容生态治理,是指政府、企业、社会、网民等主体,以培育和践行社会主义核心价值观为根本,以网络信息内容为主要治理对象,以建立健全网络综合治理体系、营造清朗的网络空间、建设良好的网络生态为目标,开展的弘扬正能量、处置违法和不良信息等相关活动。

五、知识产权相关的法律法规

我国的知识产权法主要由《中华人民共和国著作权法》《中华人民共和国专利法》《中华人民共和国商标法》等法律构成。

1.《中华人民共和国著作权法》相关知识

《中华人民共和国著作权法》由第七届全国人民代表大会常务委员会第十五次会议于 1990 年 9 月 7 日通过，于 2020 年 11 月 11 日第三次修正。《中华人民共和国著作权法》旨在保护文学、艺术和科学作品作者的著作权，以及与著作权有关的权益，鼓励有益于社会主义精神文明、物质文明建设的作品的创作和传播，促进社会主义文化和科学事业的发展与繁荣。著作权人包括作者及其他依照《中华人民共和国著作权法》享有著作权的自然人、法人或者非法人组织。著作权包括发表权、署名权、修改权、保护作品完整权、复制权、发行权、出租权、展览权、表演权、放映权、广播权、信息网络传播权、摄制权、改编权、翻译权、汇编权、应当由著作权人享有的其他权利。著作权属于作者，《中华人民共和国著作权法》另有规定的除外。作者的署名权、修改权、保护作品完整权的保护期不受限制。

2.《中华人民共和国专利法》相关知识

《中华人民共和国专利法》由第六届全国人民代表大会常务委员会第四次会议于 1984 年 3 月 12 日通过，于 2020 年 10 月 17 日第四次修正。《中华人民共和国专利法》旨在保护专利权人的合法权益，鼓励发明创造，推动发明创造的应用，提高创新能力，促进科学技术进步和经济社会发展。《中华人民共和国专利法》所称的发明创造是指发明、实用新型和外观设计。发明，是指对产品、方法或者其改进所提出的新的技术方案。实用新型，是指对产品的形状、构造或者其结合所提出的适于实用的新的技术方案。外观设计，是指对产品的整体或者局部的形状、图案或者其结合以及色彩与形状、图案的结合所作出的富有美感并适于工业应用的新设计。对违反法律、社会公德或者妨害公共利益的发明创造，不授予专利权。专利申请权和专利权可以转让。

3.《中华人民共和国商标法》相关知识

《中华人民共和国商标法》由第五届全国人民代表大会常务委员会第二十四次会议于 1982 年 8 月 23 日通过，于 2019 年 4 月 23 日第四次修正。《中华人民共和国商标法》旨在加强商标管理，保护商标专用权，促使生产、经营者保证商品和服务质量，维护商标信誉，以保障消费者和生产、经营者的利益，促进社会主义市场经济的发展。国务院工商行政管理部门商标局主管全国商标注册和管理的工作。国务院工商行政管理部门设立商标评审委员会，负责处理商标争议事宜。经商标局核准注册的商标为注册商标，包括商品商标、服务商标和集体商标、证明商标；商标注册人享有商标专用权，受法律保护。